世界国别
与
区域地理
研究丛书

国家出版基金项目
NATIONAL PUBLICATION FOUNDATION

秦大河　杜德斌　主编

柬埔寨地理

褚劲风　李仙德　邹琳　刘思瑶　著

商务印书馆
创于1897
The Commercial Press

图书在版编目（CIP）数据

柬埔寨地理 / 褚劲风等著. -- 北京：商务印书馆，2024. --（世界国别与区域地理研究丛书）. -- ISBN 978-7-100-24367-4

Ⅰ. K933.5

中国国家版本馆 CIP 数据核字 2024AY0416 号

世界国别与区域地理研究丛书

柬埔寨地理

褚劲风　李仙德　邹　琳　刘思瑶　著

商 务 印 书 馆 出 版
（北京王府井大街36号　邮政编码100710）
商 务 印 书 馆 发 行
北京启航东方印刷有限公司印刷
ISBN 978 - 7 - 100 - 24367 - 4
审 图 号：GS 京（2024）1005 号

2024 年 10 月第 1 版　　　　开本 787×1092　1/16
2024 年 10 月北京第 1 次印刷　印张　18½

定价：148.00 元

"世界国别与区域地理研究丛书"总序

地理学作为一门古老的学科,是伴随着人类文明的滥觞一并出现,并随着生产力的进步、社会需求的提高和人类对不同尺度人地系统认识的深化而逐步发展起来的。15—17 世纪,欧洲封建社会走向衰落,资本主义生产方式开始兴起,经济发展对原料地和销售市场提出了新的要求,驱动着哥伦布等一批航海家开始向外冒险,从而在人类历史上开启了一段可歌可泣的伟大历程——地理大发现。地理大发现极大地拓展了人类的认知空间,第一次凸显了地理知识的强大威力。有了日益丰富的地理知识的武装,欧洲一些规模较大的大学开始开设专业地理学课程并开展相关的研究,包括地图绘制、航海术和制图学,地理学逐渐走出推测与假说,逐步摆脱对其他学科的依附而成为一门显学。

到了 19 世纪末,欧洲殖民主义的扩张达到了高潮,地理学被称为"所有宗主国科学中无可争议的皇后",成为西方国家知识领域中不可或缺的部分。在西方殖民扩张过程中,涌现出大批杰出的地理学家,其中包括德国地理学家亚历山大·冯·洪堡(Alexander von Humboldt,1769—1859)。洪堡是 19 世纪最杰出的科学家之一,他的科学考察足迹遍及西欧、北亚、中亚、南美洲和北美洲,所到之处,高山大川无不登临,奇花异草无不采集。正是源于对世界各地的深入考察,他科学揭示了自然界各种事物间的因果关系,把包括人在内的自然界视为一个统一的、充满内在联系的、永恒运动的整体。洪堡的科学考察活动和学术思想,推动了千百年来纯经验性的地理现象和事实描述向科学规律探索的转变,使得地理学成为一门真正的科学,洪堡也因此被誉为近代地理学的奠基人。

20 世纪初,随着各领域科学技术的进步,特别是横贯大陆铁路的出现,以俄国和德国为代表的陆地力量迅速崛起，给以英国为代表的海洋霸权带来巨大冲击和挑战。为警示英国政府，英国地理学家哈尔福德·麦金德（Halford Mackinder，1861—1947）于 1904 年在英国皇家地理学会宣读了题为"历史的地理枢纽"的论文。在该文中，麦金德首次将世界视为一个整体，从全球海陆结构的视角来考察人类数千年的发展历史，发现亚欧大陆内陆的大片区域构成了人类战争和经济史上最重要的"枢纽地区"（后称"心脏地带"）。麦金德认为：谁统治了东欧，谁就能控制"心脏地带"；谁统治了"心脏地带"，谁就能控制"世界岛"；谁统治了"世界岛"，谁就能控制全世界。

麦金德的"历史的地理枢纽"一文发表 10 年后，第一次世界大战爆发。大战中，所有参战国较大的地理机构均被各国情报部门利用起来，为军队提供最新的地理信息和地图。大战结束后的巴黎凡尔赛和平会议上，美国地理学家艾赛亚·鲍曼（Isaiah Bowman，1878—1950）、威廉·莫里斯·戴维斯（William Morris Davis，1850—1934）和埃伦·丘吉尔·森普尔（Ellen Churchill Semple，1863—1932），法国地理学家埃马纽埃尔·德·马东（Emmanual de Martonne，1873—1955）及其他主要国家一些地理学家都被邀请作为和谈代表团顾问，参与重绘战后世界政治地图的工作。20 年后，第二次世界大战爆发，再次验证了麦金德的预言，也进一步凸显了地理学理论和思想的强大威力。

进入 21 世纪，新一轮科技革命深入发展，新的全球问题不断涌现，国际力量格局深刻调整，大国博弈持续加剧，世界又一次站在历史的十字路口。面对世界之变、时代之变、历史之变，中国政府提出构建"人类命运共同体"理念和共建"一带一路"倡议，为促进世界和平发展和完善全球治理体系积极贡献中国智慧、提供中国方案。这对新时代中国地理学的发展提出了新的要求，也带来了前所未有的历史机遇，尤其赋予区域国别地理（世界地理）学科新的重大使命。

中国地理学家对于区域国别地理的研究具有悠久的历史。早在 20 世纪 30—40 年代，中国人文地理学的奠基人之一胡焕庸先生就曾编写出版了中国第一套区域国别地理（志）著作，包括《法国地志》《俄国地志》《英国地志》《德国地志》《南欧地志》《日本地志》《美国经济地理》等。50—60 年代，百废待兴的中华人民共和国，出于了解外部世界的迫切需求，区域国别地理受到高度重视。

1956 年，中国科学院外国地理研究组（后更名为世界地理研究室）作为我国第一个区域国别地理研究机构的成立，对推动学科发展具有重要意义。1963 年中国地理学会世界地理专业委员会的成立，标志着中国的区域国别地理研究的发展由自发阶段进入有组织化阶段。此后，一批世界区域国别地理研究机构在各高校相继成立，并在研究区域上形成明确的分工，如华东师范大学的西欧北美地理研究室、南京大学的非洲经济地理研究室、暨南大学的东南亚经济地理研究室等。70 年代，又陆续成立了北京师范大学的北美地理研究室、东北师范大学的日本和苏联经济地理研究室、华中师范学院的拉丁美洲地理研究室、福建师范大学的东南亚地理研究室等，全国 14 家出版社还联合翻译、出版了 72 部（套）区域国别地理著作。80 年代，在中国地理学会世界地理专业委员会的组织和协调下，中国地理学家先后完成大型工具书《中国大百科全书·世界地理卷》和《辞海·世界地理分册》、大型专业丛书"世界农业地理丛书"、《世界钢铁工业地理》《世界石油地理》等重大科研项目，为深入了解世界发展、普及世界地理知识做出了重要贡献。但令人遗憾的是，由于种种原因，中国的区域国别地理研究工作并没有随着改革开放的深入发展而持续繁荣，相反自 90 年代起就日渐衰落，相关研究机构几乎全部关闭或处于名存实亡的状态。直至今天，区域国别地理研究依然面临研究力量薄弱、研究经费不足、研究质量亟待提高的问题。

在此百年未有之大变局下，中国地理学人肩负新的历史使命，应树立更加宽广的世界眼光，赶上时代，引领时代，充分发挥学科优势，在世界文明发展中阐释人与自然生命系统和谐演进的科学机理，为人类命运共同体建设贡献专业智慧、提供专业方案。特别是，要加强对世界区域国别地理研究，让国人读懂世界，同时对外讲好中国故事，让世界读懂中国。

从学科发展的角度看，区域国别地理是地理学的基础性学科。区域是地理要素的集合体，地理学的任何理论成果和规律，只有通过世界性的综合研究和区域性的比较分析才能得以证实；普遍规律和特殊规律，只有放在全球的尺度上，方能理清脉络，分清层次。忽视区域国别地理研究，就会有"只见树木、不见森林"之虞。正如胡焕庸先生所说，地理学研究既要用"显微镜"，横察中国现世；更须用"望远镜"，纵观世界大势。

　　一直以来，我就倡导中国学者要牢固树立"世界眼光、家国情怀、战略思维、服务社会"的治学价值观。2020 年 2 月，我受邀担任华东师范大学世界地理与地缘战略研究中心主任。四年来，我和杜德斌教授等同人一同发起举办了世界地理大会，启动了"世界国别与区域地理研究丛书"，还分别主编了《中国大百科全书》（第三版）冰冻圈科学卷和世界地理学科卷，围绕共建"一带一路"倡议共同完成了多项研究课题。我们力图通过这些学术活动和项目研究来推动自然地理学与人文地理学的深度融合，促进中国区域国别地理研究的繁荣，使中国地理学更好地服务国家战略，造福世界人民。

　　"世界国别与区域地理研究丛书"是推进区域国别地理研究发展的一项实质性重大举措，符合时代之需、民族之需和学术之需。此套丛书由华东师范大学世界地理与地缘战略研究中心和商务印书馆共同策划，初步规划对世界主要国家和区域开展地理研究，分期分批出版。丛书以国家为主，区域为辅，力求向读者呈现一个真实立体的世界地理全貌。愿此套丛书的出版能吸引更多有志青年投身到世界区域国别地理的学习和研究中，与国家同频共振！

中国科学院院士
华东师范大学世界地理与地缘战略研究中心主任

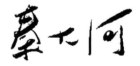

2024 年 5 月 30 日

前　言

柬埔寨是中国在东南亚的重要近邻国家之一，与中国往来源远流长。21 世纪以来，中柬关系更表现出全方位、深层次的良好发展势头，两国在各自高度关注的领域里相互支持和帮助。近年来，有关柬埔寨的研究文献逐渐增多，但以柬埔寨地理为主题的相关文献还不多，因此，研究柬埔寨地理具有意义。

本书在国内外学界对柬埔寨研究的基础上，运用世界地理的分析框架和研究方法，注重地理环境整体性与差异性相统一，注重地理现象刻画与分析相结合，在若干课题研究的基础上逐步完成。

本书稿共分为九章，按照绪论、自然地理、人文地理到经济地理的研究框架，系统论述了柬埔寨的地理位置、自然环境与自然资源、人口结构与空间分布、城市化与城市空间结构、经济转型与空间重塑、农业发展与空间布局、工业兴起及空间集聚、旅游开发及空间嬗变、对外贸易的空间格局等方面。每一章按照总论、分论与区域分异的结构，展开定性与定量相结合的论述。希望本书能使读者了解有关柬埔寨的国情概况和地理知识，为中柬两国人民的友好交往提供参考。

本书由褚劲风负责书稿整体框架以及各章节详细提纲的拟定，指导全书的撰写、统稿和审读工作，并对各章内容进行修改、加工和完善。李仙德协助对书稿部分内容进行了修改与审读、数据校对等，协助撰写了第三章第三节、第四节，第四章，第五章，第七章第四节，第八章等。邹琳协助对书稿进行了修改与审读、数据校对等，协助撰写了第二章，第三章第一节、第二节，第五章第四节，第六章，第七章第一节等。刘思瑶协助撰写了第九章。

感谢杜德斌教授邀约参与世界国别与区域地理研究，分享柬埔寨以及东南亚的文献资料，邀请参加其团队研讨会，交流不同大数据平台和资料的运用、研究方法和学术前沿，并对书稿的研究框架和研究内容提出指导意见。

书稿撰写过程中，汤建中教授毫无保留地分享其 20 世纪 60—70 年代在中国科学院地理研究所从事的有关柬埔寨的地理研究成果，并对书稿提出了详细的修改意见。

研究生刘思瑶、邓喜、李敏、谭文洁、邱艳等参与了本书的资料搜集整理、翻译、制图等工作。刘思瑶由此完成了其硕士学位论文《"一带一路"背景下柬埔寨经贸地理空间重塑研究》、李敏完成了论文《基于 GlobeLand 30 的柬埔寨森林覆被变化及影响因素分析》等。书稿的地图制作得到上海开放大学出版基金资助。书稿撰写过程中，还有许多专家学者提供了帮助，在此一并致谢。

本书还有诸多可以完善和研究之处，留待后续再完善、再研究。

目　　录

第一章　绪　论

柬埔寨王国（The Kingdom of Cambodia，本书简称柬埔寨）位于中南半岛南部（图1-1），东部、东南部和越南社会主义共和国接壤，北部与老挝人民民主共和国交界，西部、西北部与泰王国毗邻，西南濒临泰国湾，海岸线长约460 km。国土面积约18.1万 km²，首都为金边。柬埔寨属热带季风气候，年均气温24℃。人口约1 600万（2019年柬埔寨人口普查数据）。有20多个民族，

图 1-1　柬埔寨在中南半岛的位置

高棉族是主体民族，占总人口的 80%，少数民族有占族、普农族、老族、泰族、斯丁族等。高棉语为官方语言。佛教是国教，93% 以上的居民信奉佛教，此外，占族信奉伊斯兰教，少数城市居民信奉天主教。华人、华侨约有 110 万。

第一节　地理位置与经济基础

伴随世界地理格局的嬗变及重塑，柬埔寨独特的地理环境对其社会经济的兴衰更替与演进产生了深刻的影响。

一、东亚和南亚中间地带的空间优势

东亚和南亚是当今全球经济发展最迅速的地区，也是世界经济重心由西方向东方转移的重要地带。中南半岛是沟通东亚大陆与东南亚群岛、南亚次大陆的重要桥梁。柬埔寨地处东亚和南亚的中间地带，倚重东亚和南亚经济腾飞的溢出效应，与上述两地区其他国家的经济联系日渐紧密，开放度日趋增大，共享经济快速发展的边际效应日益显现。在此基础上，柬埔寨建构与中东石油国家和欧美发达国家的经济联系，加速融入全球产业链和供应链，未来将在经济全球化网络中占有一席之地。

柬埔寨地处中南半岛腹地，向东可沿湄公河进入南海，通达东北亚诸国及太平洋彼岸美洲各国；向南可经由泰国湾至南亚、西亚以及非洲和欧洲；向西北则可穿越泰国、缅甸，进入孟加拉国和印度等南亚国家。柬埔寨从古至今一直是东西方之间的交通要冲，在"海上丝绸之路"这条东西方经贸、人文交往大通道中占据举足轻重的地位。

二、中南半岛"十字路口"的区位优势

柬埔寨地处中南半岛交通的"十字路口"，对构筑半岛内部交通网络系统具有重要的意义。

从陆路交通看，柬埔寨处于泰国与越南两国之间，从金边至马德望的公路干线，是连接越南胡志明市至泰国曼谷的主要交通走廊的重要组成部分。从水路交通看，位于柬埔寨北部的老挝，是中南半岛唯一的内陆国家，柬埔寨国内湄公河中下游的内河航道和位于泰国湾的西哈努克海港，是老挝对外联系的主要通道。西哈努克港是柬埔寨唯一的深水海港，也是柬埔寨最大的海港，其海运线路通过新加坡中转可抵达美国、欧盟成员国、中国、印度尼西亚、日本、马来西亚、菲律宾、新加坡、韩国、泰国、越南等国家。

柬埔寨的这一区位优势还因湄公河贯穿其国土南北更加凸显。随着湄公河流域各国把经济发展作为基本国策，湄公河流域的综合开发利用以及经济合作再次引起流域各国、东盟、区域外大国以及国际组织的高度重视。从亚洲开发银行主导的大湄公河次区域（Greater Mekong Subregion，GMS）经济合作机制、湄公河委员会制订的开发计划，到东盟主导的东盟-湄公河流域开发合作机制，乃至美国或日本等区域外大国主导的合作机制，柬埔寨均因其地理位置而具有优势。

三、发展热带产业体系的地理优势

柬埔寨地处热带，热量充沛，降水丰富，适宜发展热带经济作物。纵观历史，柬埔寨有种植橡胶、胡椒、热带林果等经济作物的传统。据此，柬埔寨若发挥地处热带的地理优势，扩大热带经济作物的栽培规模，优化作物品种、种植模式，深化热带经济作物的深加工，构筑第一、二、三产业融合发展的热带产业体系，将形成产业生态优良、产业链条长、产品优质畅销全球的热带经济新高地。

世界热带经济作物主要集中分布于东南亚、南亚、南美洲的亚马孙河流域、非洲的刚果河流域及几内亚湾沿岸等地。其中，东南亚地区是全球热带经济作物的最大出产地，联合国粮食及农业组织（Food and Agriculture Organization of the United Nations，FAO）统计表明，柬埔寨热带经济作物在世界热带作物贸易中贡献不大。近年来，世界热带农业迅猛发展，已成为主要热带国家的重要经济来源和支柱产业。世界热带经济作物的生产主要分布在发展中国家，消费则主要集中在发达国家。柬埔寨的地理位置便于其借鉴他国经验发展热带经济作物生产。

第二节　地理环境与历史沿革

柬埔寨是东南亚地区一个历史悠久、文明古老的国家，其于 1 世纪下半叶建国，历经扶南、真腊、吴哥等王朝统治时期。9—14 世纪上半叶为吴哥王朝鼎盛时期，国力强盛，文化发达，创造了举世闻名的吴哥文明。纵观柬埔寨两千年的悠久历史、曾经持续五百年的鼎盛时期以及近现代史中百余年的跌宕起伏，地理环境与历史沿革映射出人地关系相互作用、相互影响、相互联系的过程。

一、两千年的悠久历史

约 1 世纪初，扶南依靠陆海交通的地理区位优势，在民族迁徙、商贸往来以及财富积累的基础上，成为东南亚历史上具有重要影响的古代国家。中国古籍中有关扶南的记载比较丰富。

扶南的强盛既得益于独特的地理位置、区位优势和自然条件，也得益于人与自然环境的相互作用。

第一，当时东西方贸易蓬勃兴起，尤其是罗马帝国对亚洲的商品特别是中国丝绸等需求旺盛，东西方贸易的两条航线都必须通过扶南及其属地，扶南成为东西方海上贸易必经的中转站，是联系东西方的"海上桥梁"（顾佳赟，2018；段立生，2019）。

第二，优越的自然条件是扶南农业比周边国家发达的主要原因。扶南地处热带，气候温暖湿润，适宜农作物的生长。湄公河不仅可用于航运，还有灌溉的作用。在湄公河灌溉下形成的湄公河平原是中南半岛最富饶的地区。洞里萨河内的洞里萨湖是柬埔寨最大的湖泊，不仅渔业资源丰富，还具有调节湄公河水量的作用。扶南通过兴修水利工程，促进了农业生产。

第三，贸易往来促进了扶南手工业、纺织业、造船业的发展。手工业的发展为扶南对外贸易提供了更多可交换的商品，反哺贸易的繁荣。纺织业在当时也颇具规模，分为织锦和织布。造船业汇聚综合技术，需要多种手工业的配合，是诸种手工技艺的集合，能体现一个国家在一个时期的手工技术水平。

自公元 6 世纪下半叶起，南海交通中心的转移降低了扶南在东西方贸易中的作用，逐渐导致其国力衰微。此外，内乱也为属国的独立提供了可能。

二、五百年的鼎盛时期

9—14 世纪上半叶的吴哥王朝统治时期是柬埔寨历史上的鼎盛时期。当时国力强盛，文化繁荣，疆域几乎覆盖整个中南半岛地区，现存的吴哥古建筑群中的大部分建筑是这一时期的遗存。

吴哥王朝的繁荣为人们的生产生活创造了有利条件，由此厚植坚实的经济基础，并发展出举世闻名的吴哥文明。

第一，适宜的气候、充沛的水源和肥沃的土壤是农业发展的必要条件。良好的自然条件有利于水稻、水果和蔬菜的种植与生产。这些作物在满足本国需求的基础上，还被输往海外，由此带来巨大财富。农业成为吴哥王朝重要的经济基础。

第二，水陆交通的优势促进了贸易的繁荣。当时以吴哥为中心，通过洞里萨湖和湄公河的水上交通可到达沿海地区；通过陆路向西、向东可到达周边各国。吴哥王朝大量出口稻米、手工艺品等，同时大量进口各类生活必需品。贸易成为吴哥王朝经济发展的另一重要支柱。

第三，吴哥王朝高度重视水利系统的建设和维护，完整而强大的水利系统提高了农业的发达程度。

然而，茂密的热带雨林被过度砍伐、肥沃的土壤被过度开发、自然环境遭到破坏，直接动摇了农业的基础，加之各种因素叠加影响，使吴哥王朝面临国力衰微和文明凋零。

三、百余年的跌宕起伏

柬埔寨近现代的历史错综复杂，国内外各种势力胶着，各种社会矛盾激化，国内经济发展停滞。1863 年柬埔寨沦为法国保护国；1940 年被日本占领；1945 年在日本投降后被法国重新占领。终于，在 1953 年 11 月 9 日获得国家独立。1970 年 3 月 18 日，朗诺集团发动政变，推翻西哈努克政权，改国名为"高棉共和国"；3 月 23 日，西哈努克在北京宣布成立柬埔寨民族统一战线，开展抗美救国斗争；5 月 5 日，成立以宾努亲王为首相的柬埔寨王国民族团结政府。1975 年 4 月 17 日，柬埔寨抗美救国斗争取得胜利。1976 年 1 月，柬埔寨颁布新宪法，改国名为"民主柬埔寨"。1978 年 12 月，越南出兵柬埔寨，成立"柬埔寨人民共和国"。1982 年 7 月，西哈努克、宋双、乔森潘三方组成民主柬埔寨联合政府。1990 年 9 月，柬埔寨全国最高委员会成立，西哈努克出任主席；10 月 23 日，柬埔寨问题国际会议在巴黎召开，签署了《柬埔寨冲突全面政治解决协定》，历时 13 年之久的柬埔寨问题最终实现政治解决。1993 年 9 月，国家颁布新宪法，改国名为"柬埔寨王国"，西哈努克重登王位。2004 年 10 月 6 日，西哈努克国王在北京宣布退位；14 日柬埔寨王位委员会 9 名成员一致推选西哈莫尼为新国王；29 日西哈莫尼在王宫登基即位（《世界知识年鉴》编辑委员会，2020）。

20 世纪 90 年代以来，柬埔寨逐步迈上经济发展轨道。2016 年 7 月 1 日，世界银行宣布，柬埔寨正式脱离最不发达国家行列，成为中等偏下收入国家[①]。

柬埔寨人地关系相互作用、相互影响、相互联系，呈现延续性、多样性、包容性的特点。

第一，人地关系相互作用的延续性。农业在柬埔寨有着悠久的历史。自然地理条件和水利设施建设等促进了农耕文明和农业社会的发展，发达的农业又拉动了人口的增加、经济的繁荣、社会的稳定、文化的积淀。这为柬埔寨创造璀璨的千年文明提供了物质保障，并蓄积精神力量，还渗透、影响到当今柬埔寨的经济发展——其倚重优越的自然条件，农业始终在国民经济中占主导地位。

第二，人地关系相互影响的多样性。在生产力水平较低的情况下，高原、山脉、丛林、河湖、沼泽等是人们难以逾越的自然障碍。不同的地理环境和自然条件，不同的生产力水平，使人们形成不同的生产生活方式。在柬埔寨中央

---

① 资料来源：中华人民共和国驻柬埔寨王国大使馆经济商务处，"柬埔寨正式脱离最不发达国家行列"，ht-tp://cb. mofcom. cn/article/jmxw/201607/20160701354780. shtml，2016 年 7 月 6 日。

平原地区、洞里萨地区、高原和山地地区、南部沿海地区，人们通过适应地理
环境进行生活生产。例如，热带雨林区雨量大，人们混杂种植多种作物，高的
植株遮盖和保护低矮以及脆弱的植株，多层植物逐层阻止了热带暴雨对作物及地
面的冲击。且它们成熟时节不同，可供食用的时间先后交错，可减少人们在储存
食物上的困难。与不同的生产生活方式相适应，各地的社会、政治、行政制度也
不尽相同。柬埔寨国土范围内设有 24 个省、1 个直辖市即是佐证（图 1-2）。

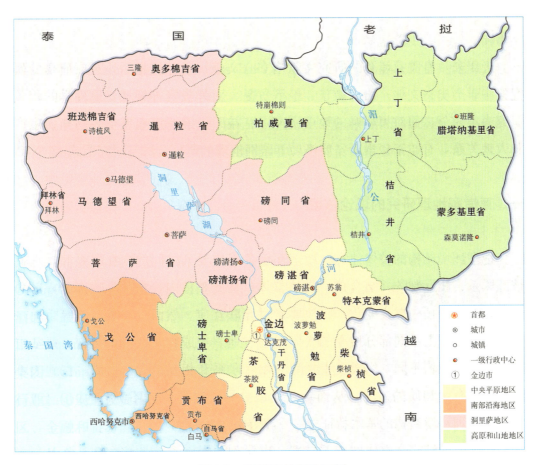

图 1-2 柬埔寨的行政区划

第三，人地关系相互联系的包容性。柬埔寨地理位置的独特性使其对不同
文明兼容并蓄，外来文化的影响一直贯穿于柬埔寨的发展史。扶南、真腊、吴
哥等早期文明因处中南半岛交通"十字路口"的区位优势而促进贸易往来，主
动吸纳中国、印度、欧洲等不同文明成果。近现代中的柬埔寨并没有成为外来

文化的附属物，柬埔寨两千年的文明使其保有自身的独特性。在主动或被动接受外来文化或势力的过程中，柬埔寨都没有简单吸收和重复，而是有所发展和创新，包容可包容的、吸纳可吸纳的、发展可发展的。这种包容性体现了人地关系的辩证发展。

第三节　研究意义及主要内容

近年来，有关柬埔寨的研究文献增多。文献计量分析显示，对柬埔寨的研究集中于历史、文化、语言教学、经济贸易、对外投资等领域，地理学的相关研究尚不充分。而对柬埔寨的地理研究，有益于探索特定地理空间的知识生产和人地关系，有益于探索新发展格局下国别地理的研究方法与研究范式。

一、柬埔寨地理研究的理论依据

地理环境结构的整体性意指地理环境各组成要素之间的内在联系性，它们彼此联系、相互制约并结合成一自然整体。在此整体内，整体影响部分，部分也互动整体，任一要素变化，其他要素也互联互应。然而，整体性不等于均一性。由于地球上不同部分接受的太阳辐射、地表组成物质、地貌结构、海陆位置、历史过程均不同，组成要素之间的相互联系和相互结合的性质，在地表不同地段也有量和质的差异，从而导致地域分异。这是地理环境结构的差异性，它也是地理环境结构的基本特征之一（李春芬等，1994）。

地理环境结构之整体性与差异性，也深刻地揭示了共性和个性、联系与分异之辩证统一关系。这一思想与理论对柬埔寨地理研究具有指导意义。本书将借鉴国内外有关柬埔寨的已有研究成果，从主流渠道获取有关柬埔寨的客观、真实、完整的素材和数据，将柬埔寨放在不同的地理空间尺度，厘清脉络、比较分析、分清层次，比较全面、客观、真实地反映柬埔寨地理环境结构的区域属性及其一般规律。

二、柬埔寨地理研究的现实意义

不同国家和地区的自然、人文地理要素迥异，社会经济发展水平差异显著。许多国家和地区的综合实力或许并不突出，在世界范围内也不具有代表性，但其某一地理要素可能具备显著优势，乃至具有全球战略价值。因此，以某一种自然或人文地理要素为核心开展国别地理研究，对辨识该国的核心资源与竞争力具有重要意义，同时对中国的贸易投资、政治外交等具有参考价值（李同昇、黄晓军，2020）。

柬埔寨作为中国东南亚的重要近邻国家之一，与中国的友谊绵长。21 世纪以来，两国在各自高度关注的领域里相互支持和帮助，推进中柬全面战略合作伙伴关系和中柬命运共同体建设。研究柬埔寨地理具有较大的现实意义。

三、本书主要内容

学术思想的继承和创新是互有联系的（李春芬等，1994）。学科的发展有继承性，离不开原有基础。在谈论学科的新动态、新趋向时，如果放在历史发展背景上看，特别是同它较近的一个阶段加以对照，能看出它的来龙去脉（李春芬，1982）。地理学的领域很广，涉及的方面很多，研究自然地理的、人文地理的、区域地理的或不同部门地理的学者，对同一问题都可提出不同的看法和定义，即使属于同一分支的研究者，也还"仁者见仁，智者见智"。地理学的对象是地球表面的地理环境。研究这个对象时，主要关注其组成要素的分布、组合及其相互之间的空间关系。这里所谓的空间关系，即地域上的关系，不能简单地认为它是脱离时间因素的，相反，这种关系却因时间的推移而变化（李春芬，1982）。

《柬埔寨地理》一书借鉴自然地理、人文地理、经济地理（农业地理、工业地理、旅游地理、贸易地理等）、区域地理等研究范式，利用柬埔寨现有的统计年鉴、最新一期人口普查数据、经济普查数据等，运用地理信息系统分析、文献与文本分析、计量分析等方法，尝试从空间与过程、人地关系地域系统、区域差异与联系等角度，探索柬埔寨的自然环境与自然资源、人口结构与空间分布、城市化与城市空间结构、经济转型与空间重塑、农业发展与空间布局、工业兴起及空间集聚、旅游开发及时空嬗变、对外贸易的空间格局等内容。

参 考 文 献

[1] 毕世鸿等：《柬埔寨经济社会地理》，世界图书出版公司，2014 年。

[2] 杜德斌："继往开来，重铸世界地理辉煌——纪念李春芬先生诞辰 100 周年"，《世界地理研究》，2012 年第 3 期。

[3] 杜德斌、冯春萍："中国的世界地理研究进展与展望"，《地理科学进展》，2011 年第 12 期。

[4] 杜德斌、冯春萍、李同昇等：《世界经济地理》，高等教育出版社，2009 年。

[5] 段立生：《柬埔寨通史》，上海社会科学院出版社，2019 年。

[6] 冯绍雷、李中海、张昕等："新发展格局下区域国别研究方法与范式创新"，《俄罗斯研究》，2021 年第 3 期。

[7] 顾佳赟：《丝绸之路上的东南亚文明：柬埔寨》，广西人民出版社，2018 年。

[8] 李春芬："地理学的传统与近今发展"，《地理学报》，1982 年第 1 期。

[9] 李春芬："区际联系——区域地理学的近期前沿"，《地理学报》，1995 年第 6 期。

[10] 李春芬、曾尊固、汤建中："世界地理研究的概要回顾与持续发展"，《地理学报》，1994 年增刊。

[11] 李同昇、黄晓军："新时代国别地理研究的若干思考"，《世界地理研究》，2020 年第 5 期。

[12] 卢军、郑军军、钟楠：《柬埔寨概论》，世界图书出版公司，2012 年。

[13] 毛汉英："世界地理研究回顾与展望——建所 70 周年世界地理研究成果与发展前景"，《地理科学进展》，2011 年第 4 期。

[14] 《世界知识年鉴》编辑委员会：《世界知识年鉴 2019/2020》，世界知识出版社，2020 年。

[15] 杨青山、韩杰、丁四保：《世界地理》，高等教育出版社，2004 年。

[16] 王缉思："浅谈区域与国别研究的学科基础"，《国际战略研究简报》，2018 年第 73 期。

第二章　自然环境与自然资源

　　柬埔寨自然环境复杂、自然资源丰富。其地形多样，以平原、山地和湖泊为主，自然景观独特。东部、西部、北部的高原和山地环抱中央的富饶平原，广阔的冲积平原和东北部高原地区为当地提供了丰富的自然资源。柬埔寨属热带季风气候，雨季气候湿润、降水丰沛，凉季干燥凉爽，而热季则气温高、湿度大。柬埔寨拥有众多河流和湖泊，尤其是湄公河及其支流，为农业灌溉和渔业提供了重要的水源。柬埔寨土壤类型多样，主要有肥沃的冲积土壤，适宜农作物的生长。柬埔寨林木资源丰富，是世界上森林覆盖率较高的国家之一。柬埔寨的气候、水文和植被之间相互作用，共同塑造了独特的自然环境。

第一节　地形与地貌

　　柬埔寨地势周高中低，中部为面积广阔的冲积平原，东部、西部、北部被高原和山地环绕。

一、三面环山的碟形盆地

　　柬埔寨东部、西部和北部被高原和山地环绕（MFAIC，2024），中部是广阔富饶的平原，地势平坦开阔，海拔 5—30 m，形成边缘高、中间低、向东南敞口的地貌特点。洞里萨盆地-湄公河低地地区主要由海拔低于 100 m 的平原组成。随着海拔的增加，地形变得更加起伏和复杂。湄公河谷是柬埔寨和老挝之间的交通要道，将扁担山脉（Dangrek Mountains）的东端和东北部的高地分隔开。在东南部，洞里萨盆地与湄公河三角洲相连，湄公河三角洲延伸至越南。

柬埔寨的山脉是中央山脉（Main Range）和越南长山山脉（Truong Son Mountain）的余支，其中最主要的是扁担山脉和豆蔻山脉（Cardamom Mountains）（佘春树，2012）。北部的扁担山脉因其山形狭长、山顶平缓、形似扁担而闻名。扁担山脉由湄公河向西至泰国境内的山甘烹高地，海拔 450—600 m，最高峰 756 m。该山脉北坡平缓，生长热带雨林，南坡急降至柬埔寨平原，多落叶林，森林茂密（佘春树，2012）。西南部的豆蔻山脉呈西北-东南走向，海拔超过 1 500 m，可分为三段。西段自拜林市至菩萨省，主峰东坡山为柬埔寨第三高峰；中段自菩萨省宿蒙县至戈公省，主峰桑戈山为柬埔寨第二高峰；东段又分为三个部分：一是克卓勒山，位于菩萨、磅士卑、磅清扬三省之间，主峰奥拉山为柬埔寨第一高峰；二是欧莫路山，位于盐田县至磅士卑之间，海拔不超过 1 000 m；三是象山山脉（Dâmrei Mountains），位于贡布省，是豆蔻山脉沿海岸向东南和南延伸至卜哥的部分，高 1 081 m。

二、面积广阔的冲积平原

柬埔寨平原由洞里萨湖冲积平原和湄公河冲积平原组成，平原面积占全国面积的 50％（图 2-1）。洞里萨地区的地貌特征是以洞里萨湖（Tonle Sap Lake）为轴，东北和西南对称展布，有湖泊、平原、台地和丘陵四大地貌类型，地表流水是主要的地貌外力之一，作用形成各种堆积地貌与流水侵蚀地貌（黄子雍等，2020）。

河流沿岸平原包括湄公河、洞里萨河、巴萨河及其支流沿岸的平原（佘春树，2012）。据地势划分为三个部分：一是平坦广阔的稻田，土质肥沃，水源充足，西部与小山地区连接，东部直抵柬埔寨-越南边境，是柬埔寨最大的产粮区之一；二是河流沙洲附近的淤泥地区，适宜种植水稻和各种农作物；三是雨季水淹地带，该地带部分地区雨季可以种植水稻或浮稻，旱季可种植旱稻或旱季作物，也可捕鱼或种植莲藕（佘春树，2012）。

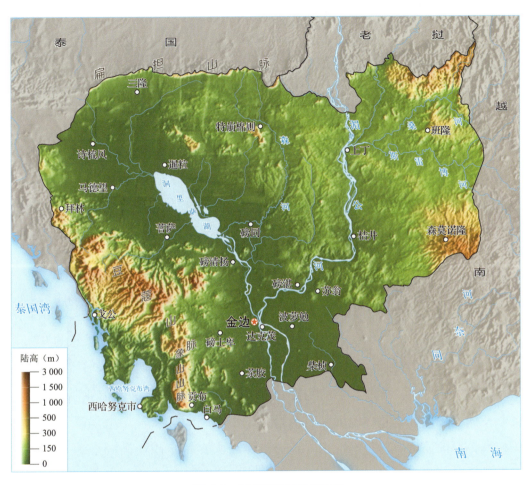

图 2-1　洞里萨湖流域地形

资料来源：根据 freepik 柬埔寨地图（https://www.freepik.com/premium-photo/cambodia-map-shaded-relief-color-height-map-sea-blue-background-3d-illustration _ 27991718.htm）绘制。

三、倚居东北的高原地区

　　柬埔寨东北部为高原地区（图 2-2），高原占全国总面积约 30％（香港城市大学，2012）。北部高原位于扁担山和豆蔻山之间的过渡地带，平均高度不超过800 m，覆盖柏威夏、奥多棉吉两省全部地区和班迭棉吉、暹粒、磅同、上丁、桔井五省部分地区，其边缘地带也有一些分散的小山。北部高原大部分地区种植旱地作物或饲养家禽家畜。

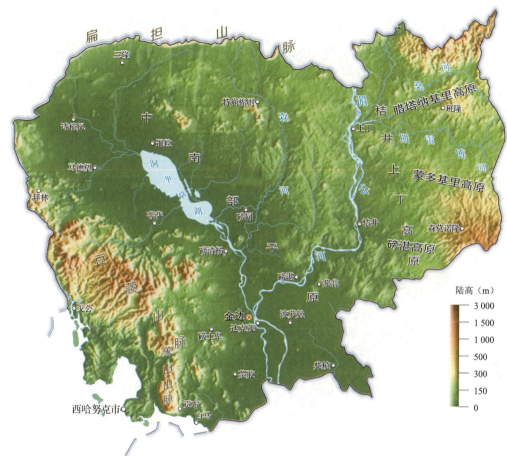

图 2-2　柬埔寨东北部高原

资料来源：根据 freepik 柬埔寨地图（https://www.freepik.com/premium-photo/cambodia-map-shaded-relief-color-height-map-sea-blue-background-3d-illustration_27991718.htm）绘制。

东部高原由四个部分组成。一是桔井、上丁高原，与北部高原、湄公河河谷相互隔开，地表景观是石灰岩和稀树（佘春树，2012）。二是磅湛高原，向东北部倾斜，海拔一般为 200 m。磅湛高原分布着大面积的黑色玄武岩，在潮湿的气候条件下经长期风化后形成肥沃的红壤，适宜种植橡胶和旱地作物（佘春树，2012）。三是腊塔纳基里高原（或称波盖高原），位于桑河①、斯雷博河②两河谷与柬越边境之间，由火山熔岩构成，海拔为 300 m 左右。这里原本是火山，

———————————

① 桑河（Sesan）亦译为"塞桑河"或"赛桑河"，本书各章节统一采用"桑河"。
② 斯雷博河（Srepok）亦译为"斯雷博克河"，本书各章节统一采用"斯雷博河"。

聚仙湖是过去的火山口（佘春树，2012）。高原上分布有波宾依山（海拔816 m）和屋兰山（海拔701 m）等。四是蒙多基里高原，是越南多乐高原（又称东部高原）的延伸部分。海拔为400—700 m，土壤多为红壤。蒙多基里高原是柬埔寨重要的旱地农业区。东部和东北部高原不仅是柬埔寨主要的橡胶种植地区，也是重要的畜牧场和旱地农业区。腊塔纳基里高原还是贵重木材的重要产地。

第二节　气候

柬埔寨的气候受季风影响，总体较为炎热；降水充沛，全年平均湿度较高。不同地域气候特点不同，可分为北部、中部和西南部三个区域。

一、一年三季变化分明

每年从5月至10月为柬埔寨的雨季，来自西南部的强风带来暴雨和高湿度。全年90%的降水集中在雨季，月平均降水量在200毫米以上。11月至次年2月为旱季中的凉季，受东北季风气流的影响，空气干冷，风速和湿度都很低，平均温度为17—27℃。此后的3、4月为热季，气温在29—38℃（Sokha，2002）。

柬埔寨的不同地域气候有着不同特点，根据湿热情况将柬埔寨分为北部、中部和西南部三个区域。北部地区地处内陆，包括奥多棉吉、暹粒、柏威夏、上丁等省，与泰国交界，扁担山成为天然分界线，由于受海洋季风影响较小，降水量相对少，气温变化较大，属于典型的高原气候。中部地区柬埔寨盆地包括洞里萨盆地和湄公河低地，受焚风影响，气候比较干热，雨量偏少。庞大的洞里萨湖和常年奔流不息的湄公河给该地区带来充足的水分，弥补了因降水较少对农业的不利影响，使整个洞里萨盆地和湄公河低地成为柬埔寨乃至东南亚地区著名的粮仓（WBG，2021）。西南部地区为豆蔻山和象山地区以及西南沿海地带，受强劲的海洋季风气候影响，气温变化不大，雨量充足（佘春树，2012）。

二、终年炎热气温较高

柬埔寨属热带季风气候，终年高温炎热，年均气温在 29—30℃，年均最高温在 35—38℃、年均最低温在 16—19.5℃。每年 4 月气温最高，月均气温为 35℃，个别地区超过 40℃（Chan *et al*.，2003）。柬埔寨虽然全国温差不大，但日温差较大，白天最高温度与夜晚最低温度相比，温差在 7—10℃，热带雨林气候特征明显。受社会经济发展、技术变革及温室气体排放等影响，柬埔寨的气温仍呈上升趋势（IPCC，2000）。因为炎热，柬埔寨的年蒸发量在 2 000—2 200 mm，3 月和 4 月最高，月均 200—240 mm；9 月和 10 月最低，月均 120—150 mm。月均蒸散量在旱季约为 120 mm，在雨季约为 90 mm（Chan *et al*.，2003）。

三、降水丰沛但分布不均

柬埔寨降水充沛，全国年均降水量为 1 700 mm 左右，年均湿度为 84%。受地形和季风影响，各地降水量差异较大，降水的分布很不均衡。西南部地区因迎着西南季风，降水量比其余地区要多，西南沿海的豆蔻山、象山临暹罗湾一侧年均降水量在 4 000 mm 以上，降水量最高的卜哥山年降水量达 5 473 mm；中部平原地区年降水量为 1 000—1 500 mm；东部高原地区年降水量为 2 000 mm 左右（毕世鸿等，2014）。降水量最多的是 9、10 两个月，最少的是 1 月（图 2-3）。2018 年柬埔寨平均降水量约为 1 600 mm，比 2000—2018 年的长期平均值低约 10%。年降水量最低值 842 mm 出现在奥多棉吉省，最高值 4 473 mm出现在戈公省（WBG，2021）。从降水的空间差异来看，夏季风季节，柬埔寨内陆北部地区（如柏威夏省）的降水量及其占年降水量的比例较大，而西部地区（如马德望省周围）的降水量较小，海岸的降水量特别大。季风季节期间，洞里萨湖西南侧，即豆蔻山脉北部山脊和西部湖岸平原周围的降水量较大，降水最大值出现在夜间和清晨（Thirumalai *et al*.，2017）。

总体来看，柬埔寨地势较低的中部平原地区年均降水量为 1 400 mm，在沿海地区或高地地区达 4 000 mm（Thirumalai *et al*.，2017）。对柬埔寨气候变化历史数据的分析表明，柬埔寨气候变化显著，自 1950 年来年均气温上升了 0.8℃，变化率为每年 0.023℃。变化速度最快的时候出现在旱季（12 月、1 月和 2 月）。对柬埔寨年平均降水量的测算①表明，年均降水量在 1 200—2 200 mm，降水量以每年 0.184% 的速度减少，变化速度最快的时候出现在旱季（12 月、1 月和 2 月）。

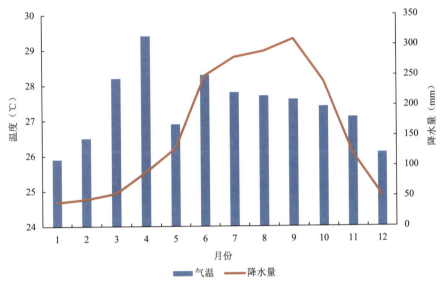

图 2-3 1991—2020 年柬埔寨月平均气温和降水量

资料来源：引自 WBG（2021）。

四、气候变化灾害频发

柬埔寨于 2015 年提交给《联合国气候变化框架公约》的国家通报中提出，柬埔寨是最易受到气候变化影响的国家之一，特别是由洪水、干旱、严重风暴和海水上升而导致的风险（张保，2021）。柬埔寨区域经济相对不发达，由于其适应能力有限，因此极易受到全球和区域气候变化的影响（UNDP，2013；Yusuf and Francisco，2009），主要表现为温度上升、降雨模式变化、洪水和干旱高发、海平面上升四个方面（Nang et al.，2014）（表 2-1）。由于这些气候风

---

① 根据政府间气候变化专门委员会（IPCC）排放情景特别报告（SRES）的 A2 方案，通过区域气候模式 PRECIS 模型进行模拟。

险的发生频率和强度高，当地居民处于高风险状态（CDRI，2012；Nguyen and Shaw，2010；RGC，2013）。特别是气候变化关系到贫困居民的生计问题，可能导致严重的社会及经济问题出现。

表 2-1　柬埔寨 1996—2018 年水旱灾害及影响汇总

年份	气候灾害	受气候灾害影响的情况
1996	严重洪水	持续暴雨造成 130 万人受到影响； 6 000 km² 农作物和 50 000 所房屋受损
1999	洪水和台风	10 个省的 37 527 人受到影响； 177.32 km² 水稻作物和 491 所房屋被毁
2000	严重洪水	3 448 629 人受到影响，347 人死亡； 768 所房屋受损
2001	严重洪水	429 698 个家庭、约 2 121 952 人受到影响，62 人死亡（70％为儿童）； 2 251 所房屋被毁
2002	洪水和干旱	442 419 个家庭、约 2 017 340 人受灾
……	……	……
2009	台风凯萨娜	约 49 000 个家庭的住房和生计被毁，18 万人受到影响
2010	山洪暴发	14 省的 22 746 个家庭受到影响，11 人死亡，受伤 7 人； 6 301 所房屋受到影响，86 栋房屋受损，272 所学校和托儿所受到影响； 776.29 km² 农田受到影响，69.42 km² 农作物受损
2011	严重洪水	18 个省的 354 217 个家庭受到影响； 268 631 所房屋受到影响，1 297 栋房屋受损，1 360 所学校受到影响； 219.29 km² 农作物受到影响
2012	山洪暴发	7 个省的 23 691 个家庭受到影响，27 人死亡； 22 863 所房屋受到影响，2 栋房屋受损，122 所学校受到影响； 574.32 km² 农作物受到影响
2013	严重洪水	20 个省的 377 354 个家庭受到影响，168 人死亡，29 人受伤； 240 195 所房屋受到影响，455 栋房屋受损，1 254 所学校受到影响； 378.47 km² 农田播种受到影响
2014	山洪暴发	13 个省的 165 516 个家庭受到影响，49 人死亡； 87 333 所房屋受到影响，185 栋房屋受损，397 所学校受到影响
2015	山洪和干旱	7 个省的 789 个家庭受到影响，1 人死亡，1 人受伤； 6 963 所房屋受到影响，7 栋房屋受损； 37.07 km² 农田播种受到影响
2016	山洪暴发	16 个省的 17 928 个家庭受到影响； 413 所房屋受到影响

续表

年份	气候灾害	受气候灾害影响的情况
2017	洪水和山洪	16 个省的 18 674 个家庭受到影响，17 人死亡； 104 所学校受到影响； 5 918 头牲畜被疏散，220.67 km² 水稻受到影响
2018	洪水、山洪和干旱	23 个省的 134 893 个家庭受到影响，12 668 人被疏散，63 人死亡，123 人受伤； 335 所学校、28 所医院受到影响； 541.41 km² 水稻田受损

资料来源：引自 MRC（2018）。

世界鱼类中心（The WorldFish Center，2009）推算，到 2025 年柬埔寨气温将上升 0.3—0.6℃。有研究证实，自 1960 年以来，柬埔寨每年的气温上升 0.8℃。预计到 2060 年柬埔寨平均温度将增加 0.7—2.7℃，到 2090 年将增加 1.4—4.3℃（McSweeney et al.，2008）。

自 1960 年以来，柬埔寨的降水量没有表现出持续的增加或减少变化特征，预计到 2090 年，一天和五天的降水量将分别增加 54 mm 和 84 mm。然而，尽管降水量没有显著变化，但降雨模式却发生了变化（Diepart，2014）。20 世纪 30 年代前，当地 5 月开始降雨，7 月达到峰值，然后一直下降到 11 月；到 20 世纪 80 年代后期，5 月开始降雨减少，9 月持续增加至峰值，11 月下降（Diepart，2014）。降雨期的变化可能导致当地供水不足进而造成农作物歉收，9 月后期的暴雨会造成更多损失和损害。柬埔寨在过去几十年中经历了极端洪水和干旱。

洪水是与气候相关的最大灾害风险，在过去几十年里柬埔寨洪水发生的频率和强度都在增加（图 2-4）。洪水对健康造成了多种威胁，比如带来腹泻和霍乱等水传播疾病，以及疟疾和登革热等蚊子传播疾病。湿地保护与可持续利用是应对洪水的有效举措，柬埔寨的湿地可以减轻污染并自然吸收洪水。

因而柬埔寨制定了应对气候变化的多项相应政策（表 2-2），旨在将相关责任从国家层面落实到各部委和机构基层（CDRI，2012；Sreng，2013），帮助社区更好地应对与气候变化相关的灾害，并为实现全球应对气候变化的目标做出贡献（RGC，2013）。

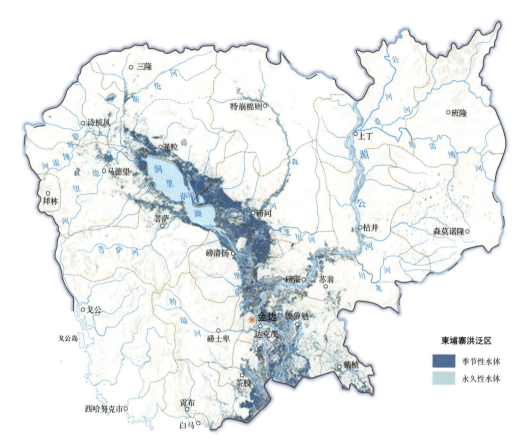

图 2-4　2013 年柬埔寨洪泛区

资料来源：根据 Fujii *et al*.（2003）绘制。

表 2-2　柬埔寨应对气候变化的国家政策

政策/战略	内容摘要	目标
国家适应性行动方案（NAPA）—2006 年	39 个优先项目（重点是改善农业、水资源管理、海岸保护和人类健康）	柬埔寨向绿色、低碳、具有气候适应性、公平和可持续的社会发展
柬埔寨气候变化战略计划（CCCSP）—2013 年	总体战略计划包括来自 9 个不同部委的投入	
国家减少灾害风险战略行动计划权力下放和权力分散（D&D）—2002 年	加强柬埔寨的灾害管理制度，赋予地方政府权力	
国家战略发展计划（NSDP）矩形战略—2004 年	国家整体发展和减少贫困	
柬埔寨气候变化联盟（非政府组织和发展伙伴的参与）	增长、就业、效率和公平气候变化项目已纳入发展方案	

资料来源：引自 MRC（2018）。

第三节　水文

　　柬埔寨地表水资源丰富。湄公河是柬埔寨最大、最长的河流，在柬埔寨的内河航运中占有非常重要的地位；洞里萨湖是柬埔寨最大的湖泊，也是湄公河流域内最重要的天然调节湖泊。

一、水文基本特征

　　柬埔寨境内大部分水系为湄公河及其支流水系。湄公河在柬埔寨境内长约500 km，流域面积约占柬埔寨国土面积的 86%（李妍清等，2018），在柬埔寨境内流经 4 个水资源二级区，据统计其流域水资源总量为 1 052 亿 m³，占全国水资源总量的 79%。沿海流域入海水量约为 272 亿 m³，占全国水资源量的21%。柬埔寨的入境水量主要包括湄公河干流上游的来水量，约为 3 157 亿 m³；3S 流域群［主要包括塞公河（Sekong）、桑河和斯雷博河］上游进入柬埔寨境内的水量约为 866 亿 m³；加上柬埔寨境内的产水量 1 324 亿 m³。湄公河流域和西南沿海流域的总计出境水量约为 5 347 亿 m³（李妍清等，2018）。

　　柬埔寨的降水空间差异显著。柬埔寨境内湄公河流域的上游比下游、北部比南部的降水出现时间要早，集中程度也更高。柬埔寨流域群的支流众多，其中湄公河上游流域群主要包括布雷柏威夏（Prek Preah）、布雷格良（Prek Krieng）、湄公河支流（Mekong Riverine）等在内的 5 条支流；洞里萨湖流域群主要包括克拉奔雷河（Stung Krang Ponley）、菩萨河（Stung Pursat）、森河（Stung Sen）等在内的 16 条支流；湄公河三角洲流域群主要包括布雷川龙河（Prek Chhlong）、湄公河下游（Mekong Riverine Downstream）、湄公河 TS 泛洪区（Mekong TS Flood Plain）在内的 8 条支流。1981—2010 年，通过计算柬埔寨降水量最大的 6 个月水资源总量占全年降水量的比例可知，3S 流域群、湄公河上游流域群、洞里萨湖流域群 3 个流域群的该值均在 81%—91%；其次为湄公河三角洲流域群，该值为 77%；沿海流域群的计算值为 70%（李妍清等，

2018）。从水量的时间变化来看，沿海流域群、3S 流域群、湄公河上游流域群以及洞里萨湖流域群多年平均连续水量最大的 6 个月为 6—11 月；湄公河三角洲流域群多年平均连续水量最大的 6 个月为 7—12 月。柬埔寨流域群的月均最大水资源量占年水资源总量的百分比在 16%—27%，其中，3S 流域群最大，沿海流域群最小；沿海流域群、3S 流域群和湄公河上游流域群的月均最大水资源量的出现时间较早，一般在 8 月，洞里萨湖流域群、湄公河三角洲流域群则出现在 10 月（李妍清等，2018）。

大气降水是柬埔寨地下水最主要的补给来源，其次为河湖侧向补给。地下水类型主要为第四系孔隙水、基岩裂隙水以及少量的岩溶水，其中，孔隙水广泛分布在湄公河、洞里萨湖及其支流和临海河岸平原地带的砂性土层中，且孔隙水的水量较丰富，是柬埔寨最为重要的地下水资源，主要作为生活用水；裂隙水主要分布在岗丘、山地区域基岩裂隙中，总体水量较小，水量分布不均，局部有流量较大的泉水出露（李妍清等，2018）。

二、中南半岛最长河流湄公河

湄公河发源于中国青藏高原的唐古拉山（山峰一般海拔在 5 500—6 000 m）东北坡（中国科学院地理科学与资源研究所，2007），上游部分在中国被称作澜沧江。澜沧江经中国云南西双版纳出境，流入老挝后称湄公河，湄公河全长逾 4 880 km（杨跃萍、白靖利，2016）。

湄公河流经缅甸、老挝、泰国、柬埔寨、越南五国，最后从越南注入南海。湄公河三角洲面积 4.95 万 km²，土地肥沃。河流过金边后分成两条河，一条叫湄公河，一条叫巴萨河。湄公河干流河谷较宽，多弯道，经老挝境内的孔恩（Khone）瀑布汇入低地，到柬埔寨金边与洞里萨河交汇后，进入越南三角洲。湄公河在柬埔寨境内河段长约 500 km，柬埔寨约 86% 的国土位于湄公河流域，流域面积约 15 万 km²。湄公河涨水时，水注入洞里萨湖，湖面积可由 2 590 km² 增加到 7 700 km²；而冬季，湄公河水量消退后，水从洞里萨河流入湄公河。洞里萨湖位于洞里萨河上游，洞里萨湖和洞里萨河可以通航。洞里萨河是湄公河最重要的支流之一，该河全长 120 km（毕世鸿等，2014）。

湄公河在柬埔寨的内河航运中占有非常重要的地位，沿河的重要港口有金边港、磅湛港。由于湄公河在旱季及雨季的流量有极大变化，以及主干流有不少激流及瀑布，影响通航，湄公河只有下游的 550 km 可通航。湄公河全年平均流量为 1.1 万 m³/s，水位受季节影响很大，每年 9—10 月水位最高，整个雨季的平均流量为 3.9 万 m³/s。湄公河河水含沙量很大，给下游带来了肥沃的土壤，形成了柬埔寨富饶的中央平原（李晨阳等，2010）。

湄公河流域上游国家的快速经济增长导致对能源及水资源的开发需求增加。但开发基础设施的建设可能会对下游的水资源、水文状况、渔业等产生重大影响。柬埔寨由于基础设施及技术水平落后，其境内的水电开发水平低（柬埔寨中国商会，2012）。柬埔寨对湄公河水资源开发的首要需求是每年雨季保证湄公河上游汇集相当的来洪量，以确保洞里萨湖洪泛区的土壤肥力。

三、中南半岛最大湖泊洞里萨湖

洞里萨湖位于柬埔寨中央平原，是柬埔寨最大的湖泊，也是东南亚地区最大的天然淡水湖（单琳，2004）。洞里萨湖占地面积受季节影响很大，每年 12 月至次年 6 月的枯水期，水位 1—3 m，面积约 2 500 km²。每年 5—10 月的雨季，水位 10—14 m，水位最高的年份湖面面积甚至达到 2.46 万 km²（李晨阳等，2010）。

洞里萨湖和洞里萨河具有独特的水文特征和多样的水生态系统。在汛期，洪水沿着干流倒灌进入洞里萨湖流域，每年自 10 月起水缓慢流出，成为湄公河三角洲旱季时灌溉不可或缺的水源。洞里萨湖的季节性变化特性使其在雨季时能大大减轻湄公河下游所受的洪水威胁，在旱季能使金边以下河段维持一定的水量与水位，保证下游的航行与灌溉用水。

洞里萨湖是世界上最富饶的淡水鱼产地之一，也是亚洲最大的淡水鱼渔业基地，加之良好的灌溉条件，使中央平原成为柬埔寨著名的鱼米之乡。柬埔寨近 2/3 的渔获量来自洞里萨河流域（The WorldFish Center，2009）。洞里萨湖和湄公河的鱼类具有多样性。雨季时，周期性洪水将富含泥沙的水从湄公河送至洞里萨湖，洪水淹没的森林和灌木为鱼类和其他水生动物提供了庇护所和繁殖地。卵、鱼苗和鱼类被动迁移到洞里萨湖及其漫滩，使该湖泊生态系统成为世界上最富生产力的陆水域之一。雨季后，湖水、河水再次回流湄公河，淹没土地的水位开始下降，此时鱼类大量迁移到湖泊、支流的深水区（横向迁移）或旱季深水池（van Zalinge et al., 2003）。比如，所谓的"黑鱼"停留在湖中，在湖水泛滥地区之间进行相对较短的迁徙。重要的鱼类产卵区位于湄公河和湄公河在桔井省、上丁省和腊塔纳基里省的支流。

此外，由于洞里萨河与湄公河相连，洞里萨湖被称为湄公河的"心脏"。该湖泊随湄公河水位涨落而节律性变化，水量因湄公河与季风降水而变化，水文状况受湄公河水文波动而变化。这种变化使洞里萨湖对调节柬埔寨炎热的气候也起到一定的作用，是柬埔寨生态系统及生命周期的重要组成部分。

四、水资源分区明显

柬埔寨境内河网密布，水源丰富。柬埔寨河网水系中，大部分为湄公河及其支流水系和独流入海水系。湄公河在柬埔寨境内长约 500 km，独流入海水系仅分布在西南沿海地区和东南地区。西南沿海地区独流入海河流汇入泰国湾，东南地区独流入海河流注入越南后汇入中国的南海。除一级河流湄公河以外，柬埔寨境内的主要二级、三级河流有 20 多条，大部分河流均位于洞里萨湖流域群（图 2-5）。

根据柬埔寨流域的水系和水文特征，结合气象站点、行政区划、《柬埔寨水资源开发总体规划》和《柬埔寨全国水资源状况报告 2014》（表 2-3），将柬埔

表 2-3   柬埔寨水资源分区

水资源一级区	水资源二级区	包括的水资源三级区个数
沿海流域 湄公河流域	沿海流域群	8
	3S 流域群	3
	湄公河上游流域群	5
	洞里萨湖流域群	16
	三角洲流域群	8

资料来源：引自李妍清等（2018）。

寨全国划分为：2个水资源一级区，即沿海流域和湄公河流域；5个水资源二级区，即沿海流域群、3S流域群、湄公河上游流域群、洞里萨湖流域群和三角洲流域群；以及40个水资源三级区（李妍清等，2018）。

柬埔寨地表水资源丰富，境内多年平均地表水资源量为1 228亿m³，相应径流深为678 mm。境内的水量主要靠降水补给，径流的地区分布基本上与降水的地区分布一致（李妍清等，2018）。从水资源二级分区来看，洞里萨湖流域群的面积占全国面积的46%，由于湖区蒸发量大，径流深相对较小，径流量为427亿m³，仅占全国地表径流量的35%。3S流域群的面积占全国面积的14%。由于3S河位于降水量高值区，径流深相对较大，分区径流量为258亿m³，占比21%。西南沿海流域群面积占全国面积的10%，由于其位于降水量的高值区，径流深最高，分区径流量为272亿m³，占比高达22%。湄公河上游流域群和湄公河三角洲流域群多年平均径流量占比分别为9%和13%（李妍清等，2018）。

图 2-5 柬埔寨河网

资料来源：根据OpenDevelopment Cambodia（2015）绘制。

　　柬埔寨 1981—2010 年的年平均水资源总量为 1 324 亿 m³，其中，地表水资源量为 1 288 亿 m³，地下水资源量为 416 亿 m³。各水资源二级区、三级区的年平均水资源总量的变差系数在 0.04—0.15；二级区年平均水资源总量极值比在 1.9—2.36，而全国年平均水资源总量的极值比为 1.61。在水资源二级区中，年平均水资源总量极值比最大的为湄公河上游流域，最小的为 3S 流域群。

表 2-4　1981—2010 年柬埔寨水资源二级区的面积及年平均水资源总量

水资源二级区	面积（km²）	年平均水资源总量（亿 m³）
沿海流域群	17 316	272
3S 流域群	24 692	258
湄公河上游流域群	19 041	113
洞里萨湖流域群	83 800	462
湄公河三角洲流域群	36 187	219
全国	181 035	1 324

资料来源：引自李妍清等（2018）。

　　柬埔寨 1981—2010 年二级区年平均水资源总量整体呈波动下降的态势。整体而言，洞里萨湖流域群的年平均水资源总量最高，湄公河上游流域群最低；就年际变化来看，沿海流域群、3S 流域群、湄公河三角洲流域群和湄公河上游流域群的年平均水资源总量波动幅度不大，洞里萨湖流域群的年际变化忽高忽低，很不稳定。

　　柬埔寨高度依赖自然河流提供的水资源，未来的气候变化可能会加剧这一变化，柬埔寨希望通过管理灌溉、水坝建设和国内用水需求来实现水资源管理。如联合国开发计划署《气候变化对水部门的影响概览》（2011）中所述，柬埔寨大部分人口依赖天然水源作为家庭生产生活的主要水资源来源，干旱和天然水源供应的减少会对居民生产生活造成负面影响（李妍清等，2018）。

第四节　土壤与植被

　　柬埔寨土壤类型多样，土壤肥力空间差异大，与热带气候一起为植被多样性奠定了基础。丰富的热带森林资源，使柬埔寨成为亚太地区乃至全球高森林覆盖率的国家之一。但森林砍伐导致森林覆盖面积大幅减少，过度的农业活动导致土壤肥力下降，这造成了柬埔寨水土流失并影响了气候。

一、土壤类型多样

1961 年柬埔寨农业部首次开展的全国土壤调查为之后的土壤资源调查奠定了基础。柬埔寨一共包括 16 种土壤类别（表 2-5），其中，砖红壤、灰色湿地土、棕色湿地土、黑棉土、石质土、湖积土的土壤肥力最高，覆盖面积有 50 825.64 km^2，占比为 28%；土壤肥力较低的红黄壤、黏磐土、网纹土、网纹湿土、酸石质土、临海复合土所占区域面积最大，为 94 436.63 km^2，占比为 53%；土壤肥力属于中等的几类土壤所占区域面积最少，为 34 045.99 km^2，占比 19%。

表 2-5　柬埔寨土壤类别分布

肥力潜力	土壤大类	面积（km^2）	区域比例（%）
高	2. 砖红壤 6. 灰色湿地土 8. 棕色湿地土 10. 黑棉土 12. 石质土 15. 湖积土	50 825.64	28
中	5. 水生栽培土 9. 铝土 13. 冲积土 14. 棕色冲积土	34 045.99	19
低	1. 红黄壤 3. 黏磐土 4. 网纹土 7. 网纹湿土 11. 酸石质土 16. 临海复合土	94 436.63	53
总计	16	179 308.26	100

资料来源：引自 Vang（2015）。

二、土壤分布差异显著

柬埔寨土壤中氮、磷、有机碳含量较低，按照土壤总氮量（％）、磷素水（mg/kg）、有机碳（％）三个指标，将土壤性质分为五级（表2-6）。其中，含氮量很低的土壤占比63％，磷素水含量低的土壤占88％，有机碳含量在0.06％—1.00％的土壤占86％（Vang，2015）。进而根据柬埔寨土壤肥力潜力分布（图2-6），肥力高的土壤主要沿着洞里萨河和湄公河沿岸分布，三角洲地区处于中等水平，西南和东北地区的土壤肥力均较低。

表2-6　柬埔寨土壤数据库中样品的氮、磷、有机碳分级及相应土壤占比

土壤性质	土壤分类				
	很低	低	中等	高	很高
总氮量（％）	<0.05	0.05—0.15	0.15—0.25	0.25—0.50	>0.50
占比（％）	63	34	3	—	—
磷素水（mg/kg）	—	0—7	7—15	>15	—
占比（％）	—	88	5	7	—
有机碳（％）	<0.06	0.06—1.00	1.00—1.80	1.80—3.00	>3.00
占比（％）	1	86	11	2	—

资料来源：引自 Vang（2015）。

三、热带植被种类丰富

柬埔寨热带森林资源丰富，有植物8 260种，其中的10％为特有种。森林类型以常绿林、半常绿林、落叶林、非林地和其他林（包括次生林、红树林、水淹林为主，常见树种属龙脑香科、豆科、千屈菜科、壳斗科、竹柏科和禾本科等（潘瑶等，2019）。上述森林类型中，常绿林主要分布在北部、中部和西部，树种以龙脑香科和蒲桃科植物以及交趾异翅香、坤甸木为主；落叶林分布于高原地区（5号国道往西、6号国道的东北部及湄公河东部），树种以落叶龙脑香科植物为主；海岸线红树林则位于柬埔寨境内西部（Kimsrim，2017）。至2016年柬埔寨的林地覆盖类型中，占比较高的为针叶林（18.37％）和常绿林

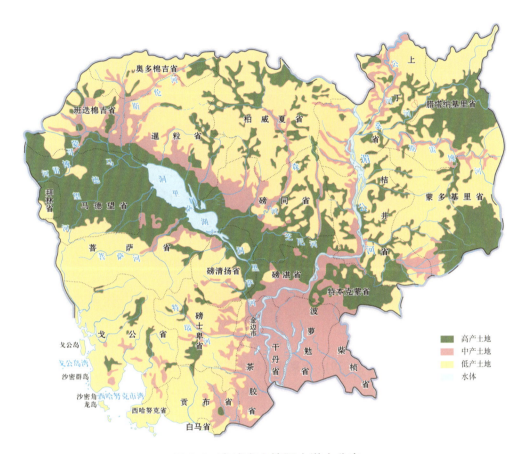

图 2-6 柬埔寨土壤肥力潜力分布

资料来源：引自 Vang（2015）。

（15.76%），此外，半常绿林（5.90%）、橡胶园（2.80%）、洪泛林（2.63%）、再生林（1.08%）等也为林地覆盖的主要类型（图 2-7）。根据联合国粮食及农业组织报告，柬埔寨森林及植被资源面临威胁，主要驱动因素是人口增加（对自然资源和空间的需求也相应增加）和经济发展所需的各种活动增加（例如，建立或扩大服装厂、橡胶园，以及发展旅游业）。

2001—2017 年，柬埔寨森林覆盖损失增加（图 2-8），由森林覆盖损失导致的碳排放量由 10.1 t 增加至 45.9 t（图 2-9）。

据联合国粮食及农业组织统计，1990 年柬埔寨森林面积达 110 047 km²，为历史最高水平，此后柬埔寨森林面积逐年下降，2015 年为 94 570 km²，2020 年继续下降到 89 702 km²。另据遥感影像估算，柬埔寨各行政区森林资源在

2000 年、2010 年和 2020 年的变化状况见表 2-7、图 2-10、图 2-11 和图 2-12。

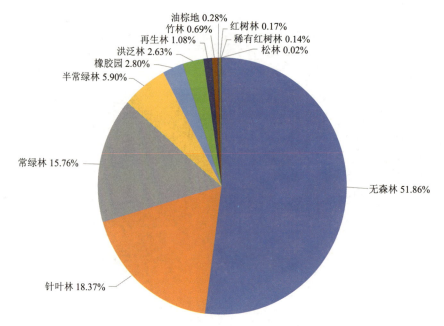

图 2-7　2016 年柬埔寨林地覆盖及利用情况

资料来源：引自 GGGI（2016）。

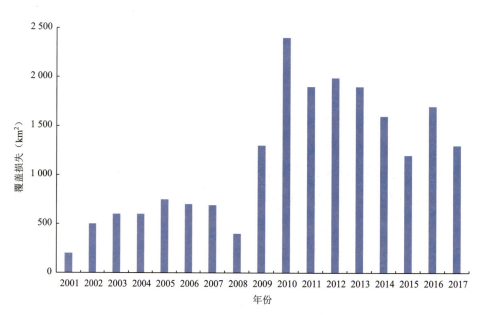

图 2-8　2001—2017 年柬埔寨年度树木覆盖损失

资料来源：引自 Global Forest Watch（2022）。

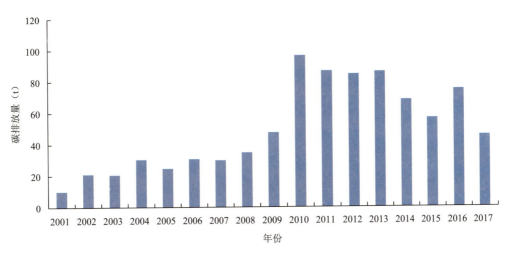

图 2-9　2001—2017 年柬埔寨由森林覆盖损失导致的碳排放量增加

资料来源：引自 Global Forest Watch（2022）。

表 2-7　2000—2020 年柬埔寨森林资源变化情况

行政区	2000 年森林面积（km²）	2000 年占全国森林面积比例（%）	2010 年森林面积（km²）	2010 年占全国森林面积比例（%）	2020 年森林面积（km²）	2020 年占全国森林面积比例（%）	2000—2020 年森林面积变化（km²）
腊塔纳基里省	10 460	10.06	10 430	10.29	7 774	8.60	−2 686
桔井省	9 514	9.15	9 155	9.04	7 823	8.72	−1 691
奥多棉吉	4 682	4.50	4 607	4.55	3 288	3.67	−1 395
磅同省	6 064	5.83	5 945	5.87	4 681	5.22	−1 383
上丁省	10 959	10.54	10 834	10.69	9 661	10.77	−1 298
蒙多基里省	12 995	12.49	12 865	12.70	11 881	13.25	−1 113
暹粒省	5 000	4.81	4 863	4.80	4 186	4.67	−814
柏威夏省	12 992	12.49	12 898	12.73	12 333	13.75	−659
特本克蒙省	1 031	0.99	434	0.43	423	0.47	−609

行政区	2000 年森林面积（km²）	2000 年占全国森林面积比例（%）	2010 年森林面积（km²）	2010 年占全国森林面积比例（%）	2020 年森林面积（km²）	2020 年占全国森林面积比例（%）	2000—2020 年森林面积变化（km²）
磅士卑省	3 645	3.50	3 626	3.58	3 089	3.44	−556
贡布省	2 037	1.96	1 802	1.78	1 644	1.83	−394
菩萨省	7 906	7.60	7 866	7.76	7 559	8.43	−347
班迭棉吉省	775	0.75	735	0.73	478	0.53	−297
干丹省	229	0.22	2	0.00	2	0.00	−227
马德望省	2 433	2.34	2 332	2.30	2 248	2.51	−185
磅湛省	499	0.48	468	0.46	331	0.37	−168
磅清扬省	1 174	1.13	1 087	1.07	1 022	1.14	−152
西哈努克省	1 573	1.51	1 533	1.51	1 458	1.63	−115
戈公省	9 353	8.99	9253	9.13	9 253	10.32	−100
柴桢省	146	0.14	48	0.05	49	0.05	−98
拜林省	394	0.38	390	0.39	384	0.43	−10
波萝勉省	11	0.01	2	0.00	2	0.00	−9
金边市	6	0.01	2	0.00	2	0.00	−4
茶胶省	110	0.11	113	0.11	110	0.12	−1
白马省	19	0.02	20	0.02	22	0.02	3
合计	104 010	100.00	101 308	100.00	89 702	100.00	−14 308

资料来源：根据 GlobeLand 30 卫星遥感数据（http://www.globallandcover.com/）计算。

柬埔寨是亚太地区乃至全世界森林覆盖率较高的国家之一（陈剑等，2015）。依据历史数据资料，柬埔寨森林资源虽较为丰富，但受各种因素影响，森林总面积呈递减趋势。根据世界资源研究所在线监测倡议"全球森林观察"（Global Forest Watch），柬埔寨在 2001—2019 年间损失超过 1.4 万 km² 的森林。1965—2018 年柬埔寨森林覆盖率动态变化情况（图 2-13）显示，1965 年柬埔寨的森林覆盖率为 73.04%，2018 年则下降到 46.86%。在此时段内，2002 年柬埔寨颁布林业法、设立国家林业局、倡导植树造林，并与国际组织合作，实现有效保护、管理森林资源，森林覆盖率回升至 61.15%；但 2002 年后因政

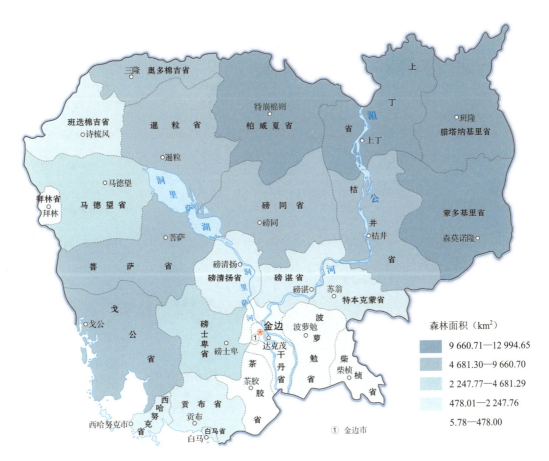

图 2-10 2000 年柬埔寨各省森林面积

资料来源：根据 GlobeLand 30 卫星遥感数据计算。

策法律法规执行不彻底、森林权属划分不清、人口基数增加等，导致森林面积持续下降，2010 年全国的森林覆盖率为 57.07%，2014 年下降到 49.48%。

在柬埔寨四大区域中，高原和山地地区、洞里萨地区森林面积减少较为明显，分别减少了约 8 003 和 4 583 km²。分省统计可见，森林面积减少集中在腊塔纳基里省和桔井省（高原与山地地区）、奥多棉吉省和磅同省（洞里萨地区），这四个省份森林面积分别减少约 2 686、1 690、1 395、1 383 km²，减少幅度分别达到 25.68%、17.77%、29.78%、22.81%。森林覆盖率降幅较高的省份包括腊塔纳基里省、奥多棉吉省、桔井省（图 2-14），分别降低了 22.79%、21.03%、14.11%。

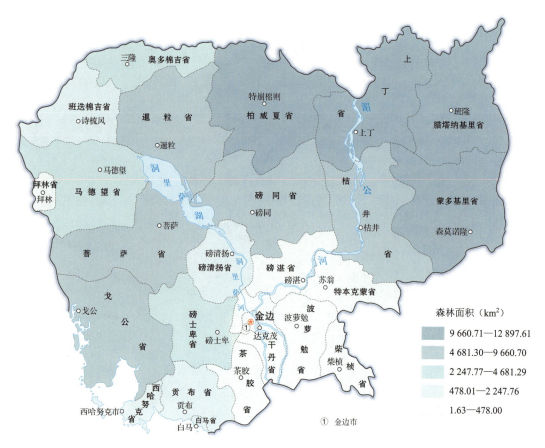

图 2-11　2010 年柬埔寨各省森林面积

资料来源：根据 GlobeLand 30 卫星遥感数据计算。

四、植被与生物丰富多样

　　广袤的森林覆盖、丰富的动植物资源使柬埔寨成为全球公认的生物多样性热点地区之一，被列为全球生物多样性重点保护地区。

　　柬埔寨植被种类丰富。柬埔寨大部分地区气候炎热潮湿，土地肥沃，适宜各种热带植物生长，木本、藤本和草本植物品种多达上千种。境内的树种有 200 多种，其中以柚木、铁树、紫檀、黑檀、观丹木最为名贵。泰国湾沿海滩涂上生长的红树林，树身高大，生长迅速，一般高 30—40 m，既可作建筑材料，又是当地居民主要的燃料来源。野生药用植物资源也相当丰富，主要包括

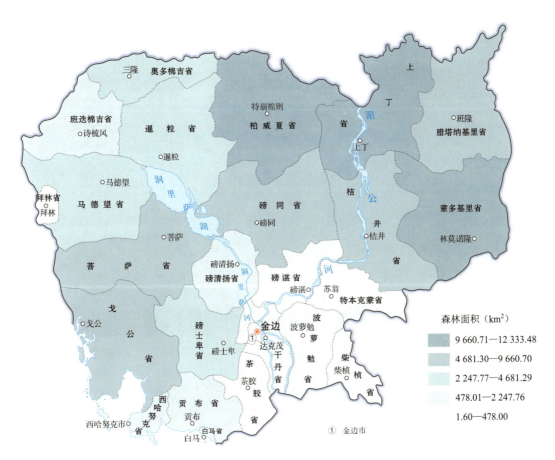

图 2-12 2020 年柬埔寨各省森林面积

资料来源：根据 GlobeLand 30 卫星遥感数据计算。

森林面积（km²）

9 660.71—12 333.48
4 681.30—9 660.70
2 247.77—4 681.29
478.01—2 247.76
1.60—478.00

① 金边市

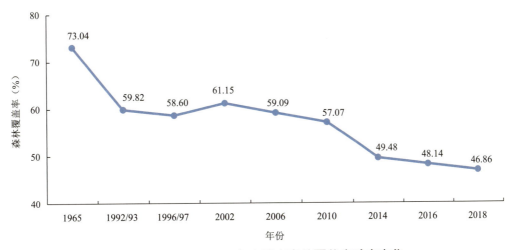

图 2-13 1965—2018 年柬埔寨森林覆盖率动态变化

资料来源：引自 RGC（2019）。

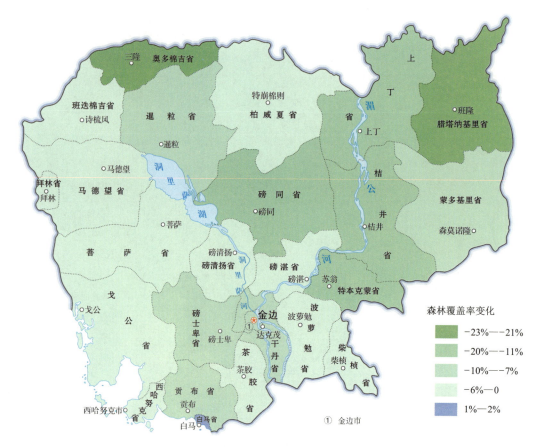

图 2-14 2000—2020 年柬埔寨各省森林覆盖率变化

资料来源：根据 GlobeLand 30 卫星遥感数据计算。

豆蔻、胖大海、马钱子、沉香、桂皮、藤黄、樟脑等。此外，还有香蕉、柑橘、杧果、椰子、菠萝、红毛丹、榴梿、木菠萝、番木瓜等种类繁多的水果。

柬埔寨山地面积较大，野生动物也较多，主要有兽类、鸟类、蛇类和鱼类等。既有大象、野牛、老虎、黑豹、熊等大型野兽，又有众多小型野兽。典型的鸟类有鹤、苍鹭、松鸡、雉鸡、鸠、孔雀、白鹭、野鸭等；典型的蛇类有眼镜蛇、眼镜王蛇、克雷特蛇、蝰蛇等（孙大英和高歌，2011）；鱼类品种主要有黑斑鱼、黑鲤鱼、鳗鱼、鲑鱼、红目鱼等。有些动物如大象与柬埔寨人民的生活关系密切。柬埔寨自古以来就有驯养大象的传统，大象被用来驮运货物，充当交通工具。

柬埔寨的生物多样性与其森林覆盖密切相关。比如，波萝勉野生动物保护区包括横跨磅同、柏威夏、上丁和桔井四个省的森林（RGC，2019）。又如，柬埔寨是世界上淡水渔业发展规模最大、淡水鱼种类最多的国家之一。柬埔寨淡水渔业生产主要位于湄公河和洞里萨湖周围的大型洪泛平原，这些地区是重要的生态栖息地（FAO，1989）。

2016 年柬埔寨《国家生物多样性状况报告》指出，2015 年共发现 1 357 种鱼类，包括 775 种淡水物种、582 种海洋物种。根据柬埔寨环境部 2017 年报告，柬埔寨拥有 123 种哺乳动物、545 种鸟类、88 种爬行动物、2 308 种维管植物、874 种鱼类、24 种硬珊瑚物种、14 种软珊瑚物种、10 种海草物种和 63 种两栖动物物种，以及许多尚未被鉴定和研究的动植物物种（MOE，2017）。2021 年，柬埔寨环境部报告全国共有 6 149 种物种，仍是公认的生物多样性的全球重点保护区之一。

柬埔寨是《生物多样性公约》《联合国防治荒漠化公约》和《联合国气候变化框架公约》的缔约国。除全球承诺外，柬埔寨政府还制订了国家环境战略和行动计划、国家生物多样性战略和行动计划、国家减少森林砍伐和退化造成的排放计划（Reducing Emissions from Deforestation and Forest Degradation，REDD）、国家保护区战略管理计划和生产森林战略计划等，以践行其对生态系统管理和生物多样性保护的承诺，并应对先前因单纯追求经济发展而砍伐森林、捕猎野生动物、破坏湿地环境等而导致的生态环境危机。至 2018 年年底，柬埔寨的保护区系统包括：12 个国家公园、20 个野生动物保护区、10 个保护景观、8 个综合利用区、1 个拉姆萨尔遗址（Stung Treng）、1 个野生动物保护区（Koh Kapik）、2 个自然遗产地、1 个国家海洋公园和 3 个生物多样性走廊（东北走廊、西北走廊和豆蔻走廊）等（ASEAN Center for Biodiversity，2018）（图 2-15）。

柬埔寨的 12 个国家公园中，云壤国家公园位于柬埔寨西南部的西哈努克省，占地 210 km²，建于 1993 年，自然景观丰富，包括红树林、河口、海滩、河流和森林生态系统，有恒河猴、海豚、鹈鹕等物种。维罗杰国家公园占地 3 325 km²，拥有柬埔寨最原始的森林，凭借丰富的生物多样性和自然资源，成为柬埔寨最重要的保护区之一。波顿沙库国家公园是柬埔寨最大的国家公园，有穿山甲等 40 余种哺乳动物，还有丰富的鸟类、昆虫、爬行动物和两栖动物，其生物多样性独一无二，在这里发现了许多需要严格保护的濒危物种。

柬埔寨多年来采取措施扩大了其保护区系统的覆盖范围，明晰自然资源保

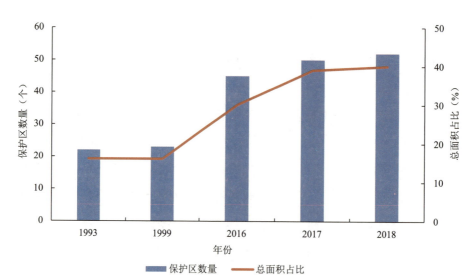

图 2-15　柬埔寨保护区的数量和总面积占国土面积比例

资料来源：根据 RGC（2019）绘制。

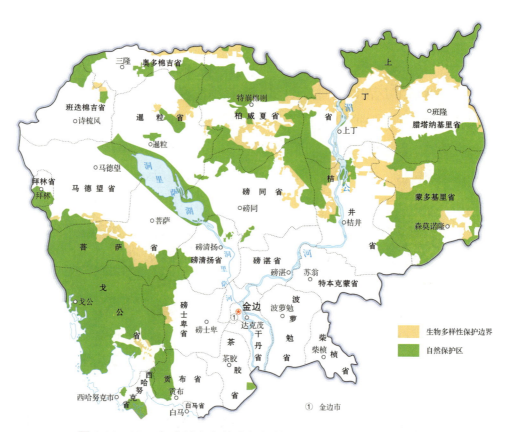

图 2-16　2017 年柬埔寨自然资源保护区和生物多样性保护边界

资料来源：根据 OpenDevelopment Cambodia（2019）绘制。

护区和生物多样性保护边界（图 2-16），为濒危物种建立新的庇护所。柬埔寨生物多样性生态系统在净化水源、生产氧气、预防洪水和自然灾害以及协助植物授粉方面发挥着重要作用。

此外，柬埔寨政府高度重视管理和保护森林、野生动植物的工作，设有保护区管理机构，派遣守林员执行巡逻任务，以保护其珍贵的自然资源，防止非法砍伐林木、非法捕猎。

第五节　自然资源

自然资源可分为生物或非生物资源。柬埔寨的陆地和领海自然资源丰富，除水域生物资源外，柬埔寨拥有多样的陆域生物资源，如木材等森林资源产品、稀有植物和种类繁多的动物种群等。自然资源对柬埔寨的经济及民生都极为重要，柬埔寨约 75％的人口以农业、林业和渔业为生（USAID，2017）。但至 2018 年，在国际自然保护联盟（International Union for Conservation of Nature，IUCN）红色名录中，柬埔寨有 264 个物种被列为濒危物种（IUCN，2018）。为此，近年来柬埔寨重视可持续发展目标管理（Forestry Administration，2015）。

一、土地资源

（一）土地资源十分丰富

柬埔寨的土地资源丰富，2020 年森林、耕地、草地、湿地、灌木地、水体、人造地表土地面积分别为 89 703、71 260、5 429、7 880、118、2 804、1 860 km² （表 2-8）。从土地利用类型来看，柬埔寨土地以耕地和森林为主，分别占柬埔寨土地利用总面积的 50.1％和 39.8％，其次是湿地和草地，分别占 4.4％和 3.0％。

2000—2020 年，柬埔寨的耕地面积从 57 970 km² 增长到 71 260 km²。从省域分布看，马德望省、磅同省、班迭棉吉省、暹粒省、波萝勉省、特本克蒙省、磅湛省为柬埔寨耕地面积排名前七位的省份，占柬埔寨耕地比例均超过了 5％。

除白马省、金边市、茶胶省之外，各省的耕地面积均有所增长。其中，腊塔纳基里省、桔井省、磅同省、奥多棉吉省、上丁省、蒙多基里省等的耕地面积增长均超过了 1 000 km²。

表 2-8　2020 年柬埔寨各省一级行政区土地类型统计　　（单位：km²）

行政区	耕地	森林	草地	灌木地	湿地	水体	人造地表	裸地
磅清扬省	2 779	1 022	431	0	808	235	20	0
干丹省	2 360	2	1	0	506	330	55	0
金边市	435	2	0	0	24	82	141	0
波萝勉省	4 377	2	2	0	30	206	144	0
柴桢省	2 761	49	0	0	0	26	32	0
磅士卑省	3 389	3 089	354	0	8	23	100	2
贡布省	2 599	1 644	353	0	42	67	14	0
戈公省	331	9 253	696	0	560	154	8	0
西哈努克省	591	1 458	374	0	134	14	41	0
茶胶省	3 000	110	15	0	232	45	89	0
白马省	100	22	4	0	17	2	6	0
马德望省	7 044	2 248	251	0	1 966	61	302	0
菩萨省	2 771	7 559	288	0	878	27	63	0
拜林省	668	384	21	0	0	0	4	0
班迭棉吉省	5 149	478	143	0	153	19	205	0
磅同省	6 126	4 681	242	0	1 123	160	113	0
柏威夏省	1 394	12 333	263	0	2	16	20	3
暹粒省	4 496	4 186	92	0	1 245	270	254	0
奥多棉吉省	3 136	3 288	134	0	4	16	53	0
磅湛省	3 799	331	19	0	51	263	87	0
特本克蒙省	4 180	423	177	0	10	74	62	4
桔井省	3 094	7 823	664	0	63	316	21	0
蒙多基里省	1 357	11 881	404	0	4	22	0	0
腊塔纳基里省	3 535	7 774	291	97	0	80	7	0
上丁省	1 789	9 661	210	21	20	296	19	0
总计	71 260	89 703	5 429	118	7 880	2 804	1 860	9

资料来源：根据 GlobeLand 30 卫星遥感数据计算。

（二）土地生产力明显下降

埃斯瓦兰等（Eswaran et al.，2001）对柬埔寨土地退化脆弱性评估的研究表明，约有 46 000 km² 土地（占总土地面积约 26%）属于低脆弱性等级，约118 000 km²（67%）属于中等脆弱性等级。其中，西南地区的大部分土壤侵蚀较为严重，面积约 44 900 km²。大约 76 900 km² 的土地处于中等脆弱状态，主要分布在柬埔寨东北部和西南部的高地，森林覆盖面积减少的主要原因是为发展农业而砍伐森林。1981—2003 年，柬埔寨约有 77 900 km² 的退化土地（占总土地面积约 43%），约 358 万人受到影响。当人们赖以生存的资源基础严重枯竭，或农村家庭获得资源的传统途径因圈地和大规模开发而减少时，社会发展状况也会迅速恶化，这进一步导致当地居民以不可持续的方式开采土地及森林资源，在极端的压力下，居民可能会将土地予以出售。

土地生产力通常指总土地净初级生产力（Net Primary Productivity，NPP），定义为植物固定的能量减去其呼吸作用，后者转化为提供一系列生态系统服务的生物量积累率。土地生产力动态（Land Productivity Dynamics，LPD）趋势由 5 个定性类别表示。2000—2010 年，柬埔寨 LPD 分析显示，约1 552 km² 的土地从森林变为耕地，1 657 km² 的土地从森林变为灌木、草地和稀疏植被生长地区。在由林转耕的情况下，约 27 km² 属于 LPD 下降级别，536 km² 属于下降早期级别，约 520 km² 属于净 LPD 增加级别（MAFF，2015）。柬埔寨政府为恢复退化森林、提高农田生产力而进行的努力可抵消森林砍伐对土地的负面影响（MAFF，2015）。在大多数土地利用/覆被类别中，与LPD 属于下降、有早期下降迹象或稳定但压力过大的地区相比，属于增加和稳定的非应力 LPD 比例更大。如提高生产力等级下的净 LPD 约占耕地净 LPD 的43%，而人工区、林改耕和灌木区的净 LPD 约占总体净 LPD 的 35%。在2000—2010 年的 10 年间，在生产力下降的情况下，裸地和人工区的净土地利用率最高，退耕还林在净 LPD 中所占的比例较高（35%）。

土壤有机碳储量（Soil Organic Carbon Stock，SOCS）是被用作评估碳储量的主要指标之一。在柬埔寨，包括地上生物量和土壤中的森林碳储量估计约为 1 万 t/km²（RGC，2013）。耕地中约 86% 的土壤有机碳含量较低，为

0.06%—1.0%。土壤性质、热带干湿循环的气候条件和传统耕作方式以及森林开垦是提高土壤有机质分解率的主要因素。据统计，至 2000 年柬埔寨的平均有机碳储量约为 55 万 t/km^2。2000—2010 年，柬埔寨由于森林转为耕地，土壤有机碳储量从 51 万 t/km^2 下降到 38 万 t/km^2，导致顶部 0—30 cm深度的总有机碳损失约 200 万 t（表 2-9）。

　　林地资源（包括自然资源）保护和开发之间的关系较为复杂。资源和森林过度开发是土地资源利用的关键问题。林地资源其存量在经济发展的早期阶段急剧下降，随后开采逐渐放缓，而在高发展水平下恢复。由此，森林土地覆盖率与人类发展指数之间的条件相关性比国民总收入或人均国内生产总值更明显。人类发展指数较低的国家往往森林覆盖率呈迅速下降的态势，而人类发展指数较高的国家则具有森林覆盖率的恢复特征。同样，与柬埔寨人类发展指数提升相对应的，是柬埔寨森林覆盖率下降速度有所放缓（图 2-17）。

表 2-9　2000—2010 年柬埔寨土壤碳储量变化

改变土地用途/覆被类别	净面积变化（km²）	土壤有机碳（0—30 cm）				
		2000 年（t/km²）	2010 年（t/km²）	2000 年总计（t）	2010 年总计（t）	2000—2010 年损失（t）
森林到农田	1 556	5 100	3 800	7 953 102	5 971 842	−1 981 260
森林到灌木、草地及植被稀疏地区	1 662	5 000	5 000	8 310 780	8 310 780	
总计	3 218			16 263 882	14 282 622	−1 981 260

资料来源：引自 MAFF（2018）。

　　据此，柬埔寨的土地及自然资源管理并非仅需要关注传统资源的保护，而是需要实现资源与经济的协调发展。可行的资源发展战略应包括管理区域经济结构变化，同时维持环境的可持续发展。此外，生产力水平高的地方能够有效利用森林资源，推动高端家具、生态旅游等高附加值活动的发展。联合国开发计划署《2011 年全球人类发展报告》的核心论点是虽然经济目标和环境目标之间存在权衡，但这些目标并不是根本对立的，二者之间存在互补性。柬埔寨的土地及森林资源面临的挑战是管理经济发展与有效地利用自然资源，进而实现经济与环境的双赢发展。

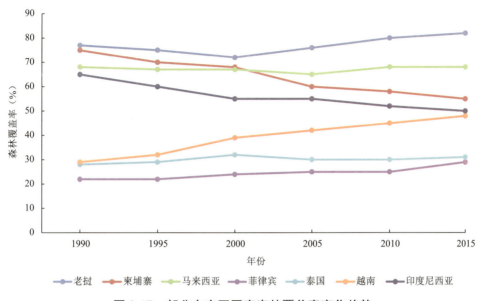

图 2-17　部分东南亚国家森林覆盖率变化趋势

资料来源：引自 UNDP（2013）。

（三）土地资源空间差异大

柬埔寨耕地面积在省（直辖市）间的时空差异性明显。从空间上来看，耕地面积较大的省（直辖市）主要分布在洞里萨湖和湄公河流域周围，良好的水源条件为农业的发展提供了保障，极大弥补了因气候干旱、降水量较少对农业经济造成的不良影响；从时间上来看，从 2000—2020 年，绝大部分省（直辖市）的耕地面积都在增加，但其增加程度存在差距，其中增加较明显的有位于东北部的腊塔纳基里省、上丁省、蒙多基里省、桔井省和磅同省，以及北部的奥多棉吉省。但位于南部的金边市、白马省和茶胶省则出现了耕地面积不增反减的情况，究其原因，金边市作为柬埔寨的首都和经济、文化、教育中心，依靠良好的区位条件承担了交通枢纽的城市职能；白马省是著名的滨海旅游避暑胜地，主要收入来源为旅游业等服务行业，在经济中有着独特的地位；茶胶省的经济来源较为多元化，农业、手工业、渔业、纺织业、旅游业等均为其创造了不菲的收入。

除此之外，柬埔寨地质、土质的空间差异也很大。柬埔寨中央平原南部省份（茶胶省和磅士卑省）地质地貌的主要特征是山脉边缘的高石英岩脊，在陡坡地上有浅砂土，崩积斜坡主要为砂土。深层砂土出现在低层，浅砂土（壤土或黏土下层土）出现在隆起之间的低平原上。该区域长期的年降水量在 1 200—1 800 mm，1980—2020 年，年均降水量为 1 370 mm。在地质及气候特征基础上，柬埔寨南部省份大部分低地地区在雨季和旱季都用作稻田，主要农作物除水稻外还包括西瓜、大豆、绿豆和花生。在干旱地区，玉米、绿豆、花生等作物在雨季初期种植，大豆和花生主要在雨季种植，西瓜在旱季初期播种。由于大规模发展农业经济，森林被砍伐的现象更为突出（MAFF，2018）。

柬埔寨中央平原东部省份如磅湛省的地质主要为更新世玄武岩，向西延伸至磅清扬省，向北延伸至桔井省。在与越南接壤的蒙多基里省和腊塔纳基里省也有大量玄武岩。更新世玄武岩高地被古老和新近冲积层的低地水稻土包围。该地区年平均降水量在 1 400—1 800 mm，降水量最高的是 5 月、8 月和 9 月（每月 250 mm）。旱地以橡胶种植为主，低地以水稻和非水稻作物混合种植为主。地下渗透水被收集在多地水库中，作为旱季水稻用水和供有限的植被、果树生长使用。

柬埔寨西北部地区如马德望省和拜林省的景观土壤种类最多。该区域地质以新生代和中生代沉积岩为主，中生代石灰岩丘陵被新生代山麓包围，遍布各省。其他地质（主要是流纹岩）的小山丘也出现在整个景观中，周围是新生代湖滨沉积、冲积平原和三角洲沉积。而柬埔寨东部的蒙多基里省的土壤和景观与磅湛省相似。旱地以橡胶种植为主，木薯已超过大田作物，成为仅次于水稻的第二大作物。相比之下，柴桢省地势相对平坦，海拔不到 10 m。土壤由旧冲积层形成，主要是砂质土，中间夹杂黑黏土。黑黏土表现出与酸性硫酸盐土壤相同的特征，因土壤剖面存在大量铁质，在有氧条件下风化强烈。水稻是在这些土壤中种植的主要作物，该地区还种植木薯、甘蔗和蔬菜等作物。在柴桢省北部与波萝勉省和特本克蒙省接壤的地方，沙地上有再生林和灌木生长（MAFF，2018）。

（四）土地产权变革势在必行

柬埔寨存在的土地利用问题首先是土地资源的占有不平衡。1989 年柬埔寨颁布法令，规定每户家庭拥有 0.05 km² 土地用以耕作。受土地被占用等实际情况限制，土地占有很不平衡。人口高密度地区分得的土地总量不如西北部人口稀少地区，如戈公省约有 50% 的人口没有土地而以渔业、边境贸易业和伐木业等为生。

其次是土地兼并问题严重。柬埔寨人口增长以及土地供应贫乏，加剧了土地兼并趋势。土地资源日益减少的趋势一时难以扭转，又严重制约着柬埔寨农业的发展。柬埔寨制定相关法令、建立土地登记系统并通过国际金融机构向农民提供资助，以此予以缓解。

最后，2001 年柬埔寨对《土地法》进行修订，意在明确不动产所有权体制，以保障不动产所有权及相关权益；建立现代化土地注册体系，以保障人民拥有土地的权利。所有权规定：严禁外籍自然人和法人拥有土地，外籍人士若伪造身份证在柬埔寨拥有土地的，应受到惩罚。除公共利益外，不得剥夺土地所有权。

《土地法》将土地特许分为社会特许、经济特许和适用开发或开采特许三类。社会特许受益人可在国有土地上修建住宅或开垦国有土地以谋生；经济特许受益人可整理土地进行工业或农业开发；适用开发或开采特许包括矿产开采特许、港口特许、机场特许、工业开发特许、渔业特许等。土地特许在特许合同规定的时间内设定权利，土地特许面积不超过 100 km²，特许期限不超过 99 年。2012 年，柬埔寨政府出台《提高经济特许地管理效率》，暂停批准新的经济特许地。要求各部门认真执行政府有关提供经济特许地的合同规定，不影响当地居民的生活环境；对于企业已经获得经济特许地，但未按法律和合同规定进行开发的，或者利用特许地经营权开拓更大面积土地、转售空闲土地、违背合同、侵犯当地居民权宜的，政府将收回其经济特许地；对之前已获批准的经济特许地，政府将继续依据法律原则和合同执行。

自 2016 年以来，柬埔寨对自然资源管理进行了重大改革，环境部承担保护和养护森林与生态系统的责任，而农林渔业部侧重于自然资源管理发展（UNDP，2013），以加强对土地资源的保护。

二、矿产资源

自 19 世纪后半期，法国等国的地质学家进行了地质研究和矿产调查，结果表明柬埔寨在蓝宝石、红宝石、黄金、锡石、石英砂、铝矾土、锰等矿产领域具有巨大的潜力（张新元，2012）。20 世纪 60—70 年代，中国援柬地质队也曾对柬埔寨的地质、矿产资源开展过系统的勘查，后由于战争和政治动乱，矿业开发停滞不前。柬埔寨于 2001 年出台了《矿业法》，后经几次修订。《矿业法》规定，在柬埔寨进行矿业活动必须得到政府发放的许可证。勘查许可证的最大申请面积为 200 km²，有效期为 2 年，可延期 2 次，每次 2 年。每次延期要求交回 30% 面积的土地；采矿许可证则没有最大面积限制，有效期限为 30 年。柬埔寨的石油开发和管理依据是 1991 年颁布的石油法规，该法规规定，在柬埔寨进行石油勘探可以通过投标获得勘探权，勘探有效期是 4 年，经批准可以延长 2 年。进行石油开发应当与政府签订产品分成合同，合同中应涉及产品的分成比例、成本返回速度和所得税率等详细条款（邓明翔、刘春学，2011）。每个区块需要一份独立的合同，开采区最长期限 30 年，可以延长。近年来，柬埔寨矿业投资的优惠环境吸引了中国、越南等国的大批矿业集团和公司，发现了金、铜、铅、锌、铁等许多矿床和有进一步勘探价值的矿产地，使柬埔寨矿业发展进入了一个新的时期，罗文铁矿是现今柬埔寨的主要铁矿（邓明翔、刘春学，2011）。

柬埔寨拥有一定的矿产储备，但部分矿产的开采难度较大，目前的技术也很难达到开采条件，如风化淋滤型铝土矿等；其次，有些矿产的经济价值不是很高，如上丁省他拉区煤的储存量极低，商业开采价值低；此外，柬埔寨勘探和开采矿藏的技术不成熟，容易造成资源浪费，而寻求国外的矿业投资又牵涉甚广。

（一）矿产资源概况

柬埔寨于 1958—1960 年先后在磅同省、柏威夏省、上丁省等地发现多处铁、锰、煤、金矿资源，之后由于国内动荡，未能对其境内矿产资源进行全面勘查。随着进入和平时期，为满足国民经济发展的需求，柬埔寨对矿产的重视程度不断提升，对具有经济价值的已知矿产地进行了详细研究与评估，吸引境外资金和技术，勘查与开发了部分矿产资源。柬埔寨已探明储量的矿藏有 20 余种，主要的金属矿藏有铁、金、银、钨、铜、锌、锡、锰、铅等，非金属矿藏有磷酸盐、石灰石、大理石、白云石、硅砂、石英砂、黏土、煤、宝石和石油，其中铁、磷酸盐、金、宝石、硅砂、黏土、石灰石矿已具有一定规模。柬埔寨南方矿业公司在菩萨省的勘探矿区已发现近 600 t 的氪、锡、铜矿（邓明翔、刘春学，2011）。在其他地区发现的矿产还有银、铜、铝、锌、锡、钨、石灰石、大理石、黏土、白云石、石英砂等（邓明翔、刘春学，2011）。

2009 年柬埔寨矿物生产量为 7.5 万 t，2010—2015 年，柬埔寨矿物生产量持续增加。其中，2013—2014 年生产量增长幅度最大，从 14.7 万 t 增加到 27 万 t，增加近 2 倍。至 2015 年矿产资源产量达到 30 万 t 的峰值，之后矿物生产量开始下降，2017 年降至 3.2 万 t，2018 年为 3 万 t。随着矿物总量变化，矿物商品产量也逐步增加。矿物商品主要包括水泥、砾石、沙子和石头等（表 2-10）。2012—2016 年，水泥产品从 98 万 t 增至 160 万 t；砾石由 4.3 万 t 增至 5.5 万 t；未分类矿石商品产量由 880 万 t 增至 1 000 万 t。

表 2-10　2012—2016 年柬埔寨矿物商品产量　　　　（单位：万 t）

矿物商品	2012 年	2013 年	2014 年	2015 年	2016 年
水泥	98	106	140	150	160
砂砾石：					
砾石	4.3	4.5	5	5	5.5
未分类	880	880	900	900	1 000
碎石	585	585	600	600	650

资料来源：引自 Fong-Sam（2016）。

（二）主要矿产资源空间分布

2005 年，柬埔寨采矿业约占国内生产总值（GDP）的 0.4%，之后柬埔寨政府通过立法提升矿产资源开发对国家的重要性。随着技术的不断提升，柬埔寨的矿产资源开发量逐渐增加。

（1）铁矿：柬埔寨的铁矿分布于马德望省、磅同省、贡布省、柏威夏省、暹粒省和上丁省等地，有16个储有赤铁矿和磁铁矿的区域。如磅同省发现一个铁矿床，储量约为520万t。此外，南部贡布省也有少量铁矿。柬埔寨北部有高等级的铁矿石，储量在250万—480万t。柏威夏省罗文县的铁矿，估计蕴藏量为620万t，适宜露天开采。另外，在上丁等省也发现了储量不等的铁矿（吴良士，2009）。

柬埔寨的铁矿类型以矽卡岩型为主，其次为沉积型与风化淋滤型。矽卡岩型铁矿多产在中生代花岗岩类接触带上，接触围岩以三叠纪或二叠纪灰岩居多，少数为粉砂岩、泥灰岩和凝灰岩等（吴良士，2009）。通过含铁岩石表生富集形成高品位磁铁矿和赤铁矿矿石，铁品位为60%—68%，但整个矿床品位要低一些，为51%—56%。磅同省与柏威夏省交界处的德克山矿床铁矿储量较大，德克山矿床产于直径约30 km的巨大中生代花岗闪长岩株与三叠纪砂岩和泥灰岩接触带的矽卡岩中，矿体呈透镜状、似层状，矿石矿物以磁铁矿和赤铁矿为主。在柏威夏省的罗文县和马德望省的普雷斯克有矽卡岩型铁矿床（吴良士，2009）。沉积型铁矿主要产于泥盆纪与石炭纪片岩、砂岩和石英岩组成的地层中，呈透镜状、囊状和似层状，矿体长数十米，矿石矿物以赤铁矿为主，其次为镜铁矿和褐铁矿。此类矿床分布较广，但可采程度很低，其中比较有开采远景的为暹粒省珀斯和上丁省的安洛奇铁矿。风化淋滤型铁矿分布很广，尤其在南部地区的贡布省，含铁的岩石经表生作用[①]而形成铁红土、褐铁矿团块、铁质红土壳等，属于暂不具工业意义的矿化点（ERIA，2019）。

（2）锰矿：柬埔寨锰矿资源是在20世纪50年代末期被发现的，共有2个矿床，都在磅同省的戚普县。锰矿床由硬锰矿和软锰矿的红土组成，红土厚18 m，锰矿储量约为12万t，有较高的开采价值。

（3）煤矿：主要分布在磅同、桔井、上丁、贡布、柏威夏等省，蕴藏量不多，在上丁省的他拉区，储量约700万t，商业开采价值低（ERIA，2019）。

（4）锡矿：柬埔寨的锡矿主要是原生锡石矿和冲积砂锡矿，主要分布在西南部豆蔻山脉东侧磅士卑省的克朗阿伊，该矿床靠近泰国东南部的马泰锡矿成

---

① 表生作用指在地壳表层，在较低的温度压力条件下，受太阳能、水、二氧化碳、大气和有机质等因素的影响，形成矿物的各种地质作用。按其性质的不同，可分为风化作用和沉积作用。

矿带，且附近类似的岩体甚多，因此，锡矿成矿潜力较大。原生锡矿产于网脉状石英脉及微晶花岗岩、细晶岩等岩墙中。含矿脉体横切黑云母花岗岩体边缘带及其三叠纪和泥盆纪-石炭纪弱接触变质围岩。矿石以锡石为主，其粒径为0.12—0.5 mm，此外有少量方铅矿、闪锌矿、黄铜矿、萤石、重晶石和稀少的白钨矿与黑钨矿。云英岩亦具锡矿化，其含锡一般在0.02%。冲积砂锡矿在原生矿附近，分布范围有限，粒度极细，其中粒径小于0.5 mm的占95%，粒径小于0.12 mm的占62%（Ministry of Mines and Energy，2010）。

（5）宝石矿物：柬埔寨宝石生产具有悠久历史，所产宝石品质良好，颇负盛名。宝石种类主要有蓝宝石、红宝石、锆石、尖晶石等，并广泛分布在北部马德望省、戈公省、柏威夏省、腊塔纳基里省，但是各处产出的宝石种类有所不同，西部地区红宝石较多，而东部地区仅见锆石。宝石的主要产地是马德望省的珠山和拉达那、腊塔纳基里省的博胶，其中以马德望省的拜林镇最具规模（吴良士，2009）。"拜林"在柬埔寨语中意为"宝石"，早在19世纪就因盛产红宝石、蓝宝石而驰名世界。在柬北中部的罗文地区也有两个宝石产地，以产玉石为主，也有少量蓝宝石。大莫美山脉中的占农普地区的宝石矿，也是由玄武岩风化形成的蓝宝石和锆石冲积矿床。此外，柬埔寨还有玛瑙、黑玉等宝石资源（吴良士，2009）。

（6）金矿：金矿是柬埔寨相对优势矿产之一，分布广，在马德望省、磅湛省、磅同省、贡布省、蒙多基里省、柏威夏省、腊塔纳基里省、暹粒省和上丁省都有分布。柬埔寨金矿有云晒、博坎、罗代、隆山、德克斯山等矿点。金矿以石英脉型和砂矿型为主，含金石英脉多产于中生代花岗岩体及其附近接触围岩，部分产于二叠纪灰岩或前中生代沉积变质岩的构造裂隙中，特别是压扭性断裂中，呈细脉状或网脉状，个别呈大脉状产出，长数米至百米。金矿与石英脉中砷黄铁矿和黄铁矿关系密切，品位较高，有的可达几十吨。石英脉型矿床以奥多棉吉省巴苏普特鲁普金矿床较为典型。网脉状含金石英脉伴随微晶花岗岩脉侵入泥盆纪-石炭纪的页岩与灰岩中，脉宽0.3—4 m，矿石中偶见黄铁矿、闪锌矿、方铅矿、黄铜矿等，矿石品位变化大，最高含金量可达94.42 g/t，平均为4.14 g/t。砂矿型金矿产出有两种情况：一是在上述石英脉型金矿附近，如巴苏普特鲁普金矿床外围有面积约20 km² 的冲积砂金矿，品位为0.9 g/t；

二是在河流冲积层中。近来在磅湛省发现红土壤金矿，红土层厚 34 m，含粗颗粒砂金，平均品位为 2.77 g/t（吴良士，2009）。

（7）铝土矿：铝土矿有沉积型和风化淋滤型两种。柬埔寨西北部马德望地区产在二叠纪灰岩中的薄层硅质铝土矿，主要成分为一水铝石、赤铁矿和高岭石，氧化铝含量 43%—63%，氧化铁含量 6%—7%，二氧化硅含量 3%—14%。由于硅和铁含量过高，这些铝土矿矿床不具经济价值。风化淋滤型铝土矿主要分布在东部地区的蒙多基里省，铝土矿为上新世至早更新世玄武岩经风化作用而成，产出受地貌条件控制，因而多见于玄武岩高山部位，分布零散、规模有限，特别是氧化铝和氧化铁含量较高且不稳定，含量分别为 18%—50% 和 14%—30%。这给开发利用带来极大困难。

（8）磷矿：柬埔寨磷矿资源比较丰富，主要为残积型，其次为冲积型。原生磷矿产于中上二叠统含纺锤虫的灰岩中，属于海相沉积生成的，但含磷较低，无法利用。只有在地貌、断裂与岩溶三者联合控制下使其发生溶蚀、崩塌，进而在原地或半原地以不同迁移、堆积方式再次富集后方可利用，因此，磷矿床产出形式多样，有洞穴堆积成矿、断裂带充填成矿、风化面残积成矿以及短距离冲等，而矿石构造则有皮壳状、土状、角砾状、葡萄状以及碎屑状等。在西部的马德望省和南部的贡布省均有磷块岩矿床，矿床是二叠系灰岩中的表生交代和裂隙充填物，矿石含五氧化二磷的约占 11%—26%。磷矿资源共有三个矿点，总储量约 80 万 t，其中一个在柬埔寨西北部马德望省的鳄鱼山，另一个为同在该省的船山，还有一个在南部的贡布省境内（张新元，2012）。

（9）石灰石及黏土矿：柬埔寨的石灰石分布较广，西北部的马德望、南部的贡布，以及东北部的磅同、桔井、上丁等省均有石灰矿藏。其中，贡布省波德邦的石灰石储量最大，约 1 000 万 t；磅同省威普县的石灰石储量达 300 万 t。石灰岩可供工业利用的层位较多，目前大量开发的是二叠纪石灰岩，并且主要在西部的马德望、菩萨、磅士卑和贡布等省，其次为北部的上丁省。其中以贡布省东北部的博斯达姆邦石灰岩矿规模较大，长 125 m，估计储量达 9 000 万 t，属于生产水泥用的石灰岩，现已开发并作为贡布水泥厂的原料基地（张新元，2012）。

黏土矿有风化型和沉积型两种，几乎遍布柬埔寨全国。前者为中生代流纹岩或花岗岩风化淋滤后形成的，是当前开发利用的主要类型，而沉积型黏土矿是第四纪冲洪积作用形成的，分布在中部地区的洞里萨平原和湄公河平原阶地上。黏土大多为高岭石黏土，在工业应用上多属于陶瓷黏土，其次为水泥黏土，而耐火黏土则较少。陶瓷黏土以磅清扬省的安达斯勒黏土矿和特拉奥克山黏土矿规模较大，并且均为侏罗纪富钾长石黑云母花岗岩风化淋滤作用形成的高岭石黏土，质量好，开发利用历史悠久。水泥黏土以贡布省的萨尔山沉积型黏土矿规模较大，在贡布冲积三角洲平原上，黏土矿分布面积达 0.1 km²，厚度约 10 m，储量可达 550 万 t，现供贡布水泥厂生产使用（吴良士，2009）。

三、能源资源

柬埔寨的能源资源主要包括电力、石油和天然气资源等。20 世纪 80 年代，柬埔寨暹罗湾沿岸和洞里萨湖区域首次发现石油和天然气，吸引了来自世界各地的企业在此投资进行石油和天然气勘探。但至今柬埔寨对能源资源的进口依赖程度仍较高。

石油是柬埔寨的重要能源资源，尽管柬埔寨境内有大量石油，但仍需进一步开发。数据显示，至 2018 年柬埔寨有 6 个海上勘探区域以及 19 个陆上区域。海上区块可能先于陆上区块生产石油，海上石油区块预计拥有近 3 000 万桶石油。柬埔寨石油行业面临的主要挑战是全球石油价格波动，阻碍了国际公司投资柬埔寨石油行业（World Atlas，2017）。

柬埔寨东部盆地、中央盆地和高棉盆地三大地下盆地蕴藏着石油和天然气，其中高棉盆地油气资源储量最大。2004 年以前，柬埔寨从未生产过石油，国内所需的燃油完全依赖进口。2004 年，柬埔寨通过勘探在西哈努克市以南 260 多 km 的西南海域发现三处油井，蕴藏有丰富的石油和天然气资源，石油蕴藏量约 4 亿桶。柬埔寨将全国含油海区和陆上含油盆地划分成若干区块，进行招标勘查（王志刚，2006）。据世界银行统计，在柬埔寨西南部 3 万多 km² 的海域内，石油储量高达 20 亿桶，可为柬埔寨带来 20 亿美元的年收入。

（一）能源总量特征及变化

一方面，伴随着经济技术发展，柬埔寨的能源供给能力不断提升。2010—

2016 年，柬埔寨一次能源供应总量（Total Primary Energy Supply，TPES）增长与 GDP 的增长相似，但不含生物质的 TPES 增长了 2 倍，高于同期 GDP 1.5 倍的增长速度。另一方面，柬埔寨国民经济的发展，使得对能源的需求扩大，柬埔寨增加了从印度尼西亚和新加坡等其他东盟国家进口煤炭和石油的数量。

柬埔寨矿业和能源部（Ministry of Mines and Energy，MME）提出基本能源计划的需求，东盟和东亚经济研究所（Economic Research Institute for ASEAN and East Asia，ERIA）正在支持柬埔寨矿业和能源部制订该计划。柬埔寨基本能源计划贡献的重点一是节约石油和电力等传统能源；二是利用水电和生物能等能源。柬埔寨对汽油、柴油和液化石油气的需求增长迅速，且依赖进口。根据 ERIA 编制的《柬埔寨能源展望》，预计从今起到 2040 年，柬埔寨石油产品的需求量将持续增加。石油产品既方便又实用，广泛应用于工业、交通、住宅和商业。如果石油供应中断，柬埔寨将在经济和社会方面临严重损害。对此，柬埔寨的举措包括：①转向使用更高效节能的车辆类型，如减少柴油、汽油车的数量；②适当储存石油资源，商业库存至少维持到 2030 年并保持石油供链的弹性；③积极发展乙醇等生物燃料，进而减少汽油进口（ERIA，2019）。

（二）电力资源

柬埔寨的电力资源进口依赖程度高。伴随经济技术的发展，柬埔寨更加意识到能源安全的重要性，优先整合输配电网、调整电力资源结构、加强电力设施建设等成为当务之急。

柬埔寨电力资源主要是以高压输电系统为主，即国家电网逐步在柬埔寨每个地区建立电网变电站，为柬埔寨电网供电提供插座。电网变电站将设在每个省的中心地区，以便发展次级输电系统，将电力从国家电网输送到农村地区。2020 年，柬埔寨国家电网主要包括高压变电站、高压输电线路和调度中心三个部分。国家电网的主要功能包括：为开发和整合全国所有电源提供机会、扩大变电站和输电线路、为全国的城市和省份提供电力；管理和控制电源的运行，以高效、可持续和安全地向所有地区供电（ERIA，2019）。柬埔寨优先实施国家电网和从邻国向农村地区输入电力的电网扩大电力供应的项目。与柴油发电机的供电相比，这些项目提供更高质量、更便宜的电力供应。

对应经济快速发展对电力资源需求的增长，柬埔寨调整电力结构以逐步满足国民经济和国民生活所需。2010—2016 年，柬埔寨电力需求以每年 18% 的速度大幅增长，同期发电量以每年 19% 的速度增长。由于煤炭和水电发电量增长迅速，与 2010 年相比电力进口量减少（ERIA，2019）。据 ERIA 编制的《柬埔寨能源展望》测算，从 2015—2040 年，柬埔寨电力需求将增长 7.5 倍。基于此，调整电力结构的措施包括：①2030 年发电组合配比调整为煤炭 35%、水力 55%、可再生能源 10%。可再生能源包括生物量和太阳能/光伏（Photovoltaic），这种组合将保持可承受性和安全性。②输配电网的恢复能力将改善输配电损耗（2016 年为 13%，2030 年为 8%），降低系统平均中断持续时间指数。通过接入国家电网，家庭电气化率将从 70% 提高到 2030 年的 95%。③电价改革，如制定使用时间和交叉补贴制度，有助于电力需求的平稳化和消除城乡之间的价格差距，并保持用电的可承受性和透明度。

柬埔寨矿业和能源部制订了 2017—2030 年的电力资源发展计划（Power Development Plan，PDP）（表 2-11），明确到 2030 年的目标发电量，水电、生物量和太阳能/风能发电量将分别增加约 350 MW/a（3 526 MW/10 a）、30 MW/a（301 MW/10 a）和 36 MW/a（368 MW/10 a）。为在 2030 年实现最佳组合，从 2021 年到 2030 年，煤炭和天然气产能将减少约 130 MW 和 1 317 MW（ERIA，2019）。

表 2-11　2017—2030 年柬埔寨不同类型资源的发电量

序号	项目名称	资源类型	发电量（MW）	年份	公司
1	I-2 燃煤电厂	煤	135	2017	鄂尔多斯鸿骏电力有限公司
2	桑河下游 2	水力	400	2018	电力下游三色二有限公司
3	燃煤电厂	煤	135	2019	柬埔寨能源有限公司（CELII）
4	燃煤电厂 2-2	煤	200—250	2020	柬埔寨国际投资发展集团（CIIDG）
5	燃煤电厂 2-3	煤	200—250	2021	柬埔寨国际投资发展集团（CIIDG）

续表

序号	项目名称	资源类型	发电量（MW）	年份	公司
6	煤电	煤	350	2022	皇家集团有限公司
7	萨拉穆马图恩河（Stung Sala mum Thun）	水力	70	2022	中国华电水电项目（柬埔寨）有限公司
8	拉塞赫鲁河中部（Middle Stung Russey Chrum）	水力	70	2022	
9	韦塞姆坎博特河（Veal Thmor Kambot）	水力	100	2022	
10	布雷梁河（Prek Liang）	水力	120	2022	亚洲生态能源发展有限公司
11	燃煤电厂 4-2	煤	350	2023	皇家集团有限公司
12	马德望 2	水力	36	2023	马德望 2 号水电站
13	菩萨 1	水力	40	2023	菩萨 1 号水电站
14	桑博 1	水力	600	2025	桑博水力发电厂
15	桑博 2	水力	600	2026	桑博水力发电厂
16	燃煤发电厂 5	煤	300	2026	
17	桑博 3	水力	600	2027	桑博水力发电厂
18	煤电厂 6	煤	300	2027	
19	煤电厂 7	煤	300	2028	
20	煤电厂 8	煤	300	2029	
21	桑河下游 1	水力	96	2029	
22	燃煤电厂 10	煤	300	2030	

资料来源：引自 ERIA（2019）。

柬埔寨依赖进口的矿物燃料包括煤炭等。柬埔寨普遍使用燃煤发电，产生了严重的负面影响，包括排放温室气体和有害物质、破坏矿产、产生百万吨级别的废物。建造的常规燃煤电厂数量越多，对环境的负面影响就越大。一些温室气体的排放是由燃烧煤炭产生的有害废物造成的。火力发电厂向环境排放的有害物质包括汞、二氧化硫、一氧化碳、硒和砷。这些有害物质不仅造成酸雨，还对人类生存环境极为有害。为缓解这种情况，柬埔寨新建的燃煤发电厂需要使用清洁技术，如综合气化联合循环（Integrated Gasification Combined Cycle，IGCC）与碳捕获和储存（Carbon Capture and Storage，CCS）。柬埔寨在 2030 年的能源资源规划中，提到水力发电厂需增加约 3 000 MW 的发电量，生物质发电厂需增加 300 MW 的发电量，太阳能/风力发电厂需增加 400 MW 的发电量。然而，由于初始成本高、环境平衡以及旱季气候的影响，在规划实施过程中会遇到一些挑战。因此，最佳能源组合将会是有效的解决方案（ERIA，2019）。

柬埔寨分别于 2007 年、2009 年和 2010 年从泰国、越南和老挝进口电力。2016 年，柬埔寨通过多条输电线路连接到周边国家的电网。由于每个地区的电力需求不同，国家间的电网在电压或频率等方面有不同的标准。因此，柬埔寨需与周边国家协调电网标准，改善国家电网连接，提高输电能力和互联能力（ERIA，2019）。此外，柬埔寨通过加强电力设施建设（表 2-12），发展配电线路，维护基础设施，制定配电设备标准，提高电能质量（稳定的电压水平和频率），使配电损耗降到与邻国相同的水平（ERIA，2019）。

表 2-12　配电网支持项目

年份	项目	省（直辖市）	发展伙伴
2014	农村能源项目	柴桢省	亚洲开发银行
2016	第二输变电工程	西哈努克省、贡布省	亚洲开发银行（31%）、日本国际协会集团（43%）、柬埔寨电力公司（21%）
2018	中压变电站扩建工程	磅湛省、磅同省、暹粒省	亚洲开发银行
2020	输配电系统扩建工程（二期）	金边市	日本国际协会集团

资料来源：引自 ERIA（2019）。

综上所述，柬埔寨对于电力资源的需求不断增加，且依靠煤炭和水电发电的比重增大，同时电力进口量呈减少态势。柬埔寨普遍使用燃煤发电，一方面，煤炭对于进口的依赖性会导致潜在的风险；另一方面，煤炭燃烧也要求以更高的技术来减少环境污染。为此，柬埔寨致力于寻找最佳的能源组合。此外，柬埔寨目前的电力资源输送主要依靠国家电网，但是难以做到全国配电，且配电损耗偏高。为改善这些问题，国家对内必须发展配电线路，维护基础设施，制定配电设备标准；对外应与其他国家保持长期稳定的双向合作关系。

（三）石油资源

石油是柬埔寨的重要能源资源。柬埔寨境内有大量石油储量有待进一步开发。柬埔寨对石油的进口依赖程度高。数据显示，至 2018 年柬埔寨有 6 个海上勘探区域以及 19 个陆上区域。柬埔寨石油行业面临的主要挑战是全球石油价格的波动阻碍了国际公司投资柬埔寨石油行业（World Atlas，2017）。

柬埔寨石油和天然气资源分布在东部盆地、中央盆地和高棉盆地 3 大盆地地下，其中高棉盆地油气资源储量最大。2004 年前，柬埔寨从未生产过石油，国内所需的燃油完全依赖进口。

柬埔寨经济发展加快，增加了对石油资源及相关产品的需求，石油产品进口持续增加。2012—2016 年，石油产品需求以每年 7.2% 的速度增长（表 2-13）。此外，据东盟和东亚经济研究所 2019 年需求预测（图 2-18），在经济稳定增长的假设下，2040 年柬埔寨对油气资源的总需求预计为 465 万 t（每年增长3.8%）（ERIA，2019）。

表 2-13　柬埔寨主要石油产品年进口量　　　　　　　　（单位：t）

	2012 年	2013 年	2014 年	2015 年	2016 年
汽油	387 729	392 011	426 830	481 671	490 898
柴油	897 641	918 437	1 005 484	1 073 248	1 240 184
液化石油气	84 678	98 692	112 120	162 332	193 595

资料来源：引自 ERIA（2019）。

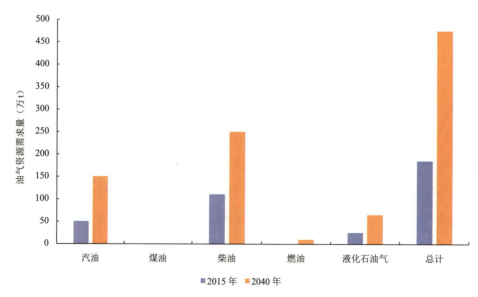

图 2-18　2040 年柬埔寨油气资源需求预测

资料来源：引自 ERIA（2019）。

柬埔寨目前全部的石油产品都是进口的，进口来源国主要是泰国、越南和新加坡。由于石油产品质量标准尚未制定，因此进口资源的质量存在差异。同时，柬埔寨国内炼油厂多为私营企业所建，由于企业规模小，与进口产品竞争激烈。为了应对能源问题，柬埔寨矿业和能源部制订了《柬埔寨基本能源计划》，明确了未来能源需求和供应的目标，以及关于石油的生产和消费、电力需求、可再生能源、能源效率、能源安全的政策建议（ERIA，2019）。

参 考 文 献

[1] 毕世鸿等：《柬埔寨经济社会地理》，世界图书出版公司，2014 年。
[2] 陈剑、杨文忠、孙瑞等："柬埔寨林业可持续发展面临的挑战与对策"，《西部林业科学》，2015 年第 6 期。
[3] 邓明翔、刘春学："GMS 经济合作机制下的柬埔寨矿业投资环境分析"，《东南亚纵横》，2011 年12 月。
[4] 黄子雍、王军德、张育斌："柬埔寨洞里萨湖流域土地景观变化与人类活动关系浅析"，《中国农村水利水电》，2020 年第 4 期。
[5] 柬埔寨中国商会："柬埔寨电力现状和发展趋势"，http://www.cambochina.com/content/? 212.html，2012 年 11 月 10 日。
[6] 李晨阳、瞿健文、卢光盛等：《柬埔寨》，社会科学文献出版社，2010 年。
[7] 李妍清、王含、陕硕等："柬埔寨水资源量时空分布研究"，《人民长江》，2018 年第 22 期。
[8] 刘德生等：《世界自然地理》（第二版），高等教育出版社，1986 年。
[9] 潘瑶、张婉洁、潘雨等："柬埔寨森林资源经营现状"，《西南林业大学学报》（社会科学），2019 年第 1 期。
[10] 单琳："洞里萨"，《中国国家地理》，2004 年第 4 期。
[11] 佘春树：《柬埔寨：推进和平发展新时代》（第二版），香港城市大学出版社，2012 年。
[12] 孙大英、高歌：《东南亚各国历史与文化》，广西人民出版社，2011 年。
[13] 王士录：《当代柬埔寨》，四川人民出版社，1994 年。
[14] 王志刚："柬埔寨王国的矿产资源与投资政策"，《西部资源》，2006 年第 1 期。
[15] 吴良士："民主柬埔寨矿产资源及其地质特征"，《矿床地质》，2009 年第 4 期。
[16] 香港城市大学：《柬埔寨国土和人民》，2012 年。
[17] 徐斌："森林认证对森林可持续经营的影响研究"，中国林业科学研究院博士论文，2010 年。
[18] 杨跃萍、白靖利："发挥澜湄合作的示范效应"，《瞭望》，2016 年第 12 期。
[19] 张保："柬埔寨积极应对气候变化"，《经济日报》，2021 年 12 月 29 日。
[20] 张新元："柬埔寨矿政构架、投资潜力及填图现状"，《国土资源情报》，2012 年第 1 期。
[21] 中国科学院地理科学与资源研究所："唐古拉山脉"，http://www.igsnrr.cas.cn/cbkx/kpyd/ zgdl/cndm/202009/t20200910_5692384.html，2007 年 4 月 24 日。
[22] ASEAN Center for Biodiversity，2018. Sixth National Report of Cambodia.
[23] CDRI，2012. Challenge of Rural Livelihoods in the Context of Climate Change. *Cambodia Development Review*，Vol. 16.

[24] Chan, S. , S. Putrea, K. Sean, *et al.* , 2003. Using local knowledge to inventory deep pools, important fish habitats in Cambodia. Proceedings of the 6th Technical Symposium on Mekong Fisheries, November 26th-28th. MRC Conference Series No. 5.

[25] Chun, J, S. Li, Q. Wang, *et al.* , 2016. Assessing rice productivity and adaptation strategies for Southeast Asia under climate change through multi-scale crop modeling. *Agricultural Systems* , Vol. 143.

[26] Dasgupta, S. , B. Laplante, C. Meisner, *et al.* , 2007. The impact of sea level rise on developing countries: A comparative analysis. World Bank Policy Research Working Paper 4136.

[27] Diepart, J. -C. , 2014. *Learning for Socio-Ecological Resilience: Insights from Cambodia's Rural Communities*. The Learning Institute.

[28] ERIA (Economic Research Institute for ASEAN and East Aisa), 2019. Cambodia Basic Energy Plan. Economic Research Institute for ASEAN and East Asia. https://www. eria. org/uploads/ media/CAMBODIA _ BEP _ Fullreport _ 1. pdf. ①

[29] Eswaran, H. , R. Lal, P. F. Reich, 2001. Land degradation: An overview. Responses to Land Degradation. Proceedings of the 2nd International Conference on Land Degradation and Desertification.

[30] Fauna and Flora, 2018. Cambodia. https://www. fauna-flora. org/countries/cambodia. November 24.

[31] FAO (Food and Agriculture Organization of the United Nations), 1988. Sub-Law No. 66 OR. NOR. KROR. on transportation of fishery product.

[32] Fong-Sam, Y. , 2016. The Mineral Industry of Cambodia in 2016. https: //d9-wret. s3. us-west-2. amazonaws. com/assets/palladium/production/s3fs-public/atoms/files/myb3-2016-cb. pdf.

[33] Forestry Administration, 2015. "Statement of the Royal Government on National Forest Sector Policy. " Accessed 1 October. http://www. forestry. gov. kh/Law/ForestPolicy. html.

[34] Fujii, H. , H. Garsdal, P. Ward, *et al.* , 2003. Hydrological roles of the Cambodian floodplain of the Mekong River. *International Journal of River Basin Management* , Vol. 1, Iss. 3.

[35] Global Forest Watch, 2022. Forest Loss in Cambodia.

[36] GGGI (Global Green Growth Institute), 2018. Cambodia Forest Cover 2016. https:// redd. unfccc. int/uploads/54 _ 3 _ cambodia _ forest _ cover _ resource _ _ 2016 _ english. pdf.

[37] Heng, L. A. , 2014. Country Report of Cambodia Disaster Management. Asian Disaster Reduction Centre. https://web. adrc. asia/countryreport/KHM/2013/KHM _ CR2013B. pdf.

[38] ICEM (International Centre for Environment and Management), 2020. Improving Climate-Smart Decision Making with the Cambodia Mekong Delta Digital Atlas Tool. Summary Report for Decision Meeting.

[39] IPCC (International Panel on Climate Change), 2000. *Emission Scenarios*. Cambridge University Press.

[40] IUCN (International Union for Conservation of Nature and Natural Resources), 2015. Land Degradation Neutrality: Implications and Opportunities for Conservation, Technical Brief, 2nd Edition. IUCN. https://portals. iucn. org/library/sites/library/files/documents/Rep-2015-022. pdf # : ～: text＝In％20October％202015％20LDN％20was％20adopted％20as％20the, temporal％

---

① 为引用便利，参考文献中对政府机关和组织机构的名称尽可能使用缩写形式，在各章首次出现时括注全称。

20and％20spatial％20scales％20and％20ecosystems％E2％80％9D％20％28UNCCD％2C％202015％29.

［41］IUCN，2018. Threatened Species in Each Country. https：//www. iucnredlist. org/resources/summary-statistics♯Summary％20Tables. Last updated November 14（Accessed November 24）.

［42］Kimsrim，S.，2017. Forest Management and Rehabilitation. Institute of Forest and Wild life Research and Development.

［43］MAFF（Ministry of Agriculture，Forestry and Fisheries，Kingdom of Cambodia），2015. Agricultural Sector Strategic Development Plan 2014-2018.

［44］MAFF，2018. National Report on LDN Target Setting Program. https：//www. unccd. int/sites/default/files/ldn_targets/Cambodia％20LDN％20TSP％20Country％20Report. pdf.

［45］McSweeney，C.，M. New，G. Lizcano，2006. UNDP Climate Change Country Profiles：Cambodia. United Nations Development Programme.

［46］MFAIC（Ministry of Foreign Affairs and International Cooperation，Kingdom of Cambodia），2024. Geography.

［47］MOE（Ministry of Environment，Kingdom of Cambodia），2017. Map Created by the Wildlife Conservation Society（WCS）of Cambodia.

［48］MOE，2018. Cambodia Forest Cover 2016. https：//redd. unfccc. int/uploads/54_3_cambodia_forest_cover_resource__2016_english. pdf.

［49］MRC（Mekong River Commission），2018. State of the Basin Report 2018. MRC Secretariat. https：//doi. org/10. 52107/ mrc. ajg54f.

［50］MRC，2020. Annual Mekong Hydrology，Flood and Drought Report 2018. MRC Secretariat. https：//doi. org/10. 52107/mrc. ajg3u4.

［51］Nang，P.，S. Sam，P. Lonn，et al.，2014. Adaptation Capacity of Rural People in the Main Agro-Ecological Zone in Cambodia. Cambodian Development Resource Institute Working Paper Series No. 93.

［52］National Geography Society，2015. Southeast Asia. https：//www. canyonspringshighschool. org/ourpages/auto/2015/11/6/54748438/Geography％2029. pdf.

［53］Naumann，G.，L. Alfieri，K. Wyser，et al.，2018. Global changes in drought conditions under different levels of warming. *Geophysical Research Letters*，Vol. 45，Iss. 7.

［54］Nguyen，H.，R. Shaw，2010. Climate Change Adaptation and Disaster Risk Reduction in Vietnam. In Shaw，R.，J. M. Pulhin，J. J. Pereira（eds.），*Climate Change Adaptation and Disaster Risk Reduction：An Asian Perspective*，Vol. 5. Emerald Group Publishing Limited.

［55］OpenDevelopment Cambodia，2015. Fish Production. https：//opendevelopmentcambodia. net/tag/fish-production/.

［56］OpenDevelopment Cambodia，2018. Cambodia Flood-Prone Areas 2013. https：//data. opendevelopmentcambodia. net/en/dataset/cambodia-flood-prone-areas-2013/resource/8f931e0b-9b43-4f85-9a40-8d9a59493206.

［57］OpenDevelopment Cambodia，2019. Natural Protected Areas and Biodiversity Conservation Corridors. https：//data. opendevelopmentcambodia. net/dataset/natural-protected-areas-and-biodiversity-conservation-corridor- 2019.

［58］Perring，M. P.，P. De Frenne，L. Baeten，et al.，2016. Global environmental change effects on ecosystems：The importance of land-use legacies. *Global Change Biology*，Vol. 22，No. 4.

[59] Post Staff, 2021. Cambodia retains high level of biodiversity. *The Phnom Penh Post*, November 19.

[60] Richardson, K., 2014. Human Dynamics of Climate Change: Technical Report. Met Office Hadley Centre.

[61] RGC (Royal Government of Cambodia), 2013. Cambodia Climate Change Strategic Plan 2014-2023. National Climate Change Committee.

[62] RGC, 2019. The Sixth National Report to The Convention on Biological Diversity (English version). https://asean. chm-cbd. net/sites/acb/files/2020-04/6NR _ KHM. pdf.

[63] Sokha, K., 2002. Country Report 2002: Disaster Management in Cambodia. National Committee for Disaster Management.

[64] Sreng, S., 2013. Climate Change Issues in Cambodian Coastal Area related to Water. Present at Climate Change Issue and Urban Flood Management. http://www. unescap. org/esd/suds/egm/2013/urban-flood-management/index. asp.

[65] The WorldFish Center, 2009. Climate Change and Fisheries: Vulnerability and Adaptation in Cambodia. The WorldFish Center.

[66] Thirumalai, K., P. DiNezio, Y. Okumura, et al., 2017. Extreme temperatures in Southeast Asia caused by El Niño and worsened by global warming. *Nature Communications*, Vol. 8.

[67] Tsujimoto, K., T. Ohta, K. Aida, et al., 2018. Diurnal pattern of rainfall in Cambodia: Its regional characteristics and local circulation. *Progress in Earth and Planetary Science*, Vol. 5.

[68] UNDP (United Nations Development Programme), 2011. Climate Change and Water Resources. In Cambodia Human Development Report 2011. Ministry of Environment of Cambodia and UNDP Cambodia.

[69] UNDP, 2013. About Cambodia. http://www. kh. undp. org/content/cambodia/en/home/countryinfo/.

[70] UNDP, 2013. Human Development Report 2013. The Rise of the South: Analysis on Cambodia. https://www. undp. org/sites/g/files/zskgke326/files/migration/kh/2013HDRAnalysison Cambodia. pdf.

[71] UNDP, 2019. National Human Development Report 2019: Cambodia. https://hdr. undp. org/system/files/documents/nhdrcambodia. pdf.

[72] UNDP, NCDM (National Committee for Disaster Management, Cambodia), 2014. Cambodia Disaster Loss and Damage Analysis Report 1996-2013. https://www. undp. org/cambodia/publications/cambodia-disaster-loss-and-damage-analysis-report-1996-2013.

[73] UNISDR (United Nations International Strategy for Disaster Risk Reduction), World Bank, 2010. Synthesis Report on Ten ASEAN Countries Disaster Risks Assessment: ASEAN Disaster Risk Management Initiative. https://www. unisdr. org/files/18872 _ asean. pdf.

[74] USAID (United States Agency for International Development), 2017. Cambodia: Agriculture and Food Security. https://www. usaid. gov/cambodia/agriculture-and-food-security. November 29.

[75] van Zalinge, N. P., T. Nao, S. Lieng, et al., 2003. Fish aplenty, a gift of the Mekong river: Can the great inland fisheries of Cambodia survive? *American Fisheries Society Symposium*, Vol 38.

[76] Vang, S., 2015. Cambodia-Soil Resources. Present at Asian Soil Partnership Consultation Workshop on Sustainable Management and Protection of Soil Resources. May 13-15.

[77] World Atlas, 2017. What are the major natural resources of Cambodia? https://www. worldatlas. com/articles/what-are-the-major-natural-resources-of-cambodia. html.

［78］WBG（World Bank Group），2021. Climate Change Knowledge Portal：Cambodia. https：//climate-data. worldbank. org/CRMePortal/web/agriculture/crops-and-land-management？ country ＝ KHM&. period＝2080-2099.

［79］Yusuf，A. A.，H. Francisco，2009. Climate change vulnerability mapping for Southeast Asia. Economy and Environment Program for Southeast Asia Publication.

［80］Yusuf，A. A.，H. Francisco，2010. Hotspots！Mapping Climate Change Vulnerability in Southeast Asia. Economy and Environment Program for Southeast Publication.

第三章　人口结构与空间分布

伴随社会经济的快速发展，柬埔寨人口增长迅速。2019 年柬埔寨人口普查（General Population Census of Cambodia，GPCC）显示，截至 2019 年 3 月 3 日 24 时，柬埔寨总人口数为 1 555.22 万。相较 2008 年，人口总量增加了 215.65 万。而人口的城乡结构、文化结构、空间结构等变化明显，这又对社会经济产生了不同影响。

第一节　人口发展

伴随着全面和平的实现，柬埔寨人口总量和人口密度稳步增长。近年来，柬埔寨年轻人生育意愿降低，人口增长有所放缓。在柬埔寨政府的努力之下，卫生健康事业取得较大进步，2022 年，柬埔寨人口预期寿命提高至 76 岁。

一、人口总量持续增长

1962 年，柬埔寨第一次人口普查显示其人口总量为 570 万。之后柬埔寨人口规模和结构发生变化。1980 年柬埔寨总人口数约 660 万。柬埔寨国家统计局 1994 年社会经济调查表明柬埔寨总人口数为 990 万。1996 年，柬埔寨总人口数突破 1 000 万，21 世纪以来，柬埔寨人口总量持续攀升，2004 年、2008 年、2013 年先后达到 1 280 万、1 339.57 万、1 470 万。2019 年柬埔寨总人口数达 1 555.22 万。

二、人口增长有所放缓

1998—2008年柬埔寨人口年均增长率为1.5%，而2008—2019年该值下降到1.2%，柬埔寨人口增长速度趋缓。其中，年轻人生育意愿降低是柬埔寨人口增长不如预期的主要原因。2008—2019年，除磅湛省、马德望省、干丹省的人口增长率为负数外，柬埔寨大多数省份的人口呈现增长态势。西哈努克省、戈公省、金边市、班迭棉吉省和波萝勉省等地的人口年增长率持续上升。其中，金边市和西哈努克省作为经济中心，人口数量较多（图3-1、图3-2），人口增长率分别为3.2%和2.8%（图3-3）。因其经济活动活跃、就业机会多、教育等配套设施良好，吸引了周边其他省份大量的年轻劳动力。柬埔寨和泰国边境的班

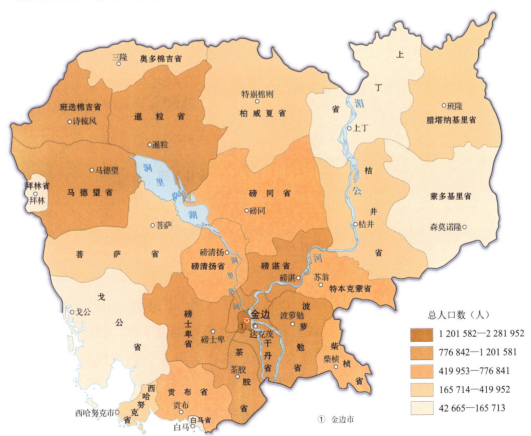

图 3-1　2019 年柬埔寨总人口分布

资料来源：根据 NIS and MOP（2020）绘制。

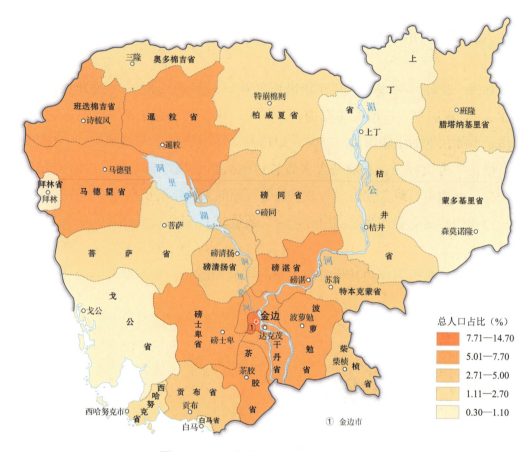

图 3-2　2019 年柬埔寨人口百分比分布

资料来源：根据 NIS and MOP（2020）绘制。

迭棉吉省，依托波贝经济特区实现产业集聚，吸引了较多劳动力，促进了人口增长（图 3-3）。

柬埔寨总生育率先从 1950—1955 年的 6.9％下降到 1975—1980 年的5.4％。1980—1985 年生育率大幅上升，此后生育率继续下降。2015—2020 年，柬埔寨平均生育率为 2.5％。据联合国经济和社会事务部数据预测[①]，2035—2040 年，柬埔寨生育率预计将持续下降，至 2076 年柬埔寨人口增长将持续趋缓。

---

① 资料来源：联合国经济和社会事务部：《世界人口前景：2017 年修订本》，https://un.org/en/development/DESA/Population/publication。

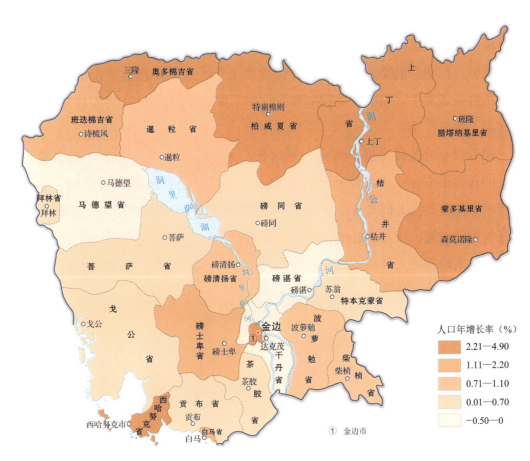

图 3-3　2008—2019 年柬埔寨人口增长率分布

资料来源：根据 NIS and MOP（2020）绘制。

三、人口预期寿命大幅提高

在过去几十年里柬埔寨人口预期寿命有了显著的增长。根据世界银行的数据，柬埔寨人口预期寿命从 1960 年的约 40 岁提高到 2022 年的 76 岁。柬埔寨政府采取了一系列措施用于改善公共卫生和医疗系统，增加对基本医疗设施的投资，提高医疗服务的可及性和质量，使国民更有条件接受必要的医疗和保健。99％的柬埔寨女性在熟练的医疗服务人员的帮助下分娩，而 2000 年这一比例仅略高于 33.3％。从 2000 年到 2021 年，柬埔寨新生儿死亡率从每千名活产婴儿死亡 37 人降至 8 人，5 岁以下儿童死亡率从每千名 5 岁以下儿童死亡 124 人降至 16 人。

柬埔寨在控制传染病方面进展显著。柬埔寨于 1997 年消灭了脊髓灰质炎，并在预防、控制和消除其他传染病方面取得了重大进展，恶性疟疾报告病例数处于历史最低水平，结核病发病率和死亡率下降了约 50%。这对人口寿命的提高起到了积极作用。

随着农业的迅猛发展，经济不断增长，柬埔寨人民的营养水平逐渐提高。充足的食物供应、饮食习惯的改善都对人口寿命的增长起着积极作用。此外，教育水平的提高使人们具备了更多关于健康的认知，从而有助于人们采取更多、更好的保健措施，以及更好地利用医疗资源。

虽然柬埔寨的人口预期寿命已显著增长，但仍然存在一些挑战。例如，一些偏远和贫困地区的人口仍然面临保健和医疗服务不足的问题。此外，老龄化问题可能会对未来人口的预期寿命产生一定的影响。

第二节　人口结构

人口结构反映人口发展潜力以及人口素质。柬埔寨的人口年龄结构较为年轻，人口性别结构中女性人口较多。近年来，人口文化结构的逐步优化也对柬埔寨的经济和社会发展产生了不同程度的影响。

一、人口性别结构

性别比是指每百名女性所对应的男性人口数量，如果性别比超过 100，说明男性人数多于女性人数；如果性别比低于 100，则说明女性人数多于男性人数。据柬埔寨 2019 年人口普查统计数据，柬埔寨各年龄段的人口性别比均为 94.3，这表明女性人口数多于男性。

二、人口年龄结构

2008—2019 年，柬埔寨 0—14 岁的人口比例从 33.7％下降为 29.4％，60 岁及以上人口从 6.3％上升为 8.9％。柬埔寨人口年龄中位数从 2008 年的 22 岁增长到 2019 年的 27 岁（表 3-1），其中城市和农村地区人口年龄中位数均有所提高。

人口抚养比，也称人口负担系数，是指总体人口中非劳动年龄人口数与劳动年龄人口数的比值。非劳动年龄人口通常指 0—14 岁的儿童和 65 岁以上的老年人，劳动年龄人口则指 15—64 岁的人口。2008—2019 年，柬埔寨的人口抚养比从 66.8 下降到 62，这意味着柬埔寨每 100 名劳动年龄人口需要负担 62 名非劳动年龄人口，其中，城市地区每 100 名劳动年龄人口需要负担 52 名非劳动年龄人口。农村地区的人口抚养比较高，达到了 69.9（表 3-1），可见柬埔寨城市人口的抚养压力相对农村地区的小。

表 3-1　柬埔寨人口年龄结构和性别比

年龄结构和性别比	2008 年			2019 年		
	总和	城市	农村	总和	城市	农村
总和（％）	100	100	100	100	100	100
0—14 岁（％）	33.7	25.4	35.7	29.4	25.6	31.8
15—59 岁（％）	60	69.1	57.8	61.7	66.2	58.9
60 岁及以上（％）	6.3	5.5	6.5	8.9	8.2	9.3
人口抚养比	66.8	44.8	73.1	62	51.2	69.9
年龄中位数（岁）	22	24	21	27	28	26
性别比	94.7	92.4	95.3	94.9	95.3	94.6

注：数据不包括在国外工作的跨境流动人口。
资料来源：引自 NIS and MOP（2020）。

图 3-4 显示了 2008 年和 2019 年柬埔寨人口金字塔。每五岁为一个年龄组，用于展示人口年龄和性别分布情况。金字塔的左侧代表男性百分比，右侧则代表女性百分比。橘色区域显示的是 2008 年人口普查中的人口百分比，蓝色框线区域显示的是 2019 年人口百分比。由图可见，2008 年和 2019 年年龄金字塔的

年龄分布比较一致，反映出健康状况不断改善、生育率和死亡率不断下降的人口年龄分布的特点。

2019 年人口金字塔大致显示了人口百分比随年龄增长而逐渐下降的态势。2019 年人口年龄结构与 2008 年的相似，但 30—34 岁以及 35—39 岁年龄组总人口数比 2008 年明显增加。而 15—19 岁、20—24 岁、25—29 岁三个年龄段人口明显减少。2019 年 24 岁以下人口相对于 2008 年有所减少，与总人口出生率下降的特点一致。

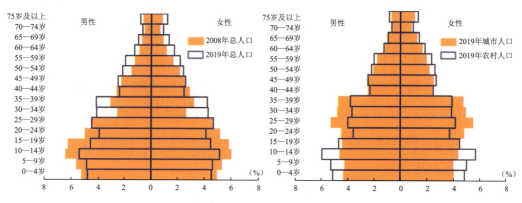

图 3-4　2008 年和 2019 年柬埔寨总人口及城乡人口金字塔

资料来源：引自 NIS and MOP（2020）。

此外，城乡之间的年龄结构存在显著差异。城市地区人口年龄金字塔中部较宽，20—24 岁、25—29 岁、30—34 岁、35—39 岁四个年龄段人口均明显高于农村地区，这表明更多年轻人离开农村到城市寻找就业机会。与城市不同，农村地区人口金字塔底部较宽，未成年人口较多。

从更长的时间维度上看，与 1976 年相比，1996 年柬埔寨 0—4 岁、10—14 岁人口明显增长，反映出随着柬埔寨和平进程的推进，柬埔寨经历了一次"婴儿潮"。2016 年的人口年龄结构则反映出柬埔寨人口整体相对年轻，但 0—4 岁、10—14 岁人口数量已少于 30—34 岁年龄段。随着总和生育率进一步下降，柬埔寨人口老龄化程度将进一步提高。根据联合国经济和社会事务部预测：到 2036 年，柬埔寨 50—54 岁女性人口的数量将在各年龄段中居第一位。2056 年，14 岁及以下人口数占劳动年龄人口数的比例将下降到 22%，而 65 岁及以上人口数占劳动年龄人口数的比例将上升到 13%。2056 年人口老龄化、少子化特征突出，到 2076 年这一情况将进一步加剧，柬埔寨人口结构呈倒金字塔型（图 3-5）。

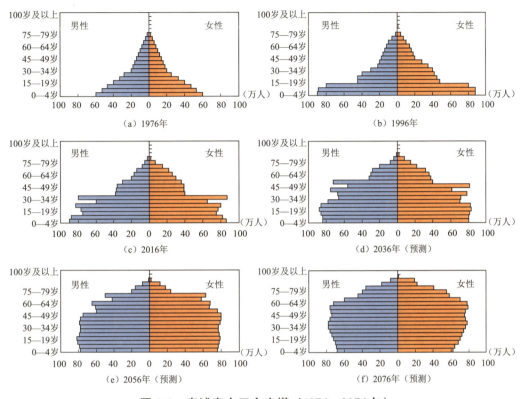

图 3-5　柬埔寨人口金字塔（1976—2076 年）

资料来源：引自联合国经济和社会事务部，《世界人口前景：2017 年修订本》，

http：//un. org/en/development/DESA/Population/publication。

三、人口文化结构

从 2008 年到 2019 年，柬埔寨 7 岁及以上人口中，识字率从 78.4% 上升到 88.5%（表 3-2）。柬埔寨 7 岁及以上女性人口识字率上升了 13.1%，相应地，7 岁及以上男性人口识字率上升了 7.1%。2019 年，柬埔寨男性和女性人口识字率分别为 91.1%、86.2%，男女识字率差距由 2008 年的 10.9% 下降为 2019 年的 4.9%。同样，城乡人口识字率的差异亦逐步缩小。2008 年柬埔寨城乡人口识字率的差距为 14.9%。2019 年，城乡人口识字率差距缩小为 7.9%（城市地区人口识字率为 93.3%，农村地区人口识字率为 85.4%）。

表 3-2　2008—2019 年柬埔寨 7 岁及以上识字人口数量及占比

居民		7 岁及以上人口（人）	识字人口数量（人）		识字率（%）	
			使用任何语言	使用高棉语	使用任何语言	使用高棉语
2008 年	总和	11 434 946	8 959 383	8 243 244	78.4	72.1
	男性	5 512 388	4 629 702	4 213 380	84	76.4
	女性	5 922 558	4 329 681	4 029 864	73.1	68
	城市人口	2 325 198	2 096 641	1 645 292	90.2	70.8
	男性	1 107 602	1 035 208	776 774	93.5	70.1
	女性	1 217 596	1 061 433	868 518	87.2	71.3
	农村人口	9 109 748	6 862 742	6 597 952	75.3	72.4
	男性	4 404 786	3 594 494	3 436 606	81.6	78
	女性	4 704 962	3 268 248	3 161 346	69.5	67.2
2019 年	总和	13 487 591	11 940 831	10 849 999	88.5	80.4
	男性	6 510 705	5 928 762	5 350 494	91.1	82.2
	女性	6 976 886	6 012 069	5 499 505	86.2	78.8
	城市人口	5 406 567	5 043 456	4 322 931	93.3	80
	男性	2 618 772	2 485 906	2 097 551	94.9	80.1
	女性	2 787 795	2 557 550	2 225 380	91.7	79.8
	农村人口	8 081 024	6 897 375	6 527 068	85.4	80.8
	男性	3 891 933	3 442 856	3 252 943	88.5	83.6
	女性	4 189 091	3 454 519	3 274 125	82.5	78.2

资料来源：引自 NIS and MOP（2020）。

　　从柬埔寨人口对不同语言的识字率来看（表 3-3），2019 年，90.9% 的人口只能用高棉语识字。就外语学习识字率来看，2008 年，4.9% 的人口懂高棉语和英语，约 2.2% 的人口使用高棉语和除英语以外的其他语言；2019 年，5.1% 的人使用高棉语和英语，2.5% 的人使用高棉语和除英语以外的其他语言。这表明，在 2008—2019 年的 11 年间，柬埔寨人口中具有英语识字能力的人口比例有所上升。城市人口对高棉语以外的其他语言的识字率也高于农村人口。

表 3-3　2008—2019 年柬埔寨 7 岁及以上人口对不同语言的识字率

居民		识字率（%）			
		使用高棉语	使用高棉语和英语	使用高棉语和除英语以外的其他语言	使用除高棉语以外的其他语言
2008 年	总和	92	4.9	2.2	1
	男性	91	5.7	2.4	0.9
	女性	93.1	4	1.9	1.1
	城市人口	78.5	14.8	5	1.7
	男性	75	17.8	5.5	1.7
	女性	81.8	11.9	4.6	1.7
	农村人口	96.1	1.8	1.3	0.7
	男性	95.6	2.2	1.5	0.6
	女性	96.7	1.4	1	0.9
2019 年	总和	90.9	5.1	2.5	1.5
	男性	90.2	5.5	2.7	1.5
	女性	91.5	4.6	2.4	1.5
	城市人口	85.7	9.2	2.8	2.3
	男性	84.4	10.1	3	2.5
	女性	87	8.2	2.7	2.1
	农村人口	94.6	2.1	2.3	0.9
	男性	94.5	2.2	2.5	0.8
	女性	94.8	2	2.2	1

注：识字率的计算不包括未报告识字情况的个人。

资料来源：引自 NIS and MOP（2020）。

2008—2019 年，柬埔寨全国成人识字率（即 15 岁及以上人口的识字率）有所提高（表 3-4）。从性别差异来看，柬埔寨成年女性人口的识字率低于男性。2008 年柬埔寨成年女性和男性的识字率分别为 70.9%、85.1%，2019 年分别上升为 84.8%、90.9%。从城乡差异来看，柬埔寨城市成年人口的识字率高于农村成年人口。从 2008 年到 2019 年，城市地区成人识字率由 90.4% 上升为93.3%；农村地区成人识字率从 74.0% 提高到 83.8%。

表 3-4 2008—2019 年柬埔寨按年龄、性别分列的 15 岁及以上人口的识字率

年龄段		2008 年识字率（％）			2019 年识字率（％）		
		男性和女性	男性	女性	男性和女性	男性	女性
总和	15 岁及以上	77.6	85.1	70.9	87.7	90.9	84.8
	15—19 岁	90.1	90.9	89.4	95.9	95.5	96.3
	20—24 岁	84.3	87.5	81.2	93.4	93.2	93.5
	25—59 岁	75.8	83.5	69.1	87.5	90.3	84.8
	60 岁及以上	53.4	77.3	36.8	75.2	85.9	68.1
城市人口	15 岁及以上	90.4	94.5	86.8	93.3	95.3	91.4
	15—19 岁	95.7	96.2	95.3	97.6	97.3	97.9
	20—24 岁	94.4	95.7	93.4	96.7	96.5	96.8
	25—59 岁	90.2	94.3	86.4	93.6	95.3	92
	60 岁及以上	69.3	88.2	56.9	82.6	90.8	77
农村人口	15 岁以上	74	82.5	66.3	83.8	87.8	80.2
	15—19 岁	88.6	89.6	87.6	94.8	94.4	95.3
	20—24 岁	80.5	84.7	76.5	90.6	90.5	90.7
	25—59 岁	71.8	80.4	64.5	83	86.6	79.6
	60 岁及以上	50.1	75.2	32.6	71	83.1	63.1

资料来源：引自 NIS and MOP（2020）。

与 2008 年相比，2019 年柬埔寨人口的受教育程度有所提高（表 3-5）。从未就学的人口比例从 21.5％下降为 12.5％，过去就学的人口比例从 49.6％上升为 61.6％。

表 3-5 2008—2019 年柬埔寨按性别、年龄、城乡分列的 6 岁及以上人口入学率

	2008 年就学率（％）			2019 年就学率（％）		
	从未就学	正在就学	过去就学	从未就学	正在就学	过去就学
柬埔寨全国人口	21.5	28.9	49.6	12.5	25.8	61.6
6—11 岁	23.1	76.3	0.6	8	90.6	1.4
12—14 岁	7.3	86.7	6	2.8	91.6	5.6
15—17 岁	9.1	62.3	28.6	4.5	67.6	27.9
18—24 岁	14.5	21.3	64.2	7.5	20.7	71.8
25 岁及以上	27.9	1.2	70.9	16.5	0.7	82.7

	2008 年就学率（％）			2019 年就学率（％）		
	从未就学	正在就学	过去就学	从未就学	正在就学	过去就学
男性人口	16	31.9	52.1	9.9	27.2	62.9
6—11 岁	23.5	75.9	0.6	8.4	90.1	1.5
12—14 岁	7.5	87	5.5	3.2	90.4	6.4
15—17 岁	8.8	65.6	25.6	5	66.2	28.8
18—24 岁	11.9	26.2	61.9	7.8	22.1	70.1
25 岁及以上	18	1.6	80.5	12.2	0.8	86.9
女性人口	26.6	26.1	47.3	14.9	24.6	60.5
6—11 岁	22.6	76.8	0.6	7.6	91.1	1.3
12—14 岁	7.1	86.3	6.6	2.4	92.8	4.7
15—17 岁	9.4	58.8	31.8	3.9	69.1	27
18—24 岁	17.1	16.5	66.4	7.4	19.3	73.3
25 岁及以上	36.3	0.9	62.8	20.4	0.6	79
城市人口	10.9	29.5	59.6	7.9	24	68.1
6—11 岁	15.6	83.6	0.7	6.8	91.5	1.7
12—14 岁	3.8	91.1	5.1	2.2	92.1	5.7
15—17 岁	4.6	70.8	24.6	3.1	69.1	27.8
18—24 岁	6.1	32.5	61.4	4.4	25.3	70.3
25 岁及以上	13.9	2.8	83.3	9.9	1	89
农村人口	24.1	28.8	47.1	15.6	27.1	57.3
6—11 岁	24.3	75.1	0.6	8.7	90.2	1.2
12—14 岁	7.9	85.9	6.2	3.1	91.4	5.5
15—17 岁	10.2	60.3	29.5	5.3	66.7	28
18—24 岁	17.5	17.3	65.2	10.1	17	72.9
25 岁及以上	31.7	0.8	67.6	21.2	0.5	78.3

资料来源：引自 NIS and MOP（2020）。

第三节   人口流动

2019 年柬埔寨人口普查显示，该国经历了快速的城市化进程，城乡之间人口流动是最常见的流动模式。此外，柬埔寨向泰国等国家输出劳工，形成跨国境的人口流动。

一、人口从农村向城市流动

根据 2008 年的人口普查，柬埔寨的人口流动主要发生在农村之间，其次才是从农村到城市。2019 年的人口普查显示（表 3-6），柬埔寨国内人口流动有了质的变化，即从农村到城市的流动成为主流，其次是城市之间的人口流动，再次为农村内部、从城市到农村的人口流动。迁移模式转变与城市发展有关，城市化带动了人口长距离的迁移。农村人口越来越多地迁移到城市中心，而不再局限于之前农村之间的流动模式。此外，在 2008 年的人口普查中，男性和女性人口流动主要发生在省内。2019 年柬埔寨人口普查显示，国内人口流动主要是跨省的人口迁移。首都金边是最主要的人口流入地，暹粒等其他重要城市也是热门的人口流入地。

表 3-6   2008 年和 2019 年柬埔寨按性别分列的城乡迁移流动情况

迁移类别	男性和女性		男性		女性	
	2008 年	2019 年	2008 年	2019 年	2008 年	2019 年
国内移民人数（人）	3 457 228	3 182 615	1 744 044	1 665 175	1 713 184	1 517 440
农村到农村（%）	50.9	29	53.3	30.7	48.5	27.1
农村到城市（%）	27.5	34	25.6	32.4	29.5	35.7
城市到农村（%）	6.5	7	6.8	7.6	6.2	6.3
城市到城市（%）	15.1	30	14.4	29.3	15.9	30.8

注：数据不包括居住在柬埔寨的境外移民。
资料来源：引自 NIS and MOP（2020）。

柬埔寨人口从农村流向城市的原因，可以归结为以下几个方面：

第一，农村和城市经济发展不平衡。柬埔寨农村地区的经济相对滞后，农民的生活水平较低。相比之下，城市地区的经济发展较快，这种经济发展不平衡是人口从农村流向城市的主要推动力。

第二，城市提供了更多的就业机会。相对于农村地区，柬埔寨城市地区在制造业、建筑业、服务业和旅游业等行业提供了更多的就业机会。农民希望通过前往城市寻找更好的工作机会来提高生活状况，增加收入和提升社会地位。

第三，城市拥有比农村更好的基础设施和教育、医疗等资源，也有更丰富的社会与文化活动。农村地区的教育和医疗设施相对不足，质量也较低，因此一些农村人口选择前往城市，以便他们的子女能够接受更好的教育。且随着城市基础设施和公共服务的完善，城市对于农村人口来说更具吸引力。同时，城市提供更多的社交和文化活动，也吸引一些年轻人离开农村前往城市。

第四，自然灾害和气候变化迫使农村人口迁往城市。柬埔寨是洪水、干旱和台风等自然灾害频发的国家，这些灾害对农村人口的生计造成了严重影响。因此，一些农民被迫离开农村，寻找更稳定安全的生活方式。

二、人口向泰国等国家跨境流动

截至 2022 年 4 月，大约有 130.2 万名柬埔寨人通过正式途径分别在 7 个国家及地区务工。其中，在泰国务工的柬埔寨人最多，数量约 122 万。以下依次为在韩国、马来西亚、日本的务工者，人数分别为 4.5 万、2.3 万、1.1 万。

柬埔寨人口跨国流动最大的目的地是泰国。泰国于 2003 年 5 月与柬埔寨签署谅解备忘录后，接受了合法的柬埔寨跨国流动务工人员。2006 年开始，柬埔寨部际工作组对在泰国的非正规柬埔寨跨国流动务工人员进行了国籍检查，并向他们发放居民身份证明。在泰国的柬埔寨跨国流动务工人员的数量近年来稳步增长，从 2010 年到 2020 年，数量翻了一番以上，反映出泰国各个行业对劳动力需求的增长。柬埔寨跨国流动务工人员从泰国汇回的资金对柬埔寨的发展起着至关重要的作用，包括使家庭收入提高、减少贫困和促进国家整体经济发展。

柬埔寨跨国流动务工人员大部分在泰国从事建筑业工作，参与包括基础设施开发和住宅、商业综合体等建筑建设的各种项目。柬埔寨跨国流动务工人员也有在泰国的农业和渔业领域工作，比如，在种植园、农场和渔场务工，为泰国的农业生产做出贡献；以及在制造业和服务业就业的，诸如在工厂、酒店、餐厅和其他服务行业务工。但也有许多柬埔寨跨国流动务工人员在泰国从事非正规工作，随之带来了劳工权益保护和社会保障等方面的问题。

从柬埔寨流入泰国的人口空间分布来看，呈现出以下特征：首先，跨国流动人口向曼谷大都市区集中。作为泰国的首都和最大城市，曼谷吸引了大量的柬埔寨人，他们主要在建筑、制造、服务业等领域工作。其次，向柬埔寨与泰国接壤的边境省份集中。这些省份由于地理位置的优势和往来的便捷，成为柬埔寨跨国流动人口在泰国务工的重要入境点、集中地。再次，向泰国的工业中心、建筑业热点地区集中。位于拉廊府、春武里府和大城府等省份的工业区和经济特区吸引了部分柬埔寨跨国流动务工人员，这些地区提供了在工厂、制造企业和工业园区的就业机会。芭堤雅、普吉岛和苏梅岛等热门旅游目的地的建筑项目同样吸引柬埔寨跨国流动务工人员，这些地区在旅游旺季对劳动力需求较高，易吸引临时就业的柬埔寨跨国流动务工人员。此外，柬埔寨跨国流动务工人员还到泰国各地的农业地区，尤其是农业占主导地位的省份工作。苏潘堡等地是柬埔寨移民从事农业活动的重要就业地区（IOM，2019）。

柬埔寨跨国移民前往泰国务工的主要原因有以下两个方面：

第一，相比柬埔寨，泰国提供了更多的就业机会和更好的薪资待遇。泰国的经济规模较大，市场需求更广阔；拥有多元化的经济结构，包括制造业、建筑业、农业、服务业等，提供了更多的就业机会，在泰国劳动密集型产业领域，需要大量务工人员来满足相应行业的需求。泰国劳工成本相比柬埔寨较高，因而吸引了一些柬埔寨人前往泰国寻找更高薪资的工作。柬埔寨的经济发展在地区之间不平衡，一些农村地区就业机会有限，导致部分柬埔寨人选择前往泰国寻找更好的经济机会和生活条件。

第二，泰国和柬埔寨两国相邻，具有地理接近性和文化相似性，出行成本较低，往返便利，同时，与泰国相似的宗教、文化和传统习俗等，使柬埔寨人较容易适应泰国的生活和工作环境，与当地人建立联系并融入社会，以上因素使柬埔寨人愿意前往泰国。

柬埔寨跨国流动务工人员也给柬埔寨带来了多方面的影响：一方面，柬埔寨跨国流动务工人员通过汇款将部分收入转回家乡，为柬埔寨经济发展做出了贡献。2021年，柬埔寨跨国流动务工人员汇回家乡的金额超过了30亿美元，较2020年的12亿美元大幅增加，占柬埔寨GDP的4.9%。这些汇款改善了柬埔寨人的生活，也促进了消费和投资。跨国流动务工人员自身获得了工作经验和技能，若能使技能和知识回流，可促进柬埔寨的经济和产业发展。柬埔寨人口向泰国等国家跨国流动也对柬埔寨的社会发展产生了一定的影响。跨国流动务工人员及其经历可能提高柬埔寨人的社会认知和包容性，促进文化交流。但另一方面，柬埔寨人口向泰国等国家流动务工，导致了国内人力资源尤其是年轻和有技能的劳动力的流失。这可能对柬埔寨的经济发展和劳动力市场造成一定程度的负面影响（IOM，2019）。

为了应对柬埔寨人口跨国流动务工的不利影响，柬埔寨采取的措施包括：

第一，创造更多国内就业机会。通过加大对农村地区和基础设施建设的投资，提供更多的就业机会，促进经济发展，吸引和留住人才，提高本国的经济竞争力。

第二，投资教育和技能培训。提高柬埔寨劳动力的技能水平和竞争力，满足市场需求。

第三，推动与劳务输入国家的双边合作。与泰国等国家建立双边合作机制，共同解决人口跨国流动问题，加强信息共享和合作，保护柬埔寨跨国流动务工人员的权益。

第四，在国家职业技术培训中加强对安全意识和技能的培训。针对先前跨国流动人员在整个跨国流动过程中接受到的安全移民和各种技术培训少的情况，为了使跨国流动人员获得更好的保护，柬埔寨劳动和职业培训部（Ministry of Labour and Vocational Training，MOLVT）在国家职业技术教育课程中嵌入了一个关于安全的模块，以增强跨国流动人员的安全意识，为其跨国流动提前做好各种准备。

第四节　人口分区

柬埔寨国家统计局将柬埔寨国土分为四大区域,即中央平原地区(含磅湛省、特本克蒙省、干丹省、金边市、波萝勉省、柴桢省和茶胶省)、洞里萨地区(含班迭棉吉省、马德望省、磅清扬省、磅同省、暹粒省、奥多棉吉省和拜林省)、南部沿海地区(含贡布省、戈公省、西哈努克省和白马省)以及高原和山地地区(含磅士卑省、桔井省、蒙多基里省、柏威夏省、腊塔纳基里省和上丁省)(图 1-2)。这四大区域的人口分布和人口结构存在着较大的空间差异(表 3-7、表 3-8)。

表 3-7　2008 年和 2019 年柬埔寨四大区域面积人口密度

区域	面积(km^2)	人口密度(人/km^2)	
		2008 年	2019 年
中央平原地区	25 069	261	305
洞里萨地区	67 668	57	72
南部沿海地区	17 237	56	62
高原和山地地区	68 061	22	29
总计	181 035	261	305

注:表中人口密度统计使用的面积不包括洞里萨湖的 3 000 km^2。
资料来源:引自 NIS and MOP(2020)。

表 3-8　2008—2019 年柬埔寨各区域人口性别结构　　　　　(单位:%)

区域	2008 年			2019 年		
	总人口	男性	女性	总人口	男性	女性
中央平原地区	48.9	48.4	49.4	49.2	48.6	49.7
洞里萨地区	32.5	32.8	32.3	31.2	31.4	31.0
南部沿海地区	7.2	7.2	7.1	6.9	7.0	6.8
高原和山地地区	11.4	11.6	11.3	12.7	13.0	12.5

注:数据统计保留一位小数。
资料来源:引自 NIS and MOP(2020)。

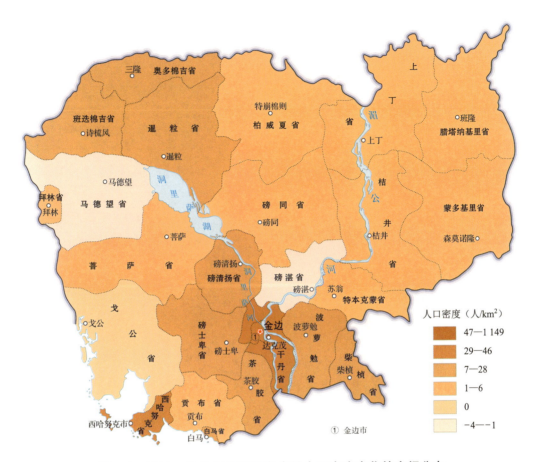

图 3-6　2008—2019 年柬埔寨各省份人口密度变化的空间分布

资料来源：根据 NIS and MOP（2020）绘制。

一、中央平原地区

柬埔寨的中央平原地区面积为 25 069 km²，占全国国土面积的比例为 13.9%，拥有约 764.43 万人口，占全国人口的 49.2%。中央平原地区人口密度较高，与 2008 年相比，2019 年柬埔寨中央平原地区人口密度由 261 人/km² 增加到 305 人/km²。

中央平原地区在柬埔寨具有重要地位。该地区肥沃的土地和丰富水资源利于农业生产，制造业、建筑业和服务业等持续发展，就业机会相应增加，且该地区正在经历快速的城市化进程，吸引了人口迁入以寻求更好的生计，城市人口也显著增加。金边市处于该区，是经济、社会和文化活动的中心，吸引了

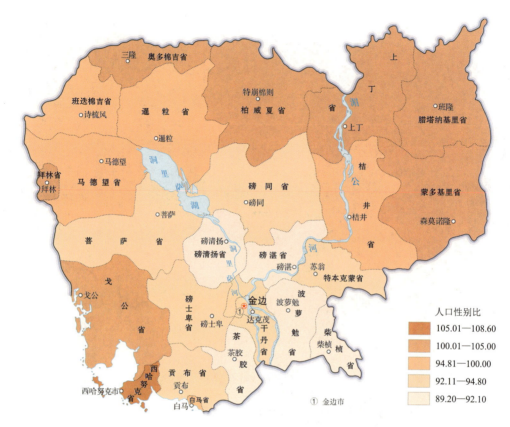

图 3-7　2019 年柬埔寨各省份人口性别比的空间分布

资料来源：引自 NIS and MOP（2020）。

大量人口迁徙至此，人口密度最高，约为 3 361 人/km²，其次是干丹省，人口密度为 378 人/km²（表 3-9）。

表 3-9　柬埔寨中央平原地区各省（直辖市）人口分布情况

省（直辖市）	一级行政中心	人口（人）	面积（km²）	人口密度（人/km²）
金边市	—	2 281 951	679	3 361
干丹省	达克茂	1 201 581	3 179	378
波萝勉省	波萝勉	1 057 720	4 883	217
茶胶省	茶胶	900 914	3 563	253
磅湛省	磅湛	899 791	4 549	198
特本克蒙省	苏翁	776 841	5 250	148
柴桢省	柴桢	525 497	2 966	177
区域合计	—	7 644 295	25 069	305

资料来源：NIS and MOP（2020）。

从人口性别比来看，中央平原地区整体呈现出男性人口少于女性人口的态势（表 3-8、图 3-7）。这可能是因该区域具有大量的成衣制造企业，吸引了众多女性劳动力，导致女性人口多于男性人口。

中央平原地区的公路和铁路连接起农村地区与城市中心，带动了货物和人员的流动，促进了贸易和经济活动。更好的医疗保健、教育和公共设施也增加了该地区对人口的吸引力。值得注意的是，中央平原地区面临着森林砍伐、土地退化以及洪涝和干旱等自然灾害的环境挑战。这些挑战可能影响农业生产力、人们的经济社会活动，以及人口迁徙。

二、洞里萨地区

洞里萨地区位于柬埔寨西北部与泰国接壤的边境地区，面积为 67 668 km²，占全国国土面积的比例为 37.38%，拥有约 485.30 万人口，占全国人口的 31.20%，人口密度为 72 人/km²。

表 3-10　柬埔寨洞里萨地区各省人口分布情况

省	一级行政中心	人口（人）	面积（km²）	人口密度（人/km²）
暹粒省	暹粒	1 014 234	10 299	98
马德望省	马德望	997 169	11 702	85
班迭棉吉省	诗梳风	861 883	6 679	129
磅同省	磅同	681 549	13 814	49
磅清扬省	磅清扬	527 027	5 521	95
菩萨省	菩萨	419 952	12 692	33
奥多棉吉省	三隆	276 038	6 158	45
拜林省	拜林	75 112	803	94
区域合计	—	4 852 964	67 668	72

资料来源：NIS and MOP（2020）。

洞里萨地区的人口相对稀疏，大部分人口分布在农村地区。洞里萨地区的土壤肥沃，适宜种植水稻等作物，农业在当地经济中起着重要作用，当地人主要从事农业活动。此外，洞里萨湖提供丰富的淡水鱼类和其他水产品，渔业生产也是当地人口从事的重要经济活动。该地区最大的城市是位于洞里萨湖北部的暹粒市。其他城市如马德望市、波萝勉市也有相当大的人口规模。

洞里萨地区的美丽自然风光和独特文化景观吸引着游客。著名的吴哥窟庙宇群位于暹粒市附近，是该地区主要的旅游景点，每年吸引大量国内外游客。旅游业的发展为当地人创造了就业机会，对当地经济增长起到了积极作用。

随着洞里萨地区经济持续发展，暹粒市、马德望市等城市地区提供的就业机会增加、生活条件改善，吸引寻求更好生计的农村人口迁入，城市也有望进一步发展和增长。同样，洞里萨地区面临森林砍伐、水污染和气候变化等环境挑战，这些问题可能使人口分布发生变化。

三、南部沿海地区

柬埔寨南部沿海地区包含贡布省、西哈努克省、戈公省、白马省四个省，拥有约 107.25 万人口，占全国人口的比例为 6.96%，土地面积为 17 237 km²，占全国国土面积的 9.52%，人口密度为 62 人/km²（表 3-11）。

表 3-11　柬埔寨南部沿海地区各省人口分布情况

省	一级行政中心	人口（人）	面积（km²）	人口密度（人/km²）
贡布省	贡布	593 829	4 873	122
西哈努克省	西哈努克	310 072	1 938	160
戈公省	戈公	125 902	10 090	12
白马省	白马	42 665	336	127
区域合计	—	1 072 468	17 237	62

资料来源：NIS and MOP (2020)。

渔业和旅游业是沿海地区的主要经济活动。渔业对沿海地区至关重要，而海滩、岛屿和沿海的文化景观吸引着国内外游客。这些经济活动创造就业机会，吸引人口迁入。该地区也在经历快速的城市化过程，沿海城镇和村庄的人口增长显著。此外，金港高速公路等交通基础设施以及西哈努克港口的建设，提高了该地区的交通可达性，有助于人口流动和经济发展。另一方面沿海的地理条件使该地区容易受到洪水、风暴和海岸侵蚀等自然灾害的威胁。气候变化，尤其是海平面上升，对柬埔寨沿海地区的长期可持续发展构成挑战，可能导致人口流失。

四、高原和山地地区

柬埔寨高原和山地地区拥有约 198.25 万人口，占全国人口的比例为 12.75%，土地面积为 68 061 km²，占全国国土面积的 37.60%，人口密度为 29 人/km²（表 3-12）。

表 3-12　柬埔寨高原和山地地区各省人口分布情况

省	一级行政中心	人口（人）	面积（km²）	人口密度（人/km²）
磅士卑省	磅士卑	877 523	7 017	125
桔井省	桔井	374 755	11 094	34
柏威夏省	特崩棉则	254 827	13 788	18
腊塔纳基里省	班隆	217 453	10 782	20
上丁省	上丁	165 713	11 092	15
蒙多基里省	森莫诺隆	92 213	14 288	6
区域合计	—	1 982 484	68 061	29

资料来源：NIS and MOP（2020）。

柬埔寨的高原和山地地区具有独特的人口和社会地理特征，表现为人口密度较低、依赖传统农业、民族具有多样性等。就人口密度而言，柬埔寨的高原和山地地区与该国其他地区相比人口相对稀少。崎岖的地形和艰苦的生活条件导致这些地区人口密度较低。该地区人口以小型聚落和村庄分散布局。自给自足的农耕活动是高原和山地地区的重要经济活动。凉爽的气候和肥沃的土壤使这些地区适合种植咖啡、茶叶和蔬菜等作物。高原和山地地区以丰富的生物多样性和自然资源闻名。此外，该地区是柬埔寨少数民族群体的主要居住地。少数民族群体生活的聚落独特，并保持着传统的生活方式，给柬埔寨增加了文化多样性。

政府对高原和山地地区的政策影响着当地人口分布。例如，改善基础设施、教育、医疗保健以及创造经济发展机会有利于吸引外来人口和留住本地人口；

环境保护和土地管理政策也有助于提高该地区的可持续发展能力。

第五节 人口问题

柬埔寨人口增长导致对基础设施和住房、教育和医疗等公共服务的需求增加。相对于人口增长速度，柬埔寨公共服务资源供给能力有待提高，资源供给不足的问题在农村地区和贫困人口中更为明显。

一、人口增长与教育资源供给的矛盾

根据国际学生能力评价（Program for International Student Assessment，PISA）的调查结果，大约 72% 的柬埔寨青少年辍学或推迟上学（处在七年级以下学习阶段）。大约 40% 的柬埔寨 15 岁学生（尤其是男生）落后于适龄人口一年甚至几年，这些学生可能是留级生或学习速度较慢的学生。在柬埔寨，约 29.1% 的学生在小学、初中或高中阶段至少重读了一学年。未能按预期完成学习是教育系统中的一个主要问题，对教育质量和教育公平产生不利影响（Heng，2022）。柬埔寨的学生在阅读、数学和科学方面的成绩低于东盟成员国相同阶段学生取得的平均分数（Amarthalingam，2020）。与马来西亚、菲律宾、泰国等周边国家相比，柬埔寨的教育指数也有较大差距。从高等教育来看，2021 年之前，没有一所柬埔寨大学入选泰晤士高等教育世界大学排名榜单或 QS 世界大学排名榜单。此外，柬埔寨科研工作者的研究能力表现相对较弱，研究产出低，在东盟成员国中排序居后。比如，柬埔寨的研究者在 2010 年至 2019 年间发表了约 3 500 份在 Scopus 数据库可检索的论文，在十个东盟国家中排名第八，仅优于缅甸（3 039 份论文）和老挝（2 364 份论文）。

由于学生辍学率仍然很高，劳动力的教育水平长期低下，柬埔寨的工业长期维持劳动密集型的模式且生产率较低。

柬埔寨的教育资源供给在人群、地域和城乡等多个维度上存在不平衡。首先，庞大的学生数量对现有的教育基础设施造成压力，导致教室过于拥挤。许多学生特别是农村地区的学生很难获得优质教育。不平等的教育机会降低了社会流动性，扩大了社会经济差距。其次，柬埔寨的教育资源在不同地区分布不均衡。城市地区尤其是首都金边可以获得更优质的教育。农村和偏远地区学校数量少，缺乏合格的教师和必要的教育设施，这些地区的学生难以获得优质教育，影响其成长和未来发展。城乡教育差距进一步造成社会经济差距。

为此，柬埔寨出台"柬埔寨教育2030"政策，规划教育投入占GDP的比例从2016年的2.3%提升到2030年的4.5%，占政府支出的比例从18.3%提升到20%，采取的措施包括：

（1）增加对教育资源的投资。改善教育基础设施，提供必要的教学材料。尤其是在农村地区，修建更多学校，确保学生可以获得教科书等必要资源，弥补城乡教育差距。

（2）改善教师招聘和增加培训。特别是在农村地区，为教师提供更高的薪资和更多的职业发展培训，吸引合格的教师到教学服务不足地区。

（3）促进教育机会平等。制定政策和战略，确保学生不受地域、地理环境或社会经济背景的影响，都能平等地获得优质教育。比如，所有女孩和男孩都有机会获得优质的幼儿保育、学前教育以及各类教育；完成免费、公平和优质的基础教育（小学和初中），取得相应的学习成果。更进一步，学生可完成高中教育。增加青年获得负担得起的优质技术和职业教育的机会；确保所有人平等地获得负担得起的高质量职业技术教育和高等教育；所有年龄组的学习者都能增加终身学习的机会。

（4）加强公私合作，加强各级教育的治理和管理。鼓励政府与私营部门合作投资教育领域，扩大教育机会，为所有柬埔寨学生提供包容且公平的优质教育。

二、人口增长与卫生资源供给的矛盾

柬埔寨医疗设施有限，农村地区医疗资源供应不足的问题尤为突出。根据世界银行的数据，截至2019年，柬埔寨每千人仅有0.8张医院床位。大部分设备齐全的医疗机构集中在城市地区，农村居民获得优质医疗服务较难。其次，医疗专业人员短缺。根据世界卫生组织的报告，2018 年，柬埔寨每千人约拥有 0.3 名医生和 1.4 名护士。医疗专业人员短缺情况在农村地区更为严重。再次，基本药物的可获得性和价格合理性依然存在挑战。根据世界卫生组织的数据，2018 年，柬埔寨公共卫生机构仅有约 60％ 的基本药物可供使用。此外，假药或劣质药物的存在增加了药品供应链的复杂性。

近年来，柬埔寨大力扩大卫生服务，但卫生服务覆盖的范围仍然不足，在农村地区这一矛盾更为突出。根据世界银行的数据，2018 年，只有 36.6％ 的人口能够获得改善的卫生设施，仅有 58.5％ 的人口能够获得基本饮用水服务。这些因素导致人口不良的健康状况，增加可预防疾病的控制难度。由于缺乏公共医疗服务，多数柬埔寨人必须自费到私立医院或私人诊所就诊，求助于传统医师或自行到药房买药。

柬埔寨不同地区、不同社会人群之间依然存在健康状况的差异。人口患高血压、糖尿病和慢性肺病等非传染性疾病的概率增加，且患非传染性疾病的风险因素高。柬埔寨还将面临人口老龄化的挑战，60 岁以上人口的比例预计将从 2010 年的 6.2％ 增加到 2030 年的 11.9％，增加近两倍（World Bank，2019）。

在柬埔寨制定的《健康战略规划 2016—2020 年》中提出，加大优质、安全、有效的健康服务的覆盖面和可及性；为全国人口特别是弱势群体和难以接触地区的人口提供信息和服务；加强转诊系统建设，使病人能够根据需要获得全面的健康及其相关服务；按照国家方案、临床实践指南和质量标准提供优质服务；鼓励提供者在与患者的互动中提高医疗服务水平；加强和实施创新方法，以实现高效和持续提供卫生服务，加强结果问责制。

近年来，针对人口增长与卫生资源供给不足的矛盾，柬埔寨政府加大了对医院、诊所和卫生站等卫生基础设施的投资，以提供更多的医疗服务；改善水供应和卫生设施，确保人民能够获得清洁饮用水和享有良好的卫生环境。国家还改善了医疗资源的配置和管理，提高卫生系统的覆盖范围与效率。这包括增加医疗人员和通过培训提高他们的医疗水平，改善药品、医疗设备的供应链，加强公共卫生宣传和健康教育，提高人民的健康意识、培养良好的卫生习惯。通过宣传卫生知识和预防措施，可以减少疾病的发生和传播，缓解国家卫生资源供给不足的压力。柬埔寨规划到 2030 年实现全民医疗覆盖，确保所有柬埔寨人都能获得、负担得起并接受优质的医疗服务。

三、人口增长与公共设施供给的矛盾

柬埔寨城乡人口在获得住房、清洁饮用水、清洁电源、厕所、烹饪燃料、互联网接入等方面存在较大差异。

第一，柬埔寨城乡人口在住房保障方面存在差异。城市地区拥有规划良好的居住区、公寓楼和高层建筑；而农村地区的住房选择通常有限，非正规定居点更为普遍，住房基础设施不足。城市居民通常可以便捷地获得清洁水、电力、卫生设施，以及垃圾处理等基本服务；而农村地区这些服务的可及性和质量往往有限，甚至维持基本生活条件还存在困难。另外，住房负担能力是城乡地区居民都面临的重要问题，但挑战各不相同。在城市地区，房价和租金上涨使低收入人群难以找到负担得起的住房；而在农村地区，收入有限也影响人们选择体面住房。快速的城市化和人口从农村向城市的迁移导致城市地区住房的需求增加，进一步给本就紧张的城市住房基础设施增加压力。

第二，柬埔寨城乡人口在获得清洁饮用水上存在差异。城市地区通常通过自来水系统或经过处理的水源，更容易获得清洁饮用水。农村地区往往依赖井水、河水或其他未经处理的水源，存在较高的患水源传染病的风险。2019年人口普查数据显示，71.0%的柬埔寨家庭能够获得清洁饮用水。城市地区能获得清洁饮用水的家庭比例较高（84.0%），而在农村这一比例只有58.0%。

第三，柬埔寨城乡人口在获得清洁电源上存在差异。2019年，柬埔寨84.0%的家庭能获得电力，这反映了电气化计划带来的生活条件改善。1998年和2008年，该值分别只有15.1%和26.4%。城市地区更可能获得持续供电，有更高比例的家庭接入电力网。2019年，城市地区约97%的家庭有照明用电，而农村地区的电力接入通常有限，只有76%的家庭有照明用电，一些家庭依赖发电机或太阳能等替代能源发电。

第四，柬埔寨城乡人口在改善的厕所设施获得性上存在差异。2019年，城市地区约九成的家庭拥有厕所设施，在农村地区，只有78.31%的家庭拥有。城市地区49.6%的家庭有与污水处理管道相连的抽水马桶，而在农村地区该比

例只有 24.8％；城市地区约有 38.4％的家庭有与化粪池或化粪池相连的抽水马桶，而在农村地区 50.6％的家庭拥有这种厕所设施。

第五，柬埔寨城乡人口在烹饪燃料的获取上也存在差异。柬埔寨家庭使用木柴作为烹饪燃料的比例稳步下降，使用液化石油气的比例有所增加。2019 年，柬埔寨 60.9％的家庭使用木柴做饭。其中，城市地区只有 31.0％的家庭使用木柴，而这种方法在农村地区家庭占 78.8％——木柴仍然是农村地区家庭做饭的主要燃料。柬埔寨 27.7％的家庭使用液化石油气做饭。其中，在城市地区，56.2％家庭使用液化石油气，而在农村地区这一比例只有 10.7％。

第六，柬埔寨城乡人口在互联网接入上存在差异。2019 年，柬埔寨约 45.4％的家庭可以在家上网，28.2％的家庭可以在家以外地区（公共场所）上网。城市人口更容易获得宽带服务，而在农村地区可能面临网络覆盖有限和网速较慢的问题。城市地区的家庭在家或在公共场所都能上网的比例高于农村地区。

根据柬埔寨官方公布的《新冠疫情新常态下振兴和复苏经济政策框架》草案，柬埔寨全国 60％人口生活在农村，农业就业人口占比达 54.7％，农业对柬埔寨的社会和经济发展举足轻重。然而，近年来这个重要经济支柱增长缓慢。自 2015 年以来，农业增长率徘徊在 1％，2020 年因疫情影响仅增长 0.4％，2021 年至 2023 年增长率介于 1％至 1.3％。导致柬埔寨农业领域发展缓慢的主要因素包括缺乏水利灌溉、道路和电力供应等基础设施，大部分农民只能依赖种植水稻谋生，生产成本也因电价和物流费用昂贵而居高不下。

这些差异凸显了柬埔寨的城乡分割。针对上述方面存在的较大差异，柬埔寨加大对基础设施建设的投资，包括改善住房条件，提供清洁饮用水和电力供应，以及建设公共厕所等。柬埔寨鼓励对农村地区的投资，以提供就业机会，改善基础设施建设，同时加强城乡规划和土地管理，确保资源利用的公平性和可持续性；推动数字化发展，提高互联网接入的普及率。通过改善网络覆盖和提供互联网基础设施，促进信息传播与经济发展，缩小城乡差距。

综上所述，柬埔寨面临着人口增长与教育资源、卫生资源、公共设施的供给矛盾，以及城乡人口发展差异问题。为了有效应对这些挑战，国家应加大改革和投资力度，合理安排财政预算，增加在教育、卫生、公共设施领域的投入，同时改革相关政策和制度，提高资源配置的效率与公平性。此外，国家还应通过积极寻求国际社会的支持和合作，引进外来资金和技术，应对人口增长与公共服务资源供给不足带来的挑战。

参 考 文 献

［1］李红蕾："柬埔寨移民劳工问题研究——以泰国、韩国的柬埔寨移民劳工为例"，《东南亚纵横》，2016 年第 2 期。

［2］Amarthalingam，S.，2020. Passing the test：Is Cambodia's education system failing its people? https：//www. phnompenhpost. com/special-reports/passing-test-cambodias-education-system-failing-its-people.

［3］Bertelsmann Stiftung，2020. BTI 2020 Country Report-Cambodia. https://bti-project. org/fileadmin/api/content/en/downloads/reports/country ＿ report ＿ 2020 ＿ KHM. pdf.

［4］Bhalla，D.，K. Chea，C. Hun，*et al*.，2012. Population-based study of epilepsy in Cambodia associated factors，measures of impact，stigma，quality of life，knowledge-attitude-practice，and treatment gap. *PLoS One*，Vol. 7，No. 10.

［5］Heng，K.，2022. Cambodia's Education System：Looking Back to Move Forward.

［6］IOM（International Organization for Migration），2019. Assessing Potential Changes in the Migration Patterns of Cambodian Migrants and Their Impacts on Thailand and Cambodia. https：//thailand. iom. int/sites/g/files/tmzbdl1371/files/documents/Cambodia％2520Report％25202019 ＿ for％2520online. pdf.

［7］MoEYS，2018. Education in Cambodia：Findings from Cambodia's experience in PISA for Development. https：//data. opendevelopmentcambodia. net/library ＿record/education-in-cambodia-findings-from-cambodia-s-experience-in-pisa-for-development.

［8］MOLVT（Ministry of Labour and Vacational Training，Kingdom of Cambodia），2015. Statistics on Cambodian Workers Officially Sent to Work Abroad. Ministry of Labour and Vocational Training.

［9］NIS（National Institute of Statistics，Kingdom of Cambodia），2008. General Population Census of Cambodia. https：//www. nis. gov. kh/index. php/en/15-gpc/14-population-census-2008-final-result.

［10］NIS，DGH（Directorate General for Health），ICF Macro，2011. Cambodia Demographic and Health Survey 2010. https：//dhsprogram. com/pubs/pdf/Fr249/Fr249. pdf.

［11］NIS，DGH，ICF International，2015. Cambodia Demographic and Health Survey 2014. https：//dhsprogram. com/pubs/pdf/fr312/fr312. pdf.

［12］NIS，MOP（Ministry of Planning，Kingdom of Cambodia），2013. Cambodia Socio-Economic Survey 2013. https：//www. nis. gov. kh/nis/CSES/Final％20Report％20CSES％202013. pdf.

［13］NIS，MOP，2018. General Population Census of Cambodia 2008：Provisional Population Totals. https：//www. stat. go. jp/english/info/meetings/cambodia/pdf/pre ＿ rep1. pdf.

［14］NIS，MOP，2020. General Population Census of the Kingdom of Cambodia 2019：National Report on Final Census. https：//www. nis. gov. kh/nis/Census2019/Final％20General％20Population％20Census％202019-English. pdf.

［15］OECD（Organization for Economic Cooperation and Development），2017. Interrelations between Public

Policies，Migration and Development in Cambodia. http：//dx. doi. org/10. 1787/888933470309.

［16］OECD/CDRI（Cambodia Development Resource Institute，Kingdom of Cambodia）. 2017. *Interrelations between Public Policies，Migration and Development in Cambodia*. OECD Development Pathways，OECD Publishing. https：//doi. org/10. 1787/9789264273634-en.

［17］Paitoonpong，S.，Y. Chalamwong，2012. Managing international labor migration in ASEAN：A case of Thailand. Thailand Development Research Institute，Thailand.

［18］PRB（Population Reference Bureau），2003. Recent Fertility and Family Planning Trends in Cambodia. https：//www. prb. org/resources/recent-fertility-and-family-planning-trends-in-cambodia/.

［19］Rasanathan，K.，2019. Primary Healthcare Remains the Foundation for All in Cambodia. https：//www. who. int/cambodia/news/commentaries/detail/primary-healthcare-remains-the-foundation-for- all-in-cambodia.

［20］RGC（Royal Government of Cambodia），2016. National Population Policy 2016-2030. https：//cambodia. unfpa. org/sites/default/files/pub-pdf/NPP _ English _ Final. pdf.

［21］United Nations Department of Economic and Social Affairs，Population Division，2015. Trends in International Migrant Stock：The 2015 Revision. https：//reliefweb. int/report/world/trends-international-migrant-stock-2015-revision.

［22］UNDP（United Nations Development Programme），2019. National Human Development Report 2019：Cambodia. https：//hdr. undp. org/content/national-human-development-report-2019-cambodia.

［23］United Nations Department of Economic and Social Affairs，Population Division，2015. World Population Prospects：The 2015 Revision，Key Findings and Advance Tables. Working Paper No. ESA/P/WP. 241. https：//esa. un. org/unpd/wpp/publications/files/key _ findings _ wpp _ 2015. pdf.

［24］UNICEF（United Nations International Children's Emergency Fund）Cambodia，2017. Education for Every Child，Quality Education and Life Skills. https：//www. unicef. org/cambodia/reports/education.

［25］UNICEF Cambodia，2018. A Statistical Profile of Child Protection in Cambodia. https：//www. unicef. org/cambodia/reports/statistical-profile-child-protection-cambodia.

［26］USAID（United States Agency for International Development），2015. Global Health. https：//www. usaid. gov/cambodia/global-health.

［27］United States Department of State • Bureau of Democracy，Human Rights，and Labor，2018. Cambodia 2018 International Religious Freedom Report. https：//www. state. gov/reports/2018-country-reports-on-human-rights-practices/.

［28］World Bank，2019. Better Health for All Cambodians：Supporting Communities and Health Centers. https：//www. worldbank. org/en/results/2019/09/12/better-health-for-all-cambodians-supporting-communities-and-health-centers.

第四章　城市化与城市空间结构

　　城市化是指一个国家或地区由以农业为主的传统乡村社会向以工业和服务业为主的现代城市社会逐渐转变的历史过程，包括人口职业的转变、产业结构的转变、土地利用类型的变化等（许学强等，2021）。1993 年以来，柬埔寨以经济建设为中心，积极对外开放，促进经济发展，推动了城市化进程（Sidgwick and Izaki，2013）。尤其是近十年来，柬埔寨是全球城市化发展速度最快的国家之一。

　　城市化促进了柬埔寨以城市为中心的经济活动大幅增长，提高了劳动生产力，促进了劳动力市场流动，扩大了消费市场，进而刺激了经济发展（Sidgwick and Izaki，2013）。但在柬埔寨快速城市化的进程中，人口和产业向首都金边集聚，区域发展不均衡，加大了城乡发展差距。利用城市化促进社会经济发展，建设宜居、包容、可持续的城市已成为柬埔寨发展战略的核心内涵（WBG，2018）。

第一节　城市化进程及动力机制

　　柬埔寨城市化进程可分为 1998 年之前的低水平发展阶段，1998—2008 年的平稳发展阶段，以及 2008 年至今的迅猛发展阶段。2008—2019 年，柬埔寨城市人口占全国人口的比例从 19.51％提升为 39.45％，增长 19.94％。国家战略的主导、经济快速发展的拉动、外国直接投资的推动都促进了柬埔寨城市化的进程。

一、城市化进程的三个阶段

（一）1998年之前的低水平发展阶段

1953年11月，柬埔寨实现国家独立。1962年，柬埔寨进行了独立后的第一次人口普查，总人口数为570万。1970—1993年因时局动荡，人口普查没有开展。1998年柬埔寨人口普查数据显示，全国拥有1143.77万人口，其中179.56万人居住在城市地区，城市化率为15.7%；84.3%的人口居住在乡村地区，城市化率相对较低。同年，有8.1%的国内人口迁移是从城市地区到农村地区（Huguet *et al.*，2000）。

（二）1998—2008年的平稳发展阶段

1998年以来，柬埔寨重回经济和社会发展的轨道。1999年4月，柬埔寨成为东南亚国家联盟正式成员国，进一步融入国际世界中。政局稳定为柬埔寨经济和社会发展奠定了良好的基础，也促进了柬埔寨的城市化进程。2008年人口普查显示，柬埔寨全国总人口数为1339.57万，居住在城市的人口为261.44万人，城市化率为19.51%。相较于1998年，2008年居住在城市的人口增加了81.84万人，城市化率提升了3.81%。从2008年人口普查反映的国内人口迁移数据来看，柬埔寨乡村到乡村的人口迁移占比为58.2%，是人口流动的最主要类型；其次为从农村到城市的人口迁移，占比为19.2%，人口从农村到城市的迁移还未形成主流；再次为城市之间的人口迁移，占比为14.5%。

（三）2008年至今的迅猛发展阶段

2008年以来，柬埔寨与世界主要国家和地区的经贸联系得以加强，外资大规模进入柬埔寨的旅游业、制造业、建筑业等行业，推动了经济增长。从2010年到2022年，柬埔寨人均GDP从810美元增至1765.4美元（WBG，2023）。

经济快速增长推动柬埔寨城市化迅速发展。2019年的人口普查数据显示，柬埔寨的总人口数为1555.22万，其中城市人口为613.52万人，占全国人口比例为39.45%（NIS and MOP，2021）。2019年柬埔寨的城市人口数量比1998

年和 2008 年分别增长了 433.96 万、352.12 万；城市化率比 1998 年和 2008 年
分别增长了 23.75%、19.94%。从年均增长率来看，1998 年到 2008 年，柬埔
寨城市化率年均增长率为 0.38%，而 2008 年到 2019 年，柬埔寨城市化率年均
增长率为 1.81%（图 4-1）。

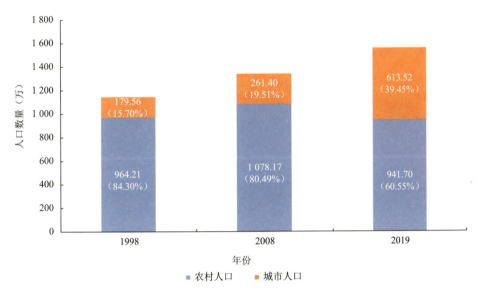

图 4-1　1998 年、2008 年、2019 年柬埔寨城市人口和农村人口的数量变化

资料来源：引自 NIS and MOP（2021）。

　　2008—2019 年，柬埔寨从农村向城市迁移的人口增长迅速，加速了柬埔寨
的城市化进程。人口向城市的迁移增加了城市住房和基础设施的压力，推动土
地的城市化。人造地表的面积变化（表 4-1）也体现了柬埔寨的城市化进程。
2000—2010 年，柬埔寨人造地表面积增长了 37.88 km²，这一时期人造地表建
造活动尚不明显。2010—2020 年人造地表面积增长量为 652.26 km²，表明这十
年里柬埔寨城市建设活跃，与上述 2008—2019 年人口大规模从农村向城市迁移
的情况一致。柬埔寨各省（直辖市）中，2020 年马德望省、暹粒省和班迭棉吉
省是人造地表面积最多的三个省，分别为 301.93 km²、254.11 km² 和 204.68 km²，
占当年全国人造地表面积的 16.23%、13.66% 和 11.00%（表 4-1）。2000—
2020 年，世界文化遗产吴哥窟所在的暹粒省人造地表面积变化量最为明显，占
该时段全国人造地表面积变化总量的 20.18%（图 4-2）。人造地表的大幅增长
与柬埔寨基础设施的扩建和旅游设施的兴建有很大的关系。相较而言，腊塔纳

基里省、戈公省、贡布省、白马省、蒙多基里省等省人造地表面积很小，白马省、蒙多基里省的人造地表面积甚至略有下降，反映这些地区的城市化进程较为缓慢。

表 4-1 2000 年、2010 年、2020 年柬埔寨人造地表面积及变化量

省（直辖市）	2000 年		2010 年		2020 年		2000—2020 年面积变化（km²）
	面积（km²）	占比（%）	面积（km²）	占比（%）	面积（km²）	占比（%）	
马德望省	248.70	21.26	239.59	19.84	301.93	16.23	53.23
暹粒省	114.83	9.81	113.47	9.39	254.11	13.66	139.28
班迭棉吉省	135.15	11.55	138.40	11.46	204.68	11.00	69.53
波萝勉省	133.03	11.37	132.11	10.94	143.72	7.73	10.69
金边市	105.17	8.99	106.17	8.79	141.26	7.59	36.09
磅同省	19.93	1.70	24.56	2.03	112.71	6.06	92.78
磅士卑省	86.76	7.42	89.96	7.45	99.55	5.35	12.80
茶胶省	78.96	6.75	79.07	6.55	89.32	4.80	10.36
磅湛省	36.56	3.12	43.52	3.60	86.57	4.65	50.01
菩萨省	4.13	0.35	20.98	1.74	62.64	3.37	58.51
特本克蒙省	48.78	4.17	47.63	3.94	62.11	3.34	13.33
干丹省	45.41	3.88	49.85	4.13	54.51	2.93	9.10
奥多棉吉省	17.51	1.50	18.45	1.53	52.86	2.84	35.34
西哈努克省	25.74	2.20	26.77	2.22	40.77	2.19	15.03
柴桢省	7.22	0.62	6.94	0.57	31.70	1.70	24.48
桔井省	2.24	0.19	6.26	0.52	21.24	1.14	19.00
柏威夏省	8.84	0.76	9.83	0.81	20.49	1.10	11.65
磅清扬省	13.33	1.14	16.70	1.38	19.88	1.07	6.55
上丁省	3.54	0.30	3.00	0.25	19.49	1.05	15.96
贡布省	12.88	1.10	12.94	1.07	13.87	0.75	0.99
戈公省	8.17	0.70	8.44	0.70	8.45	0.45	0.28
腊塔纳基里省	3.24	0.28	3.78	0.31	7.50	0.40	4.26
白马省	6.64	0.57	6.36	0.53	6.35	0.34	−0.29
拜林省	2.31	0.20	2.15	0.18	4.29	0.23	1.98
蒙多基里省	0.90	0.08	0.90	0.07	0.12	0.01	−0.78
总计	1 169.98	100.00	1 207.86	100.00	1 860.12	100.00	690.14

资料来源：根据 GlobeLand 30 数据（http://www.globallandcover.com）统计整理。

二、城市化进程的动力机制

東埔寨的城市化进程主要得益于自身经济的快速发展、政策的连续性增强和产业结构的转型升级。

首先，東埔寨城市化的动力源自其快速发展的经济。自 1998 年到 2019 年，東埔寨经济高速发展，GDP 年均增长率达 7%。

其次，稳定的社会环境和连续的经济政策是東埔寨城市水平提高的前提条件。1998 年以来，東埔寨政局稳定，政策连续性强，政府大力兴建道路、桥梁、学校和医院等基础设施，改善投资环境，支持经济活动，提升国民生活（Penghuy，2020）。東埔寨国民收入快速提高（图 4-2），城市化进程进一步加快。

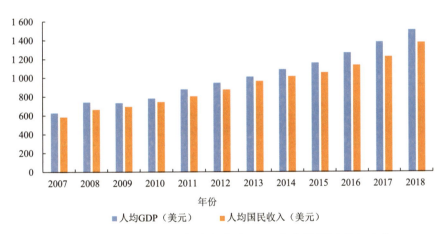

图 4-2　2007—2018 年東埔寨人均 GDP 和人均国民收入变化

资料来源：引自 NIS and MOP（2021）。

再次，劳动力资源在三产中的合理配置实现了产业结构的优化，进而成为東埔寨城市化的保障。2019 年人口普查数据显示，東埔寨 0—14 岁人口占全国人口的 29.4%，15—59 岁占 61.7%，60 岁及以上的人口占 8.9%，人口结构相对年轻。東埔寨充足、廉价的年轻劳动力有助于吸引外商投资企业将成衣制造业等劳动密集型产业转移到東埔寨，推动了東埔寨的工业化进程。从東埔寨从业人员产业结构的变化来看，第一产业从业人员占比从 2008 年的 72.3% 下降为 2019 年的 54.7%，下降了 17.6%；第二产业从业人员占比则从 8.5% 增长为 18.8%，增长了 10.3%，第三产业占比则从 19.2% 上升为 26.5%，增长了 7.3%（表 4-2）。可见，伴随产业升级和经济发展，柬埔寨从业人员实现从第一产业向第二产业和第三产业转移。

表 4-2　2008 年和 2019 年柬埔寨三次产业从业人员结构　（单位：%）

2008 年	第一产业	第二产业	第三产业	2019 年	第一产业	第二产业	第三产业
女性	75.1	9	23.8	女性	56.5	19.7	23.8
男性	69.4	8.1	22.6	男性	53	18	29
总人口	72.3	8.5	19.2	总人口	54.7	18.8	26.5

资料来源：引自 NIS and MOP（2021）。

自 2008—2019 年，第二产业中的成衣制造业作为柬埔寨四大支柱产业之一，吸引了大量农村劳动力。此外，建筑业就业人员占比从 2% 上升为 5.2%，增长了 3.2%。

表 4-3　2008 年和 2019 年柬埔寨人口就业结构　（单位：%）

	2008 年			2019 年			2008—2019 年变化
	总数	男性	女性	总数	男性	女性	
总和	100	100	100	100	100	100	0
农、林、渔业	72.3	69.4	75.1	54.7	53	56.5	−17.6
采掘业	0.1	0.1	0.1	0.1	0.1	0	0
制造业	6.2	4.1	8.2	13.3	9.3	17.4	7.1
电力、燃气、蒸汽和空调供应	0.1	0.2	0	0.2	0.3	0.1	0.1
供水、排污、废物管理和补救	0.1	0.1	0.1	0.1	0.1	0.1	0
建筑业	2	3.5	0.6	5.2	8.1	2.2	3.2
批发零售业、汽车和摩托车修理业	7.8	5.8	9.6	10.7	8.9	12.6	2.9
运输和储存	2.2	4.2	0.4	2.5	4.4	0.6	0.3

续表

	2008 年			2019 年			2008—2019 年变化
	总数	男性	女性	总数	男性	女性	
食宿服务活动	0.9	0.7	1.1	1.8	1.4	2.1	0.9
信息与通信	0.1	0.1	0.1	0.1	0.2	0.1	0
金融和保险活动	0.2	0.3	0.2	0.7	0.9	0.6	0.5
房地产	0	0	0	0.5	0.6	0.5	0.5
专业、科学和技术活动	0.2	0.3	0.1	2.2	2.6	1.9	2
行政和支助服务活动	0.8	1	0.6	3	4.9	1.1	2.2
公共管理和国防、社会保障	2.7	4.8	0.7	1.8	1.9	1.7	−0.9
教育行业	1.6	2.1	1.2	0.6	0.6	0.6	−1
人类健康和社会工作活动	0.5	0.5	0.4	0.7	0.7	0.7	0.2
艺术、娱乐	0.3	0.3	0.3	1.7	2	1.4	1.4
其他服务活动	1.6	2.1	1.1	0	0	0	−1.6
家务活动雇主	0	0	0	0	0	0	0
域外组织和机构活动	0.2	0.3	0.2	0	0	0	−0.2

资料来源：引自 NIS and MOP（2021）。

柬埔寨产业结构的转型升级带动了城市化进程，城市化的快速发展反过来也使柬埔寨地区间劳动力就业差异明显，这主要表现在城乡就业差异方面。在城市地区，第二、第三产业从业人口占比相对高，其中手工业从业人员占比最高（28.1%），其次是服务和销售人员（22.8%），农、林、渔业从业人员占比再次（20.8%）。与城市地区不同，农村地区约有 74.1% 人口从事农业生产活动，农业仍然占主要地位，手工业从业人员、服务和销售人员的占比分别为 9.3% 和 6.1%（NIS and MOP，2021）。

综合来看，柬埔寨的城市化过程也是城市产业结构不断优化升级的结果。柬埔寨城市中成衣制造业、旅游业、建筑业等快速发展，提供了大量就业机会，吸引人口从农村迁往城市；同时，大城市相对丰富的文化和教育资源也进一步影响农村人口向城市集聚。柬埔寨城镇与农村发展之间不平衡，农村的医疗、教育、交通等基础设施薄弱，就业机会较少。城乡差距也进一步推动了农村人口向城市迁移（Sidgwick and Izaki，2013）。

第二节　城市规模等级系统

受城镇发展历史和路网等交通运输体系等的影响，柬埔寨的城市体系呈现以金边为核心、城市增长不均衡的发展格局。

一、城市规模总体偏小

截至 2019 年 3 月，柬埔寨有 26 座城市。金边 2019 年的人口规模约为 228.2 万，是全国人口规模最大的城市。柬埔寨其他城市规模偏小。暹粒和马德望人口规模在 10 万—25 万，人口数量分别约为 24.55 万和 11.93 万。诗梳风等 8 座城市的人口规模在 5 万—10 万。巴域等 13 座城市的人口规模在 2 万—5 万。森莫诺隆、白马等城市的人口均少于 2 万（表 4-4）。

表 4-4　2019 年柬埔寨各城市的常住人口数量及占全国人口比例

城市	人口数量（人）	占全国人口比例（%）	城市	人口数量（人）	占全国人口比例（%）
金边	2 281 951	14.67	磅清扬	41 080	0.26
暹粒	245 494	1.58	磅湛	38 365	0.25
马德望	119 251	0.77	拜林	37 393	0.24
诗梳风	99 019	0.64	波萝勉	36 254	0.23
波贝	98 934	0.64	苏翁	35 054	0.23
达克茂	75 629	0.49	贡布	32 053	0.21
西哈努克	73 036	0.47	班隆	30 399	0.20
三隆	70 944	0.46	戈公	28 836	0.19
菩萨	58 255	0.38	桔井	28 317	0.18
磅同	53 118	0.34	柏威夏	24 360	0.16
磅士卑	50 359	0.32	森莫诺隆	13 195	0.08
巴域	43 783	0.28	白马	5 470	0.04
茶胶	43 402	0.28	合计	3 709 475	23.85
柴桢	41 424	0.27			

资料来源：引自 NIS and MOP（2021）。

二、城市首位度比较高

根据柬埔寨 2019 年各城市常住人口（表 4-4），进行位序-规模[①]分析。通过分析，柬埔寨城市体系等级特征显著。城市首位度[②]达 9.3，金边为柬埔寨最大的城市，而其他城市特别是中小城市发育相对滞后。

究其原因，金边作为柬埔寨首都，是柬埔寨人口及资源最为集中的城市。2008—2019 年，金边的人口占柬埔寨总人口的比例从 9.91％上升为 14.67％，比例提高了 4.76％，进一步增强了金边在柬埔寨城市体系中的首位地位。中南半岛泛亚铁路建成后，金边作为柬埔寨对外联系门户的区位优势更加突出，金边的城市规模仍在持续扩大。《2015—2035 年金边城市规划》提出的目标是到 2035 年金边成为面积 675km² 、城市现代化功能齐备、容纳 500 万人口的国际化大都市。

三、城市交通网络单中心结构显著

柬埔寨的城市交通网络以金边为核心。基于 2021 年柬埔寨地理信息数据，采用 ArcGIS，以从金边的市中心出发驾车时间在 1 h 以内、1—2 h、2—3 h 以及 3 h 以上划分出 4 个等时圈，等时圈数值范围越小，说明与金边市的关系越紧密，短时间内通达性更强，更容易受到金边的辐射和带动。金边 1 小时等时圈覆盖金边市全境以及干丹省约 78.5％的面积（表 4-5）。从金边的市中心出发驾车 1 h 内还可到达磅士卑省、茶胶省、磅湛省、波萝勉省和磅清扬省的部分地区，这些地区邻近金边，区位优势突出，有利于这些地区产业发展和人口集聚。

---

① 1913 年由奥尔巴克（Frank Auerbach）提出，指一个城市的规模和该城市在国家所有城市按人口规模排序中的位序关系。

② 城市首位度：在一定程度上代表了城镇体系中的城市发展要素在最大城市的集中程度。为了计算简化和易于理解，杰斐逊提出了"二城市指数"，计算首位城市与第二位城市的人口规模之比，即 S＝P1/P2。

表 4-5　2021 年金边 1 h 等时圈覆盖面积

省（直辖市）	占省（直辖市）域面积比例（%）
金边市	100
干丹省	78.51
磅士卑省	22.07
茶胶省	18.90
磅湛省	15.54
波萝勉省	15.27
磅清扬省	5.87

资料来源：根据 OpenDevelopment Cambodia（2022）路网数据计算。

从金边的市中心出发驾车 1—2 h 可达的省份有 11 个（表 4-6），该等时圈覆盖波萝勉省、茶胶省、磅士卑省、磅湛省和磅清扬省超过一半的地区。其中，从金边的市中心出发驾车 2 h 内可到达波萝勉省 84.58% 的地区。良好的通达性有助于经济和社会发展。

表 4-6　2021 年金边 1—2 h 等时圈覆盖面积

省	占省域面积比例（%）
波萝勉省	84.58
茶胶省	64.42
磅士卑省	61.39
磅湛省	58.30
磅清扬省	56.28
贡布省	34.78
柴桢省	32.97
特本克蒙省	25.62
干丹省	21.49
西哈努克省	14.44
磅同省	6.09

资料来源：根据 OpenDevelopment Cambodia（2022）路网数据计算。

从金边的市中心出发驾车到达白马省内各地所需时间均在 2—3 h（表 4-7），3 h 内亦可到特本克蒙省、西努哈克省、柴桢省和贡布省超过一半以上的地区。

表 4-7 2021 年金边 2—3 h 圈覆盖面积

省	占省域面积比例（％）
白马省	100
特本克蒙省	66.92
西哈努克省	66.72
柴桢省	64.82
贡布省	59.78
磅清扬省	34.90
磅同省	30.15
磅湛省	21.92
戈公省	19.32
茶胶省	16.68
磅士卑省	16.43
菩萨省	12.88
桔井省	6.44
波萝勉省	0.14

资料来源：根据 OpenDevelopment Cambodia（2022）路网数据计算。

金边 3 h 以上等时圈覆盖 20 个省，其中有 13 个省的省域 60％以上地区可被该等时圈覆盖（表 4-8）。从金边市出发驾车去拜林省、奥多棉吉省、柏威夏省等地区所耗时间较长。

表 4-8 2021 年金边市 3 h 以上等时圈覆盖面积

省	占省域面积比例（％）
拜林省	100
班迭棉吉省	100
奥多棉吉省	100
暹粒省	100
柏威夏省	100
马德望省	100
上丁省	100
蒙多基里省	100
腊塔纳基里省	100
桔井省	93.56

省	占省域面积比例（%）
菩萨省	87.12
戈公省	80.68
磅同省	63.75
西哈努克省	18.84
特本克蒙省	7.45
贡布省	5.43
磅湛省	4.24
磅清扬省	2.95
柴桢省	2.21
磅士卑省	0.12

资料来源：根据 OpenDevelopment Cambodia（2022）路网数据计算。

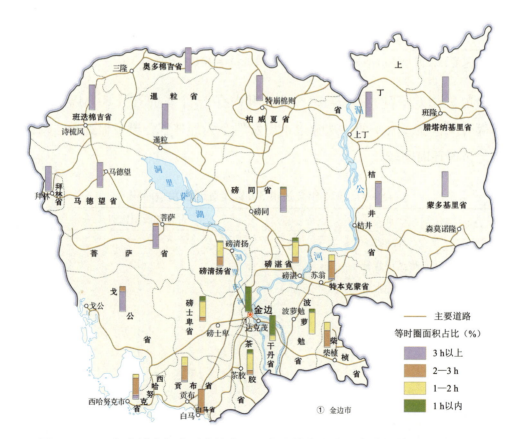

图 4-3　2021 年柬埔寨各省（直辖市）以金边的市中心形成的各等时圈面积占比

资料来源：根据 OpenDevelopment Cambodia（2022）路网数据计算。

　　金边市的全部地区和干丹省 78.51% 的地区在金边 1 h 可达范围内；1—2 h 与 2—3 h 等时圈覆盖金边市周边的 11 个省份（图 4-3）。柬埔寨中央平原地区路网密集，可达性最高，城市化水平较高。公路路网不完善的省份主要分布在柬埔寨中北部和西部地区，从金边的市中心出发车程需要 3 h 以上，这些地区的城市化水平也较低。

　　综上所述，金边是柬埔寨发展的门户城市，柬埔寨城市化水平发展不均衡，需要通过公路、铁路等基础设施的建设，加强首都与地方城市间的互联互通，培育中小规模城市，降低金边的首位度。

　　柬埔寨城市体系优化主要包括两个方面：①对金边城市功能做进一步疏解，在金边大都市圈周边建设若干新城，控制城市蔓延；②加强暹粒、马德望等城市的发展，在东北部依托省会，建设中小城镇，促进当地农业人口的就地城镇化；在沿海地区以及边境地区依托经济特区，吸引外资，促进中小城市发展壮大，进而形成多中心的城市体系格局（图 4-4）。

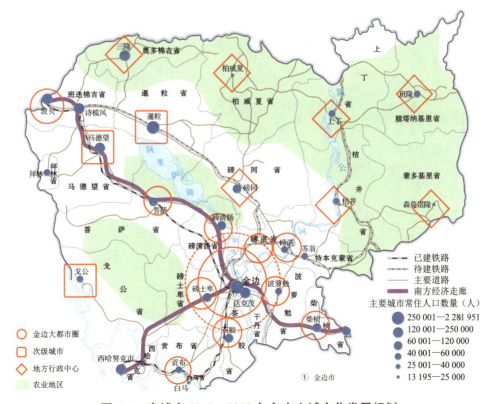

图 4-4　柬埔寨 2019—2023 年多中心城市化发展规划

资料来源：引自 Makathy（2016）。

第三节　城市发展的区际差异

　　柬埔寨城市化进程存在明显的区域差异。中央平原地区以金边为核心，人口与产业集中，城市发展优势明显。洞里萨地区依托洞里萨湖的航运和灌溉等条件，成为柬埔寨的"鱼米之乡"，农村人口占比高，城市化水平一般。南部沿海地区山地占比高，仅有西哈努克等港口城市的城市化水平较高。高原和山地地区则地广人稀。

　　根据 2019 年人口普查数据，柬埔寨人口分为城市人口和乡村人口两类。城市人口集中于中央平原地区和洞里萨地区（图 4-5、图 4-6）。其中，中央平原地

图 4-5　2019 年柬埔寨主要城市常住人口数量

资料来源：引自 NIS and MOP（2021）。

区城市人口数约为 364.41 万，占全国城市人口总数的 62.15%；其次为洞里萨地区，集聚了约 122.40 万城市人口，占全国城市人口总数的 20.88%；高原和山地地区城市人口数约为 68.66 万，南部沿海地区城市人口数约为 30.83 万，占比分别为 11.71%、5.26%（表 4-9）。中央平原地区的城市化率最高，达到了 48.69%，高原和山地地区、南部沿海地区、洞里萨地区的城市化率分别为 35.19%、31.70%、25.62%。值得注意的是，中央平原地区和洞里萨地区乡村人口占全国农村人口的比例分别为 41.20%、38.11%，印证了这两个区域是农业经济活动的活跃区域，其中洞里萨地区作为柬埔寨的"鱼米之乡"，乡村人口多，城市化率较低。

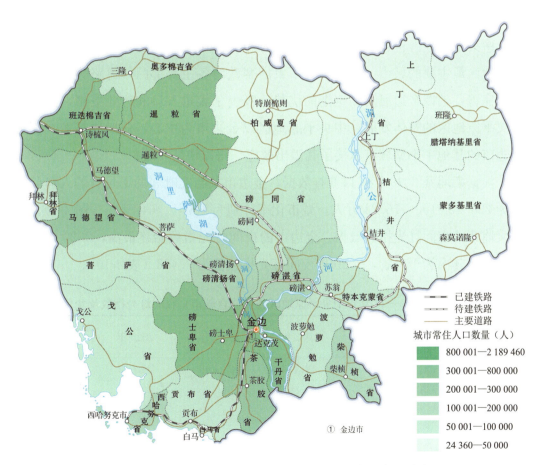

图 4-6　2019 年柬埔寨各省（直辖市）城市常住人口分布

资料来源：引自 NIS and MOP（2021）。

表4-9　2019年柬埔寨四大区域城市人口和乡村人口分布

地区	城市人口数（万人）	占全国城市人口比例（%）	农村人口数（万人）	占全国农村人口比例（%）	城市化率（%）
中央平原地区	364.41	62.15	384.04	41.20	48.69
洞里萨地区	122.40	20.88	355.26	38.11	25.62
高原和山地地区	68.66	11.71	126.45	13.56	35.19
南部沿海地区	30.83	5.26	66.41	7.12	31.70

资料来源：引自 NIS and MOP（2021）。

一、中央平原地区城市化快速发展

中央平原地区包含5个省和1个直辖市，其中金边、达克茂、巴域是中央平原地区最主要的城市。金边集聚了柬埔寨政府各主要部门，道路等基础设施较为完善，辅以金边河港和空港的优势，吸引了大量人口和产业集聚，带动了中央平原地区的整体发展。中央平原地区以金边市为中心，向四周扩散，邻近金边市的其他中小型城市承接了其溢出效应，得以快速发展。

根据柬埔寨2019年人口普查数据，金边市及与之毗邻的干丹省的人口分别约为228.20万人、76.24万人，城市化率分别为100%、64.59%（图4-7）。根据柬埔寨的夜间灯光指数数据，金边市的夜间灯光指数始终最高，2020年值为31.012。其次为干丹省，2020年夜间灯光指数值为7.488（表4-10）。

表4-10　1992—2020年中央平原地区各省（直辖市）夜间灯光指数及变化

	1992年	2002年	2012年	2020年	1992—2020年指数变化
金边市	3.863	12.179	23.468	31.012	27.149
干丹省	0.028	0.502	1.574	7.488	7.460
柴桢省	0.013	0.125	0.422	5.230	5.217
茶胶省	0.026	0.054	0.179	4.860	4.834
磅湛省	0.016	0.102	0.215	3.774	3.758
波萝勉省	0.006	0.010	0.077	3.624	3.618
特本克蒙省	0.008	0.025	0.108	3.514	3.506

资料来源：根据美国国防气象卫星获取的2023年5月全球夜间灯光数据（https://www.ngdc.noaa.gov/eog/dmsp/downloadV4composites.html）统计。

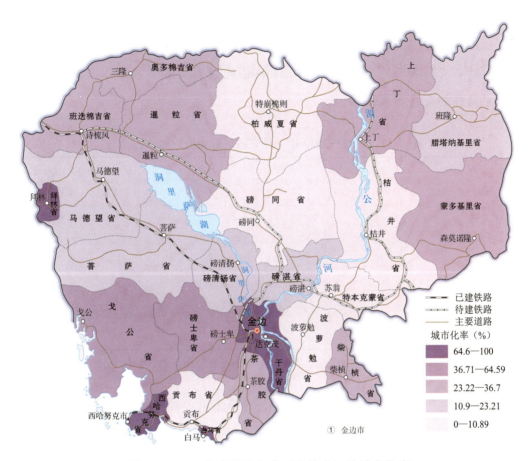

图 4-7　2019 年柬埔寨各省（直辖市）的城市化率

资料来源：引自 NIS and MOP（2021）。

1992 年干丹省夜间灯光值（N）为 0（无灯光区）的面积占全省面积的 99.41%，到 2020 年，无灯光区面积仅占全省面积的 11.51%，下降了 87.90%。干丹省高灯光值（46＜N≤57）区集中于金边市的卫星城达克茂（表 4-11）。

达克茂距离金边的市中心约 9 km，与金边市联系密切，是金边都市圈的组成部分。达克茂也处于金边市通往茶胶省和越南边境城市隆平的要道上，是柬埔寨的经济、交通重镇。2020 年 11 月，柬埔寨政府决定扩大首都金边城市版图，将达克茂约 3.02 km² 土地划入金边市朗哥区管辖，由此加速了达克茂与金边一体化发展的进度。

中央平原地区的柴桢、磅湛、波萝勉、苏翁①分别是柴桢省、磅湛省、波萝勉省、特本克蒙省的省会城市，通过国道与首都金边相连，到金边的距离分别为 124 km、124 km、96 km、176 km，国道连通为城市吸引外资、发展制造业提供了良好的交通连通优势。

表 4-11　1992—2020 年干丹省各类灯光值的面积占比　（单位：%）

灯光值（N）② 范围	1992 年	2002 年	2012 年	2020 年	1992—2020 年 变化
0	99.41	93.50	83.76	11.51	87.90
0<N≤10	0.57	5.42	12.59	78.98	78.41
10<N≤19	0.03	0.82	2.49	7.04	7.02
19<N≤33	0	0.26	0.82	1.31	1.31
33<N≤46	0	0	0.31	0.98	0.98
46<N≤57	0	0	0.03	0.18	0.18

资料来源：根据美国国防气象卫星获取的 2023 年 5 月全球夜间灯光数据统计。

柴桢省的巴域是柬埔寨和越南边境上的一座重要城市，位于柬埔寨 1 号国道上。巴域距金边 170 km，距越南经济中心城市胡志明市 65 km，区位优势良好。柬埔寨和越南两国交通运输部门 2017 年 4 月 25 日签署了关于促进胡志明市—巴域—金边高速公路项目的研究和建设备忘录，使巴域到金边的驾车时长缩减为 2 h，到胡志明市的驾车时长缩短为 1 h。在国家政策的积极鼓励下，2018 年，巴域建有 5 个经济特区和 56 家工厂，大量投资促进了工业、旅游业和房地产业，拉动了本地经济。

二、洞里萨地区城市化区内发展不平衡

位于柬埔寨西北部的洞里萨地区有暹粒、马德望、诗梳风、波贝、三隆、菩萨、磅同、磅清扬、拜林 9 座城市。与中央平原地区相比，洞里萨地区的城

---

① 2013 年 12 月 31 日由原磅湛省划出 6 个区成立特本克蒙省，并以苏翁为该省省会。苏翁市亦称三州府市，是柬埔寨华人的密集居住地区之一，市里 80％是华人后代或者是华人混血儿，有"华人村"之称。

② N 统计区域内所有灯光像元总数。

市规模相对较小。其中，暹粒、马德望、波贝 3 座城市发展最快，最具发展潜力的是暹粒，其发展得益于吴哥窟的旅游带动作用，并进一步吸引了大量的外国直接投资。

基于夜间灯光数据，1992 年到 2020 年，洞里萨地区夜间灯光指数也有所增长（表 4-12），但与金边市等地区仍有较大的差距。其中奥多棉吉省的指数 2020 年达 5.363，相对较高，变化量为 5.361。其他省份的夜间灯光指数较低，均值在 3.0 左右，仅为金边市夜间灯光指数的 1/10。

表 4-12　1992—2020 年柬埔寨洞里萨地区各省夜间灯光指数及变化

	1992 年	2002 年	2012 年	2020 年	1992—2020 年指数变化
奥多棉吉省	0.002	0.011	0.044	5.363	5.361
班迭棉吉省	0.010	0.114	0.207	4.213	4.203
磅清扬省	0.007	0.010	0.052	3.347	3.340
拜林省	0	0.067	0.235	3.331	3.331
暹粒省	0.014	0.154	0.380	3.200	3.186
马德望省	0.017	0.056	0.121	2.749	2.732
菩萨省	0.005	0.012	0.041	2.354	2.348
磅同省	0.006	0.005	0.052	2.340	2.334

资料来源：根据美国国防气象卫星获取的 2023 年 5 月全球夜间灯光数据统计。

洞里萨地区暹粒省 1992 年无灯光区（N＝0）的面积占全省面积的 99.81％；至 2012 年无灯光区面积仍超过全省面积的 98％；而到 2020 年，暹粒省的无灯光区面积占比为 54.07％。1992—2020 年，暹粒省的无灯光区面积占比减少了 45.74％，相应地，灯光值在 0—11（低灯光值）范围内的面积占比增长了 44.31％（表 4-13）。

综上所述，暹粒省在近 30 年里经济社会有所发展，但暹粒省无灯光区面积占比仍超过一半。从暹粒省内部来看，夜间灯光最高值出现在暹粒。暹粒是暹粒省的省会、柬埔寨的第二大城市，依托世界文化遗产吴哥窟，带动了旅游产业的快速发展。除暹粒外，暹粒省大部分地区的发展步伐缓慢。

柬埔寨发布《暹粒旅游业发展总体计划（2020—2035 年）》，提出了"长期保持柬埔寨主要旅游目的地及东南亚主要旅游目的地的荣誉"，规划聚焦洞里萨湖、荔枝山及周边地区，挖掘开发更多的旅游新资源，延长游客停留时间，进一步通过旅游业带动城市的发展。

表4-13　1992—2020年暹粒省各类灯光值的面积占比　　（单位：％）

灯光值（N）范围	1992年	2002年	2012年	2020年	1992—2020年变化
0	99.81	99.15	98.27	54.07	−45.74
0＜N≤11	0.19	0.38	0.70	44.49	44.31
11＜N≤24	0	0.29	0.44	0.69	0.69
24＜N≤39	0	0.09	0.24	0.44	0.44
38＜N≤63	0	0.09	0.34	0.31	0.31

资料来源：根据美国国防气象卫星获取的2023年5月全球夜间灯光数据统计。

1992—2020年，洞里萨地区马德望省无灯光区面积大幅减少。该省无灯光区面积占比减少41.79％（表4-14）。具体来看，1992年无灯光区（N=0）的面积占该省面积的99.74％。2012年及以前，马德望省的无灯光区面积占比均超过该省面积的99％。2020年，马德望省的无灯光区面积占比减少到57.94％。

表4-14　1992—2020年马德望省各类灯光值的面积占比　　（单位：％）

灯光值（N）范围	1992年	2002年	2012年	2020年	1992—2020年变化
0	99.74	99.44	99.13	57.94	−41.79
0＜N≤8	0.22	0.25	0.38	41.03	40.81
8＜N≤17	0.04	0.30	0.28	0.67	0.63
17＜N≤29	0	0	0.11	0.20	0.20
29＜N≤41	0	0	0.11	0.15	0.15

资料来源：根据美国国防气象卫星获取的2023年5月全球夜间灯光数据统计。

马德望位于柬埔寨西北部，是马德望省的省会，是全省夜间灯光最亮的城市。马德望距金边约292 km，距暹粒约80 km，有两条连接五省的国道在此交会，自古以来是柬埔寨与泰国之间的交通、贸易枢纽。在高棉语里，"马德望"

的意思是"国王丢失的棍杖"，寓意马德望乃自古以来的重要之地。

　　波贝是柬埔寨洞里萨地区重要的边境城镇，到泰国最大的经济中心城市曼谷的车程仅为 3.5 h，到泰国最重要的国际集装箱枢纽港林查班港车程 2.5 h。2019 年 4 月，柬埔寨北线铁路与泰国铁路网接通，该铁路线将柬埔寨边境城市波贝和首都金边相连，全程 386 km，进一步提升了波贝的区位优势，使波贝成为柬埔寨和泰国之间的主要贸易通道，成为柬埔寨的经济门户。1993 年跨境贸易开放以来，波贝第三产业快速发展，集聚了娱乐和博彩、酒店和餐饮、银行和货币兑换等不同类型的服务业。2010 年，随着经济特区和多个工业园区（轻工业、包装、汽车零部件制造等产业）的建立，波贝的城市工业也得到快速发展，产业类型逐渐多元化。加之跨境贸易的蓬勃发展，为这座城市带来了新的繁荣（商务部国际贸易经济合作研究院等，2020）。

三、南部沿海地区城市化的后发优势

　　柬埔寨南部沿海地区包括西哈努克市、贡布、戈公、白马 4 座主要城市，人口合计约为 13.94 万人（表 4-4），占全国总人口的 0.91%。其中，西哈努克市人口规模较大，人口约为 7.3 万人，占全国总人口的 0.47%。南部沿海地区的城市发展起步较晚，这主要是因为该地区邻近豆蔻山脉，山地面积较大，自然地理条件成为其城市化发展的制约因素。但同时沿海的优势使其港口的经济特区得以快速发展，因此南部沿海地区是柬埔寨具有后发优势的地区。该地区依托港口布局经济特区，进行基础设施建设，相对其他地区，发展的起点高，城市发展水平也较高。柬埔寨南部沿海地区夜间灯光指数近年来有所上升（表 4-15）。

　　西哈努克市建于 1965 年，是柬埔寨最大的港口城市。西哈努克市具有柬埔寨唯一的深水港，该港口位于柬埔寨西南沿海磅逊湾入口南岸，濒临泰国湾东南侧，物流总量占柬埔寨全国物流总量的 60% 以上，成为柬埔寨最繁忙的外贸进口门户。至 2023 年，西哈努克市已是柬埔寨最大的经济特区，也是中国和柬埔寨"工业发展走廊"的重要节点。天然海滩、生物多样性、自然度假村和便利的设施与服务（国际机场、国际港口和铁路服务），也使西哈努克市成为一个

有吸引力的旅游目的地。周边海域丰富的石油资源，为西哈努克市的发展创造了条件。

表4-15   1992—2020年柬埔寨沿海地区各省夜间灯光指数变化

	1992年	2002年	2012年	2020年	1992—2020年变化
白马省	0	0	1.011	6.730	6.730
西哈努克省	0.073	0.302	0.691	5.452	5.378
贡布省	0.006	0.014	0.304	3.867	3.861
戈公省	0.011	0.030	0.090	1.430	1.419

资料来源：根据美国国防气象卫星获取的2023年5月全球夜间灯光数据统计。

四、高原和山地地区城市化的潜在优势

柬埔寨高原和山地地区包括磅士卑、班隆、桔井、柏威夏、森莫诺隆5座城市。其中，邻近金边的磅士卑城市规模较大，人口约为5.04万人，占全国总人口的0.32%。磅士卑位于克拉文山山麓，横跨特诺河，距金边约40 km，是木材、甘蔗的集散地。桔井是桔井省的省会，是柬埔寨观看湄公河日落的最佳地点，加之有大量法式建筑遗存，吸引了大量来自金边和老挝占巴塞（Champasak）的游客。柏威夏是柏威夏省的省会，世界文化遗产柏威夏寺为其主要的旅游资源。蒙多基里省会森莫诺隆被誉为"柬埔寨的瑞士"，以发展生态旅游为主。

从夜间灯光指数变化可以看出，1992—2012年高原与山地地区城市发展水平较低，但自2012—2020年城市发展迅速（表4-16），城市具有较大发展潜力。具体来看，该地区城市发展起步较晚，资源集聚的基础不足，1992—2012年蒙多基里省、桔井省、腊塔纳基里省、磅士卑省、柏威夏省、上丁省的指数变化分别为0.019、0.083、0.265、0.116、0.037和0.031。自2012—2020年，各省发展相对迅速，灯光指数也增长迅速。至2020年该区域各省的灯光指数已超过南部沿海地区。

表 4-16　1992—2020 年柬埔寨高原和山地地区各省夜间灯光指数变化

	1992 年	2002 年	2012 年	2020 年	1992—2020 年变化
蒙多基里省	0	0	0.019	6.033	6.033
桔井省	0.003	0.004	0.086	5.723	5.720
腊塔纳基里省	0.001	0.009	0.266	4.937	4.936
磅士卑省	0.005	0.013	0.121	4.737	4.732
柏威夏省	0	0	0.037	4.395	4.395
上丁省	0.004	0	0.035	4.183	4.179

资料来源：根据美国国防气象卫星获取的 2023 年 5 月全球夜间灯光数据统计。

综上所述，柬埔寨国土空间开发表现为金边的首位度高，其他地方城市发展较为缓慢，不利于柬埔寨国土空间结构的优化。具体而言，以金边市为核心的中央平原地区集聚了大量人口和产业，柬埔寨城市人口集中在金边市及其附近的中央平原地区。金边依托首都行政资源集聚的优势，以及柬埔寨对外交往门户的地位，建成了国内路网体系枢纽，吸引了大量人口。得益于金边的辐射带动，邻近金边的城市和地区发展较快。洞里萨地区的马德望省、暹粒省与金边市相比仍有很大发展差距；除西哈努克市凭借连通金边的交通优势发展较快以外，其余沿海地区的发展仍然相对缓慢。广大的高原和山地地区的生态旅游资源丰富，虽然城市发展起步较晚，但仍具有发展潜力。

第四节　金边市城市空间结构演变

金边市已成为柬埔寨发展最快的地区（Seng，2019），其城市空间结构发生了巨大的变化。

一、金边市区划与发展现状

2019 年，金边市一共有 14 个行政区，其中桑园区、万景岗区、隆边区、马卡拉区、堆谷区为中心城区，朗哥区、菩森芷区、贡武区、棉芷区、铁桥头区、雷西郊区、水净华区、森速区、仙市区为郊区（图 4-8）。

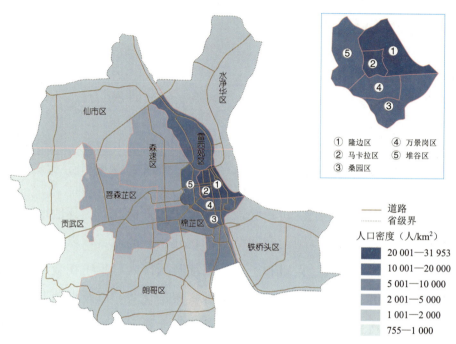

图 4-8　金边市行政区划及 2019 年各区人口密度

资料来源：引自 NIS and MOP（2021）。

　　2019 年人口普查数据显示，金边市人口密度呈现从中心到边缘递减的态势。中心城区人口合计约为 50.92 万人，占金边市总人口的比例为 23.26％（表4-17）；近郊的雷西郊区、棉芷区人口密度较高，出现人口郊区化态势。

表 4-17　2019 年金边市各区常住人口数量及占比

区域	2019 年人口数量（人）	人口数占金边总人口的比例（％）
桑园区	70 772	3.23
万景岗区	66 658	3.04
隆边区	155 069	7.08
马卡拉区	71 092	3.25
堆谷区	145 570	6.65
中心城区小计	509 161	23.26

续表

区域	2019 年人口数量（人）	人口数占金边总人口的比例（%）
朗哥区	159 772	7.30
菩森芷区	226 971	10.37
贡武区	75 526	3.45
棉芷区	248 464	11.35
铁桥头区	164 379	7.51
雷西郊区	274 861	12.55
水净华区	159 233	7.27
森速区	182 903	8.35
仙市区	188 190	8.60
郊区小计	1 680 299	76.74
合计	2 189 460	100

资料来源：引自 NIS and MOP（2021）。

夜间灯光数据反映了金边市的城市扩展。据表 4-18，金边市 1992 年无灯光区的面积占全市面积的 72.35%。灯光值较低（0＜N≤7）的面积占比为 14.62%。截至 2020 年，金边市无灯光区的面积已经降为 0，灯光值范围在 7（不含）至 14（含）的面积占比最大，占金边市面积的 27.89%，高灯光值（53＜N≤62）的面积占比为 18.64%。综上所述，1992—2020 年，金边市的低灯光值面积总体减少，灯光值大于 7 的面积显著增加。这表明金边市城市化率大幅提升。

表 4-18　1992—2020 年金边市各类灯光值面积占比　　（单位：%）

灯光值（N）范围	1992 年	2002 年	2012 年	2020 年	1992—2020 年占比变化
0	72.35	39.22	10.84	0	−72.35
0＜N≤7	14.62	19.73	13.40	0	−14.62
7＜N≤14	5.48	15.59	27.04	27.89	22.41
14＜N≤23	2.56	6.94	11.81	15.35	12.79
23＜N≤33	1.71	4.75	7.92	14.49	12.79
33＜N≤43	1.34	4.63	7.06	11.08	9.74
43＜N≤53	0.73	3.53	6.46	12.55	11.81
53＜N≤62	1.22	5.60	15.47	18.64	17.42

资料来源：根据美国国防气象卫星获取的 2023 年 5 月全球夜间灯光数据统计。

从夜间灯光数据来看，马卡拉区、桑园区、隆边区和堆谷区是金边市的重点发展区域，夜间灯光指数较高。自1992年到2020年，金边市马卡拉区的夜间灯光指数值始终居金边市各区的首位，1992年夜间灯光指数为59.75，2020年夜间灯光指数为62.00，变化量为2.25。马卡拉区是金边市面积最小的区域，仅有2.2 km²，是柬埔寨总理府所在地，也是柬埔寨的政治中心。2012年以来，桑园区、隆边区和堆谷区的夜间灯光指数值均超过60.00，其中桑园区的变化最大，说明这十年桑园区的发展趋势向好（表4-19）。桑园区面积约10.8 km²，位于金边市区东南侧，近年来集聚大量外籍人士。金边市所有城区中，隆边区的历史最为悠久，隆边区是柬埔寨的"黄金地段"，该区拥有众多文化场所、历史古迹，是柬埔寨中央政府机构和外国驻柬埔寨王国大使馆的集聚地。

综上所述，1992年金边市夜间灯光指数高值集中在马卡拉区，随后的近十年间高值区向马卡拉区四周的桑园区、隆边区和堆谷区拓展。2002年到2012年，金边市夜间灯光高值区向北、向西拓展，其中棉芷区发展变化得最明显。2012年到2020年，从夜间灯光指数变化可见金边市的城市发展方向为持续向中部、西南部拓展（表4-19）。

表4-19　1992—2020年金边市各区夜间灯光指数及变化统计

	1992年	2002年	2012年	2020年	1992—2020年变化
马卡拉区	59.75	62.00	63.00	62.00	2.25
万景岗区	43.33	61.33	63.00	62.00	18.67
隆边区	44.00	56.60	61.80	61.20	17.20
堆谷区	37.20	60.20	63.00	61.20	24.00
桑园区	26.00	56.38	62.00	61.00	35.00
棉芷区	6.65	33.50	47.03	54.09	47.44
雷西郊区	13.00	31.79	55.34	53.14	40.14
森速区	7.20	23.62	48.62	50.43	43.23
菩森芷区	3.57	18.74	36.57	45.84	42.27
铁桥头区	0.68	8.65	17.62	32.16	31.48

续表

	1992 年	2002 年	2012 年	2020 年	1992—2020 年变化
水净华区	2.97	11.45	19.96	25.81	22.84
朗哥区	0.09	3.41	12.02	24.62	24.53
贡武区	0.57	3.18	16.09	21.59	21.02
巴雷布欧区	0.06	1.04	6.67	12.93	12.87

资料来源：根据美国国防气象卫星获取的 2023 年 5 月全球夜间灯光数据统计。

二、快速城市化及其空间分异

金边市曾经被称为"亚洲之珠"。柬埔寨 1 号、2 号、3 号、4 号、5 号国道的起点均位于金边，延伸到柬埔寨的其他地区以及泰国、越南和老挝等周边国家。金边—西哈努克和金边—波贝两条铁路进一步增强了金边的区位优势。金边国际机场与曼谷、胡志明市、新加坡市和香港等大城市联系紧密。

金边市经济以服装、贸易、旅游等为基础，房地产蓬勃发展。金边市凭借首都政治中心的地位以及交通网络枢纽等区位优势，成为柬埔寨经济的龙头，2019 年，金边市人均 GDP 为 2 534 美元，是柬埔寨人均 GDP 水平的 2.11 倍。产业集聚促进了经济发展，并提供了大量就业机会，吸引人口迁入，使得城市规模急剧扩展。1998 年、2008 年、2012 年金边市城市人口数量分别约为 113.34 万、150.17 万、185.22 万，2019 年城市人口规模达到了 228.20 万，是 1998 年、2008 年、2012 年金边市城市人口数量的 1.93 倍、1.46 倍、1.18 倍。

金边市城市土地利用及扩展主要分为填充式扩展、边缘式扩展和飞地式扩展三种类型（图 4-9）。

填充式扩展是通过在已有城市建设区域内填补空缺土地和进行重建，来实现城市的扩展和更新。与传统的城市向外围扩展方式相比，填充式扩展更加注重利用已有城市基础设施和资源，以提高土地的利用效率，并减少对农田或其他自然资源、自然环境的占用。金边市通过填充式扩展对周围区域如菩森芷区、森速区和雷西郊区产生了带动作用。2020 年金边市的菩森芷区人造地表面积为

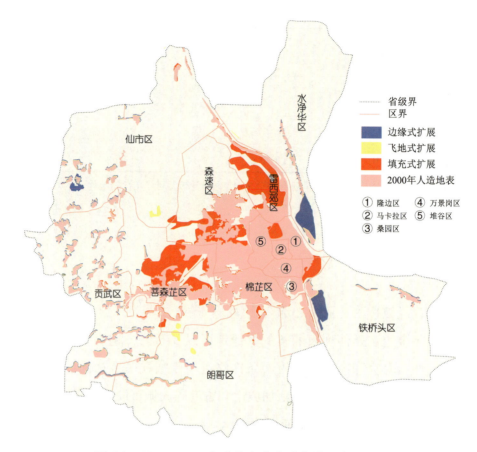

图 4-9 2000—2020 年金边市人造地表扩展类型识别

资料来源：根据 GlobeLand 30 数据（http://www.globallandcover.com）绘制。

25.83 km²，相比于 2000 年增长了 10.49 km²。森速区和雷西郊区在 2000 年至 2020 年人造地表面积分别增长 5.44 km²、9.91 km²（表 4-20）。

边缘式扩展是城市在外围区域进行扩展和开发的一种模式。在这种模式下，城市会向周边农村或未开发的土地区域延伸，建设新的住宅区、商业区、工业区以及相关的基础设施和公共服务设施。金边市的水净华区和铁桥头区的人造地表面积扩展属于此类型。2000—2020 年，这两个区的人造地表面积分别增长 3.23 km²、2.48 km²（表 4-20）。

飞地式扩展是指城市在原有边界之外，以隔离的方式添加独立的飞地区域进行开发或拓展。这些飞地常常由城市围墙、自然地形或其他障碍物与原城市隔离，并与周围的城市区域相互独立。水净华区、铁桥头区、仙市区的部分城市土地利用出现了飞地式扩展。

表 4-20　2000 年、2010 年和 2020 年金边市各区人造地表面积及变化

	2000 年		2010 年		2020 年		2000—2020 年面积变化（km²）
	面积（km²）	占比（%）	面积（km²）	占比（%）	面积（km²）	占比（%）	
菩森芷区	15.34	14.60	15.26	14.38	25.83	18.29	10.48
森速区	16.50	15.69	16.60	15.65	21.94	15.54	5.44
雷西郊区	6.22	5.92	6.17	5.82	16.13	11.42	9.91
棉芷区	15.08	14.35	15.05	14.18	15.05	10.66	−0.03
贡武区	13.14	12.50	13.18	12.42	13.20	9.35	0.06
堆谷区	7.55	7.18	7.56	7.12	7.60	5.38	0.05
朗哥区	6.10	5.80	6.56	6.18	6.78	4.80	0.68
仙市区	5.40	5.14	5.17	4.88	6.41	4.54	1.01
隆边区	5.07	4.82	5.07	4.77	6.22	4.40	1.15
桑园区	3.84	3.65	3.83	3.61	5.48	3.88	1.64
水净华区	2.11	2.01	2.18	2.05	5.34	3.78	3.23
铁桥头区	2.26	2.15	2.98	2.81	4.74	3.35	2.48
万景岗区	4.29	4.08	4.29	4.04	4.29	3.04	0
马卡拉区	2.22	2.11	2.22	2.09	2.22	1.57	0
总计	105.12	100	106.12	100	141.22	100	36.09

资料来源：根据美国国防气象卫星获取的 2023 年 5 月全球夜间灯光数据统计。

目前金边市的人造地表用地扩展有两个主要方向：一是沿主要道路的城市扩展，其中城市化区域分别沿 4 号、5 号和 1 号国道向西、向北和向南扩展；二是扩大建成区，即将其中现有的城市化地区扩大到邻近地区，特别是向西部地区扩展。

三、城市土地结构变化及其问题

城市土地利用的演变是社会经济发展和人类生活需求变化的直接体现。人造地表用地，作为城市化进程中的重要组成部分，是通过人类活动和工程手段

对地表地貌进行改造和建设的结果。这类用地包括城市建设区域、农田开垦区域、工业园区、道路与交通网络用地以及水利设施用地等，构成了城市复杂的地表特征及其功能情况。

2010—2020 年，金边市城市土地利用格局发生了显著的变化。人造地表面积的增长尤为突出，增加了 36.09 km²，占比增加了 5.12%，这一变化揭示了城市化进程中土地资源的重新配置。湿地和水体面积的小幅增加，表明城市实施生态保护措施。然而，这一时期，耕地面积减少了 58.47 km²，占比减少了 8.57%，林地和草地面积也有所减少（表 4-21），反映出随着人造地表用地的扩张，原有的耕地区域被逐渐侵占，进而影响到农业生产。

城市土地结构变化也对金边市城市发展产生一系列影响。

第一，林地和草地减少，破坏了金边市的生态环境。

第二，金边市面临着洪水灾害风险加剧的严峻挑战。金边市及其周边地区邻近洞里萨河、湄公河和百色河，是典型的冲积平原和洪泛地区。由于金边市排水管理系统有待完善，洪水困扰不断。污水和污染物处理也是金边市一大亟待解决的环境问题。废水处理系统欠佳，来自家庭、商业和工业企业的污水、废水以及雨水直接流入城市的河流、湖泊、湿地，对生态环境和居民生产生活造成了不利的影响。此外，金边市每天仍有 100—200 t 固体废物未被收集，这也极易造成环境问题。

第三，金边市城市人口和建设用地规模持续扩张，"城市病"日趋严重。金边市道路拥堵、车辆违法行驶、车位紧张、基础设施落后，以及公共交通发展缓慢等问题突出。统计显示，2019 年柬埔寨 5 个中心城区的铺面道路比例为 94%，而郊区的铺面道路比例仅为 27%，主干道的通行能力将无法容纳来自郊区通道的新交通流量。

第四，在柬埔寨城市化进程中，更多的人口向金边市迁移，加大了对金边城市土地和住房的需求，地价和房价快速上涨，城市贫困和发展不平等问题日益突出。贫困社区的特点通常是人口住房条件差，基础设施缺乏，人口从事低技能、低薪工作，不能得到足够公平的创收机会，以及缺乏土地保有权。金边市的贫困家庭集聚，有可能造成大量的城中村问题，阻碍城市合理规划和发展。

金边市的发展愿景是成为柬埔寨具有竞争力的政治、经济、商业和文化中心，为城市弱势群体提供教育、医疗等基本公共服务，致力于城市的脱贫攻坚且实现可持续和公平的发展。尤其到 2030 年，金边计划建成清洁、绿色、有竞争力的城市，为居民提供安全、优质的生活环境（图 4-10）。更进一步，金边市

表 4-21　2000 年、2010 年和 2020 年金边市各类土地面积占比　　（单位：%）

土地利用类型	2000 年	2010 年	2020 年
耕地	70.68	72.16	63.59
林地	0.84	0.24	0.23
草地	2.01	0.03	0.03
湿地	1.09	1.73	3.49
水体	10.01	10.33	12.01
人造地表	15.38	15.52	20.64

资料来源：根据 GlobeLand 30 数据绘制。

图 4-10　金边城市发展愿景

资料来源：引自 GGGI（2019）。

将实施综合基础设施规划和土地利用管理机制；将交通规划与土地利用规划相结合，以公共交通为导向推动城市开发，形成多中心的空间结构，控制城市无序蔓延（Sophal，2019）；建设完善的污水处理和排水管理网络，进一步增强城市应对洪水灾害风险的能力。

参 考 文 献

［1］邓志旺："中国城市化动力机制的模型构建及其空间计量分析"，《统计与决策》，2015 年第 4 期。

［2］郭道久、邵竞轩："基于产业创新的城市化动力机制研究"，《青岛大学学报》（自然科学版），2022 年第 4 期。

［3］商务部国际贸易经济合作研究院、中国驻柬埔寨大使馆经济商务处、商务部对外投资和经济合作司：《对外投资合作国别（地区）指南：柬埔寨（2020 年版）》，2020 年。

［4］小林："政府草拟暹粒省旅游业发展总体规划"，《柬华日报》，2021 年 8 月 9 日。

［5］许学强、周一星、宁越敏：《城市地理学》，高等教育出版社，2021 年。

［6］中国国际贸易促进委员会：《企业对外投资国别（地区）营商环境指南：柬埔寨（2020）》，2020 年。

［7］Alisjahbana, A. S., 2019. Sustainable development by 2030 still achievable in Cambodia. *The Phnom Penh Post*, April 9.

［8］Cai, H., Y. Q. Li, 2019. Zone is pillar of cooperation. *China Daily*, March 13.

［9］Chakrya, K. S., S. Worrell, 2014. A different world for urban poor. *The Phnom Penh Post*, December 12.

［10］Chan, S., 2020. Thailand Plus One：Poipet SEZ investment strategy. *Khmer Times*, June 6.

［11］GGGI (Global Green Growth Institute), 2019. Phnom Penh Sustainable City Plan 2018-2030. https://gggi. org/wp-content/uploads/2019/06/SUBSTAINABLE-CITY-REPORT _ EN _ FA3. pdf.

［12］Huguet, J. W., A. Chamratrithirong, N. R. Rao, *et al.*, 2000. Results of the 1998 population census in Cambodia. *Asia-Pacific Population Journal*, Vol. 15, No. 3.

［13］Makathy, T., 2016. Cambodia's Urbanization, and Housing Challenges. City for All conference presentation. https://documents. pub/document/cambodias-urbanization-and-housing-it-is-increasingly-the-locus-of-megacities. html? page＝5. November 24.

［14］Mom, K., S. Ongsomwang, 2016. Urban growth modeling of Phnom Penh, Cambodia using satellite imageries and a logistic regression model. *Suranaree Journal of Science & Technology*, Vol. 23, No. 4.

［15］NIS (National Institute of Statistics, Kingdom of Cambodia), MOP (Ministry of Planning, Kingdom of Cambodia), 2021. Statistical yearbook of Cambodia 2021. https://data. opendevelopmentcambodia. net/en/dataset/fc687db9-ec25-4518-ae58-f32d61544bfd/resource/71785f60-208c-4053-a856-a689c5d0eb1f/download/statistical _ yearbook _ _ 00. 12. 2021. pdf.

［16］OpenDevelopment Cambodia, 2022. Road and railway networks in Cambodia (2012 & 2024). https://data. opendevelopmentmekong. net/dataset/road-and-railway-networks--in-cambodia.

［17］Penghuy, N., 2020. Good-governance-needed-sustainable-growth. *The Phnom Penh Post*, January 16.

［18］Pisei, H., 2018. Border town on fast track for development. *The Phnom Penh Post*, February 2.

［19］Seng，V.，2019. Phnom Penh Smart City and Sustainable Development. ASEAN-JAPAN Smart Cities Network High Level Meeting presentation. https：//www. jasca2021. jp/1st/pdf/WS3/PHNOM _ PENH. pdf. October 8-11.

［20］Sidgwick，E.，H. Izaki，2013. Urbanisation and growth. *The Phnom Penh Post*，November 28.

［21］USAID（United States Agency for International Development），2008. Prey Veng Province Investment Profile.

［22］Vannak，C.，2020. New Siem Reap City Development Plan Unveiled. *Khmer Times*，October 28.

［23］WBG（World Bank Group），2018. Cambodia：Achieving the Potential of Urbanization. https：// urbandatabase. khmerstudies. org/get-datas/25.

［24］WBG，2023. Cambodia Economic Update，November 2023：From Recovery to Reform-Special Focus：Accelerating Structural Reforms to Boost Productivity and Competitiveness. https：//documents1. worldbank. org/curated/en/099112023082512660/pdf/P1773400acb58a0260905e06ed54ad7edf5. pdf.

第五章　经济转型与空间重塑

20 世纪 90 年代，尤其是 1998 年以来，柬埔寨经济快速发展，经济总量持续增长，产业结构变化明显。成衣制造业、建筑业、旅游业快速发展，与农业共同构成柬埔寨的四个主导产业。然而，全要素生产率较低、高素质劳动力匮乏、基础设施滞后、营商环境欠优、出口产品单一，制约着柬埔寨产业转型升级（WBG，2021；Kunmakara，2022）。

第一节　经济发展的历史基础

随着柬埔寨经济发展，人均国民收入水平提高，第一产业（农业）产值占全国 GDP 的比例以及农业从业人员占劳动人口总数的比例逐渐下降；相应地第二和第三产业的产值与从业人员占比相应上升。

一、农业主导的农耕文明基础

柬埔寨的农耕文明源远流长，至今农业仍然是其主导产业。从 2010 年到 2019 年，农业产值占全国 GDP 的比例虽从 33.6％降为 20.6％，但仍是劳动人口集中的主要部门（张保，2021）。2020 年，柬埔寨第一产业、第二产业、第三产业劳动人口占比分别为 35.5％、26.1％、38.4％（表 5-1）。

表 5-1　2016 年、2017 年、2020 年柬埔寨三次产业从业人口占劳动人口比例

	2016 年	2017 年	2020 年
从业人口数（万人）	860.8	1 041.6	880.5
第一产业占比（%）	36.4	37.0	35.5
第二产业占比（%）	26.6	26.2	26.1
第三产业占比（%）	37.0	36.8	38.4

资料来源：引自 NIS and MOP（2021）。

　　种植业是柬埔寨最为重要的农业部门。2019 年，种植业、畜牧业、渔业、林业产值占柬埔寨全国 GDP 的比例分别为 11.9%、2.3%、5.0%、1.4%（表 5-2），其中以水稻、玉米和木薯为主的种植业的规模最大。水稻是柬埔寨最主要的农作物，其种植面积占可耕地面积的 77.63%，湄公河、洞里萨河、百色河沿岸是主要的水稻产区。玉米的重要性次之，玉米种植区主要分布在东部高原和金边附近。此外，柬埔寨还种植橡胶、蔬菜、腰果、热带水果、黄豆、芝麻、花生、烟叶和剑麻等经济作物（农业农村部对外经济合作中心，2020）。

表 5-2　2012—2019 年柬埔寨第一产业各部门产值占全国 GDP 的比例（单位：%）

部门	2012 年	2013 年	2014 年	2015 年	2016 年	2017 年	2018 年	2019 年
种植业	20.1	18.4	17.1	15.8	14.6	13.7	12.8	11.9
畜牧业	3.9	3.5	3.3	3.0	2.8	2.6	2.4	2.3
渔业	7.2	6.9	6.4	5.9	5.7	5.5	5.3	5.0
林业	2.4	2.3	2.0	1.8	1.7	1.6	1.5	1.4
合计	33.6	31.1	28.8	26.5	24.8	23.4	22.0	20.6

资料来源：引自 NIS and MOP（2021）。

　　稻米、木薯、甘蔗、玉米、杧果、天然橡胶、棕榈油、胡椒等是柬埔寨的主要出口农产品（张保，2021）。其中，出口量占生产量比例超过 50% 的农产品有腰果、黄香蕉、木薯、杧果、龙眼。稻米的出口量仅占生产量的 6.32%（表 5-3）。

表 5-3　2020 年柬埔寨主要农产品产量和出口量

农产品	产量（t）	出口量（t）	出口量占产量比例（%）
腰果	242 324	230 981	95.32
黄香蕉	478 350	333 143	69.64
木薯	12 041 812	7 203 168	59.82
杧果	1 748 642	947 628	54.19
龙眼	196 712	102 280	51.99
胡椒	18 242	5 079	27.84
稻米	10 935 618	690 829	6.32

资料来源：引自 NIS and MOP（2021）。

由于水利灌溉系统不完善，加上种植技术落后，柬埔寨大部分农民只能耕种一季稻，稻米产量远远落后于其他主要的稻米生产国。受碾米设施和稻谷收购融资等因素影响，柬埔寨出口邻国近八成是未加工的稻谷。柬埔寨 2020 年出口稻米约 69 万 t（表 5-3），出口未加工的稻谷 240 万 t 至越南和泰国。越南和泰国商人向柬埔寨农民收购的稻谷价格，要比支付给本国农民的价格低 20%—25%。可见，由于缺乏加工能力，柬埔寨稻米出口的附加值低，直接影响贸易值。

柬埔寨渔业产值占 GDP 的比例仅次于种植业。渔业总产量的 90% 来自洞里萨湖和湄公河沿岸的淡水区域。畜牧业在柬埔寨农业中占比较低，以小规模生产为主；从畜牧种类看，主要以养殖猪、牛为主，家禽次之（农业农村部对外经济合作中心，2020）。

新冠疫情期间，因粮食需求增长，柬埔寨的农业产值逆势增长。2021 年，柬埔寨农业生产总值达 180 亿美元，比 2020 年增长逾 43%，其中种植业生产总值约为 105 亿美元、畜牧业生产总值约为 51 亿美元、水产品生产总值约为 17 亿美元、林业产品总值约为 0.79 亿美元、橡胶制品总值超 6.04 亿美元。2021 年，柬埔寨农产品出口总值超 50 亿美元，较 2020 年增长 25%（张保，2021）。

柬埔寨农业部门面临的挑战，包括电力和运输成本高、农业灌溉系统不完善和生产率增长较低。此外，缺乏低息融资渠道、基础设施支持以及机构协调，也制约了柬埔寨农业的发展。为了吸引更多的投资发展水利灌溉系统，增加稻田面积和产量（Samean，2021），加工过剩稻谷并积极发展其他稻米制品加工业，柬埔寨先后制定了《农业战略发展规划（2019—2023）》《农业行业总体规划2030》。计划到2025年，柬埔寨农业产品出口额达到出口总额的12％。柬埔寨整合各政府部门力量推进这些规划实施，推动农业现代化转型，使之成为生产率高、竞争力强的行业（Samean，2021）。

二、建筑业延续的劳动力基础

柬埔寨于古代鼎盛时期创造的吴哥窟，是建筑领域高水平的遗存。柬埔寨建筑建造工艺伴随农耕社会世代传承。近年来，柬埔寨政局稳定，经济持续增长，基础设施投入加大，带动了建筑业的蓬勃发展。

宏观来看，从2012年到2019年，柬埔寨建筑业产值占全国GDP的比例从6.5％上升为15.3％，上升了8.8％。在柬埔寨的第二产业部门中，2019年建筑业产值规模仅次于制造业，是柬埔寨的主导产业之一（表5-4）。

2015—2019年的五年间，建筑业成为柬埔寨GDP增长的主要推动力。这段时期内柬埔寨年均GDP增长率为7.1％，其中建筑业贡献率最高，为1.7％，超过了成衣制造业（1.4％）和旅游业（0.8％）对柬埔寨年均GDP增长率的贡献率。柬埔寨大量农业人口向城市迁移，投身于建筑业，促进了柬埔寨的城市化进程（WBG，2021）。建筑业和房地产业发展促进了柬埔寨的经济增长，但它们却严重依赖外来资本流入，这使得柬埔寨经济更容易受到外部经济条件变动的影响。

表5-4　2012—2019年柬埔寨第二产业各部门产值占全国GDP的比例（单位：％）

部门	2012年	2013年	2014年	2015年	2016年	2017年	2018年	2019年
采矿业	0.8	0.9	1.1	1.3	1.5	1.7	1.8	2.1
制造业	15.1	15.3	15.3	16	16	16	16.3	16.3
电力、燃气及水生产和供应业	0.5	0.5	0.6	0.5	0.6	0.6	0.6	0.6
建筑业	6.5	7.2	6.5	9.8	11.4	12.4	13.6	15.3
合计	22.9	23.9	23.5	27.6	29.5	30.7	32.3	34.3

资料来源：引自NIS and MOP（2021）。

在微观层面，据统计，2000 年到 2022 年 6 月底，柬埔寨共有 5.7 万个建筑项目获批，投资总额累计约 662 亿美元。其中，2019 年柬埔寨全国建筑业投资总额约 93.54 亿美元，比 2018 年同期增长 78.88%。2019 年柬埔寨共批准 4 446 个建筑投资项目，建筑面积达 1 854 万 m²。其中，因旅游业的带动作用，酒店建造成为柬埔寨建筑投资开发的热点领域。

三、成衣制造业出口替代的市场基础

在古代，柬埔寨人倚重优越的自然地理条件，并依靠水陆交通开展贸易往来，促成了手工业的发展，留下了传统的纺织工业技艺。著名的纺织品有手工布包、藤编包、水布（Krama）等。水布既是柬埔寨民众日常穿戴的传统织物，用途广泛；也是高棉人身份的象征物之一，成为柬埔寨世代相传的物质文化遗产；它还是柬埔寨旅游纪念品的优选，深受世界各国游客的青睐。

在全球产业转移的背景下，柬埔寨年轻且相对廉价的劳动力群体为成衣制造业（服装、鞋类和旅游商品）的发展增添了动力，吸引大量国外成衣制造业上下游企业落户柬埔寨。

2012—2019 年，柬埔寨制造业产值占全国 GDP 的比例从 15.1% 上升为 16.3%，保持了作为柬埔寨第二产业最重要部门的地位（表 5-4）。成衣制造业是柬埔寨制造业中最大的行业部门。2012—2019 年，成衣制造业产值占全国 GDP 的比例从 9.9% 上升到 10.7%，上升了 0.8%。食品、饮料和烟草制造业居柬埔寨制造业的次位，其产值占柬埔寨全国 GDP 的比例从 2012 年的 2.3% 上升为 2019 年的 2.4%（表 5-5）。柬埔寨制造业其他部门的规模相对较小。

表 5-5　2012—2019 年柬埔寨制造业各部门产值占全国 GDP 的比例（单位：%）

部门	2012 年	2013 年	2014 年	2015 年	2016 年	2017 年	2018 年	2019 年
成衣制造业	9.9	10.1	10.0	10.6	10.5	10.6	10.7	10.7
食品、饮料和烟草制造业	2.3	2.2	2.3	2.3	2.3	2.4	2.4	2.4
其他制造业	1.2	1.2	1.2	1.2	1.3	1.3	1.3	1.3
橡胶制造业	0.5	0.5	0.5	0.5	0.6	0.6	0.6	0.6

部门	2012 年	2013 年	2014 年	2015 年	2016 年	2017 年	2018 年	2019 年
木材、纸张和出版业	0.6	0.5	0.5	0.5	0.5	0.5	0.5	0.5
非金属制造业	0.5	0.5	0.5	0.5	0.5	0.5	0.5	0.5
基本金属和金属制品制造业	0.3	0.3	0.3	0.3	0.3	0.3	0.3	0.3
合计	15.3	15.3	15.3	15.9	16.0	16.2	16.3	16.3

资料来源：引自 NIS and MOP（2021）。

由于柬埔寨国内缺乏配套产业，大部分成衣制造商很少在当地采购原材料和配件，而主要从中国进口，柬埔寨承担劳动密集型的生产加工。柬埔寨经济和财政部已正式启动《柬埔寨服装、鞋类和旅游商品行业发展战略（2022—2027）》。该战略的愿景是"发展柬埔寨的服装、鞋类和旅游商品制造部门，使其成为环境可持续、有韧性、独特且极具竞争力的行业，重点发展高价值产品，并在 2027 年之前成为支持柬埔寨经济多样化的基础"，旨在将柬埔寨成衣制造业转变成为一个充满活力、多样化、高价值和有竞争力的行业。这一战略包括进一步改善国际贸易渠道，降低物流成本，促进贸易便利化；加强人力资源培训，提高生产力，为从业人员创造可行的职业道路，继续改善工作条件和从业人员福利；改善国内外投资领域，重点转向高附加值和高端产品；促进部门出口的市场多元化（Phanet，2022）。

四、受生产技术与基础设施制约的产业基础

柬埔寨产业以低技能和劳动密集型为特征。与东盟国家中，柬埔寨人均GDP、人均国民收入都处于相对较低的水平（图 5-1、图 5-2）。

从 2001 年到 2020 年，柬埔寨将重点放在依托低成本、丰富的劳动力资源吸引外国投资者，对劳动力质量的提升要求不高。2019 年，柬埔寨初中毕业率仅为 57.7%，显著低于中低收入经济体的平均水平（73.8%）。长期以来，柬埔寨家庭对教育投资长期经济回报知之甚少，贫困驱使青少年辍学进入劳动力市场以谋生。小学教师也只有小部分完成了中学学业。从业人员拥有的技能与

雇主期望的不匹配，进而阻碍了柬埔寨经济的多样化发展，制约了外国直接投资的进入。

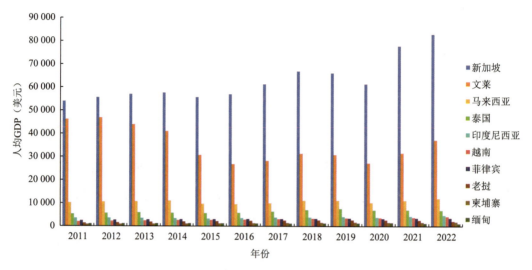

图 5-1 东盟十国人均 GDP 比较

资料来源：国家统计局国际统计信息中心等（2023）。

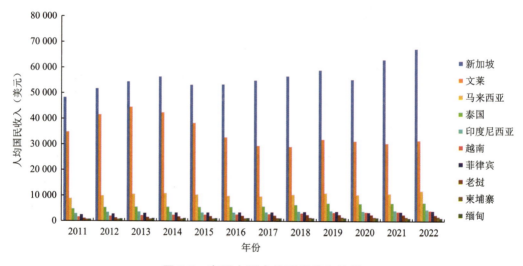

图 5-2 东盟十国人均国民收入比较

资料来源：国家统计局国际统计信息中心等（2023）。

柬埔寨尚不健全的基础设施也成为制约其经济发展的因素。根据世界银行发布的数据，从 2014 年到 2019 年，柬埔寨营商环境排名均位于东盟十国后列

（图 5-3）。2019 年，其营商环境排名为全球第 144 名（国家统计局国际统计信息中心等，2023）。世界银行发布的《2019 年营商环境报告》显示，柬埔寨企业在交通和物流方面的成本占总出口增加值的 14%，是泰国的 2 倍、马来西亚和越南的 3.5 倍。据亚洲投资开发银行测算，2013—2022 年柬埔寨为维持较高经济增长率需要 120 亿至 160 亿美元用于基础设施。

图 5-3 东盟十国营商环境全球排名

资料来源：国家统计局国际统计信息中心等（2023）。

为此，柬埔寨颁布一系列鼓励政策推动国内基础设施发展。比如，《柬埔寨王国投资法》将基础设施建设作为鼓励投资的重点领域。又如，出台多项基础设施建设发展规划。在交通领域，柬埔寨计划建设覆盖 10 个省（直辖市）的高速公路网络，连接重要经济区与邻国，航空通道建设也提上日程。在电力方面，柬埔寨计划在全国范围内建设三大主电网，实现"2030 年全国 70% 的家庭有电用"的目标。2022 年 4 月，柬埔寨全国村庄电网覆盖率达 98%，还有 2% 没有覆盖的，是分布在偏僻地区、深山野林的村庄以及水上房子。

第二节　经济发展现状特征

柬埔寨政府采取了一系列积极的经济政策，通过调整产业结构，减少对农业的依赖，鼓励发展制造业、建筑业、旅游业等产业，提高产业附加值和经济竞争力，力促从传统农业经济向更加多样化和现代化的产业结构转型；推动经济特区的布局，在政府划定的有利于经济发展的特定区域，通过给予特殊的税收、土地使用等优惠政策，创造良好的商业环境，吸引国内外投资，促进经济保持在较高增长水平。

一、经济规模明显增长

世界银行明确从 2016 年 7 月 1 日起，柬埔寨正式脱离最不发达国家行列，成为中等偏下收入国家。近年来，柬埔寨实行对外开放和自由市场经济政策，拓展对外出口市场，经济发展实绩显然。根据世界银行的数据，自 2011 年起，柬埔寨全国 GDP 增长率已连续九年保持在 6.9% 以上（图 5-4）。2019 年 GDP 为 270.3 亿美元，同比增长 7.1%，受新冠疫情影响，2020 年全国 GDP 同比下降了 3.1%。2021 年、2022 年柬埔寨经济恢复增长，GDP 同比增速分别为 3% 和 5.2%。从 2011 年到 2022 年，柬埔寨人均 GDP 已从 911 美元增长为 1 754 美元（图 5-5）。

二、产业结构逐步调整

从 2014 年到 2019 年，柬埔寨第一产业增速最慢，第二产业增速最快，第三产业的增速介于第一产业和第二产业之间（图 5-6）。从 2011 年到 2022 年，柬埔寨农业 GDP 占全国 GDP 的比例从 34.6% 下降为 21.9%；工业 GDP 占全国 GDP 的比例从 22.1% 上升为 37.7%。服务业 GDP 占全国 GDP 的比例从 37.5% 下降为 33.7%（图 5-7）。

图 5-4　2011—2022 年柬埔寨 GDP 增长情况

资料来源：引自国家统计局国际统计信息中心（2023）。

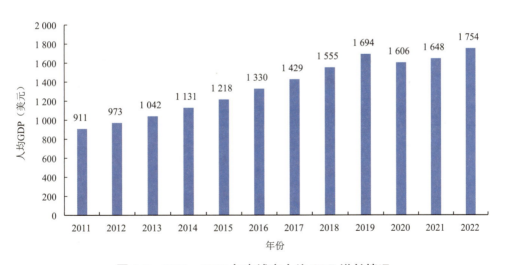

图 5-5　2011—2022 年柬埔寨人均 GDP 增长情况

资料来源：引自国家统计局国际统计信息中心（2023）。

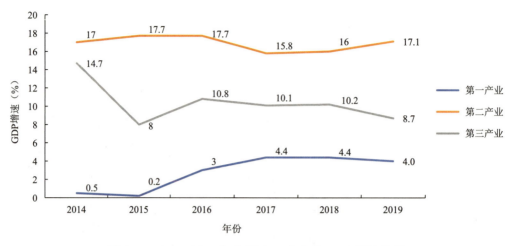

图 5-6　2014—2019 年柬埔寨三次产业 GDP 增速比较

资料来源：引自 NIS（2021）。

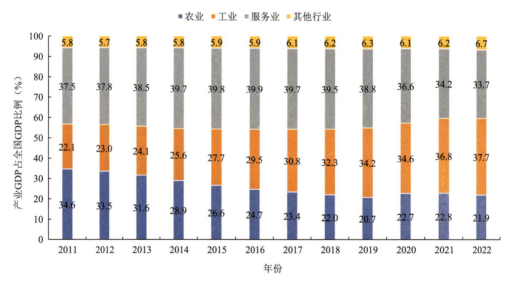

图 5-7　2011—2022 年柬埔寨三次产业 GDP 占全国 GDP 比例的变化

资料来源：引自 NIS（2022）。

三、全国推行经济特区

为加强产业集群发展，推动工业化进程，柬埔寨大力吸引外国投资。2005 年

12 月，柬埔寨颁布《关于特别经济区设立和管理的 148 号次法令》，开启经济特区建设。经济特区是指在柬埔寨境内由政府选址和建立与其他地区不同的商业和贸易法规的特定地理区域。经济特区提供"一站式"服务，以其完善的基础设施为企业和居民提供便利，包括备用电源、高效的排污和供水系统、畅通的道路网络、便捷的海关服务，以及税收优惠和政府配套服务机构，旨在促进经济发展和吸引投资。经济特区为外国投资者提供长达 50 年的可续期租约，允许进行土地开发或分租等经济活动。

据柬埔寨发展理事会统计，截至 2019 年年底，柬埔寨全国共有 54 个经济特区，主要分布在金边、西哈努克市、波贝、巴域等城市。2019 年，经济特区出口总额 26.88 亿美元，同比增长 27%。

金边经济特区成立于 2006 年，运营主体为日本企业控股的金边经济特区有限公司，总面积逾 3.5 km²。该特区距离金边国际机场仅 8 km，距离金边的市中心仅 18 km，前往金边内河港的交通十分便利，且毗邻通往柬埔寨主要海港城市西哈努克市的 4 号公路。金边经济特区及周边道路状况良好，可通行货柜车，特区内还有发电厂、净水设施（如未净化水库、滤水系统及水塔等）、污水处理厂、码头等，并提供互联网服务。金边经济特区内集中了劳动密集型轻工业企业，生产如服装、鞋类、加工食品及农产品、机电产品及其他消费品（如药品、包装制品）等。截至 2019 年，金边经济特区已吸引来自 12 个国家的 95 家制造业和服务业公司，并创造 32 000 个就业机会（陆积明，2022；Johnson，2022）。

西哈努克港经济特区（以下简称西港特区）位于西哈努克省波雷诺县，距离西哈努克市约 17 km，距西哈努克国际机场约 3 km，距西哈努克国际港口约 12 km，距首都金边约 210 km。该特区由中国江阴市红豆集团联合中柬企业共同开发建设。2008 年 2 月由柬埔寨前任首相洪森为其奠基。西港特区是中柬国家级经贸合作区共建"一带一路"的代表性项目（敏轩，2022）。围绕柬埔寨《2015—2025 年工业发展计划》中提出的"到 2025 年柬埔寨工业由劳动密集型向技术密集型转变"目标，西港特区旨在为企业搭建"投资东盟，辐射世界"的集群式投资平台。西哈努克自治港是柬埔寨最大的国际深水港码头，货物吞吐量占柬埔寨全国的 70% 以上，是柬埔寨与各国贸易往来的重要枢纽。近年来，得益于柬埔寨国内经济的稳定发展，西哈努克港的货物吞吐量持续上升，进一步增强了西港特区的优势。

西港特区规划面积 11.13 km²，实行产业规划与属地地理环境深度融合的发展定位，引进技术密集型产业及产业链配套企业，推进产城融合发展。现初步实现"五通一平"，开设"一站式"服务窗口，还建有两所开展技能和语言培训的大学，为入驻企业提供人力资源服务，并不断提升特区产业承接能力及平台服务能力，吸引来自中国和欧美、东南亚等地区的企业。其中，工业一期以发展成衣制造业、木业为主，工业二期立足临港优势，重点引入五金机械、建材家居、精细化工等产业。规划 300 家企业（机构）入驻，8 万—10 万产业工人就业，建设办公、医疗、培训、居住、商业等配套功能齐全的生态化样板园区。

面对新冠疫情的挑战，2020 年，西港特区全年进出口总额同比增长 26.52%；2021 年，进出口总额为 22.34 亿美元，同比增长 42.75%，实现了逆势快速发展，为当地发展提供了强劲动力（敏轩，2022）。

2022 年 2 月，柬埔寨发展理事会宣布通用智能（柬埔寨）有限公司协议投资额 19 亿元的轮胎厂项目通过审批，并正式开工。轮胎产品的主要原材料是天然橡胶，其成本直接受制于天然橡胶价格。柬埔寨作为世界第六大天然橡胶产地，在此建设生产线有利于大幅降低成本。通用智能（柬埔寨）有限公司是由江苏通用科技股份有限公司设立的全资子公司。该项目创造了 1 600 个工作岗位，是截至 2022 年 2 月西港特区内最大的投资项目。

波贝经济特区成立于 2014 年，运营主体为日本和柬埔寨合资的 Sanco Cambo 投资集团，开发面积 0.665 km²。波贝经济特区位于班迭棉吉省边境地区，是柬埔寨和泰国边境经济贸易重镇，距曼谷约 310 km，距暹粒约 155 km；距泰国林查班海港 250 km。波贝经济特区提供特别招工服务，给予企业招工补贴，比如，食物补贴标准为每人每天 0.5 美元或每月 12 美元，交通补贴为每月 7 美元，住宿补贴为每月 10 美元等，每位从业人员每月共计可获得 29 美元补贴。入驻的企业涉及电子加工和建筑用材、汽车零件制造等领域，包括日本发条株式会社（NHK Spring）、住商电子（Sumitronics Manufacturing）、钢铁枢纽（Steel Hub）等 10 家知名公司（中国国际贸易促进委员会，2020）。

曼哈顿（柴桢）经济特区建于 2005 年，是柬埔寨建立的第一个经济特区，位于柴桢省巴域市。由柬埔寨私营企业曼哈顿国际公司运营，开发面积 0.3 km²。该特区距金边约 125 km，距胡志明市约 60 km，区位优势明显。曼哈顿（柴桢）特区内设有政府"一站式"服务办公室，水电供给稳定充足且价格优惠，设有污水处理厂，并具开发环评执照，提供 24 h 轮值安保、园艺清洁等服务。曼哈顿（柴桢）特区已驻有 30 余家大型企业，包括阿迪达斯、彪马、克拉克、斯凯奇、优衣库、盖璞（GAP）等成衣、制鞋企业，富士达等金属加工企业，亿丰等塑料加工企业，美国车桥制造国际控股有限公司（American Axle and Manufacturing Holdings，Inc.）等电子零件企业，从业人员约为 3 万名（中国国际贸易促进委员会，2020）。

综上所述，柬埔寨的经济特区已成为吸引外资企业空间集聚、优化产业空间、促进柬埔寨经济和社会发展的重要载体。

第三节　经济发展功能分区

柬埔寨四大区域中，以首都金边为中心的中央平原地区地势平坦，集聚大量人口，是柬埔寨农业、制造业和服务业相对发达的地方；洞里萨地区凭借洞里萨湖的蓄水、灌溉功能和渔业资源优势发展农业，是柬埔寨重要的"鱼米之乡"；南部沿海地区是柬埔寨对外经贸的重要窗口，也是新兴的滨海旅游胜地；高原和山地地区则发展生态旅游业。

一、中央平原地区产业部类齐全

根据 2022 年柬埔寨经济普查数据，中央平原地区是全国企业数量最多的地区，拥有 386 464 家企业，占全国企业总数的 52.02%，本区企业密度为 19 家/km²（表 5-6）。

金边市位于柬埔寨中南部地区，是柬埔寨的政治、经济、文化和交通中心，拥有 156 879 家企业，占柬埔寨全国企业数量的比例为 21.12%，企业密度高达

231家/km²。曼谷—金边—胡志明市的东西走廊和西哈努克港—金边—湄公河上游地区的南北走廊两条经济走廊穿过金边市。柬埔寨85%的投资公司和商业企业位于金边市。得益于其首都功能以及柬埔寨积极参与东盟和世贸组织活动，金边市的旅游业、酒店业得到巨大发展，拥有柬埔寨50%以上的酒店客房和60%的旅行社，每年接待超过95万人次的游客。购物中心、批发和零售市场的商业兴旺。金边也是柬埔寨国际交流的门户，与超过15个国家的28座城市结成姊妹城市，其中包括中国的北京、上海、天津、昆明、长沙、深圳等城市。

表5-6　柬埔寨中央平原地区各省（直辖市）企业分布

省（直辖市）	省会	面积（km²）	企业（家）	企业数量占全国总数比例（%）	企业密度（家/km²）
金边市	—	679	156 879	21.12	231
干丹省	达克茂	3 179	52 765	7.10	17
波萝勉省	波萝勉	4 883	37 897	5.10	8
茶胶省	茶胶	3 563	44 061	5.93	12
磅湛省	磅湛	4 549	41 354	5.57	9
特本克蒙省	苏翁	525	29 879	4.02	57
柴桢省	柴桢	2 966	23 629	3.18	8
合计		20 344	386 464	52.02	19

资料来源：根据 NIS and MOP（2021）统计。

　　干丹省包围金边市，总面积3 179 km²。省会达克茂是首都金边的卫星城。凭借邻近首都的区位优势和发达的交通基础设施，逐渐成为柬埔寨热门的投资目的地（CDC，2013），商业和贸易发展潜力巨大。水陆交通方面，连接金边市的所有12条国道也都经过该省。上湄公河、下湄公河、洞里萨河和百色河4条大河流经该省。干丹省经济较为发达，拥有52 765家企业，占柬埔寨比例为7.1%（表5-6）。干丹省的支柱产业为农业、渔业，盛产稻米、杧果、花生、椰油等，干丹省着力发展食品加工业，利用丰富的大米和水果等农产品资源开拓本地和国际市场。另有纺织、丝绸制造、木雕等手工业。

　　波萝勉省位于柬埔寨东南部，拥有良好的交通基础设施。连接首都金边和越南胡志明市的1号国道穿过该省，为吸引国内外企业落户提供了便利交通。

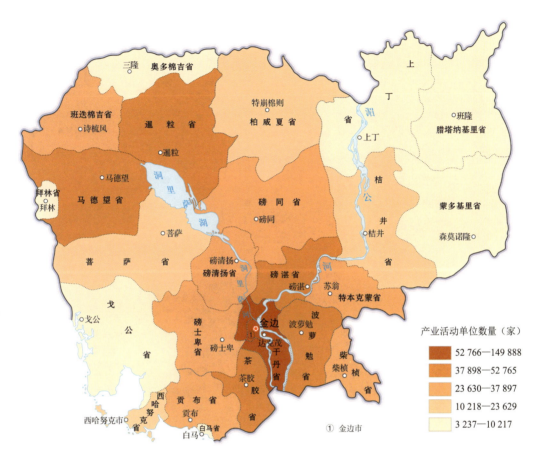

图 5-8 柬埔寨全国产业活动单位数量的空间分布

资料来源：根据 NIS and MOP（2021）绘制。

"波萝勉"在高棉语中意为大森林，但近 30 年大多数森林为农业用地取代。该省人口稠密，有湄公河提供的丰富水资源和洪水过后淤积的淤泥，利于渔业和农业发展。波萝勉省拥有 37 897 家企业，占柬埔寨全国企业总数的 5.1%。企业主要是为国际市场生产服装的工厂。

茶胶省位于柬埔寨南部。省会茶胶距金边约 87 km。茶胶省拥有美丽的自然风光和众多的历史遗迹，被称为"柬埔寨文明的摇篮"。与其他省份相比，其面积较小，但以"柬埔寨的饭碗"而闻名。良好的土壤条件和发达的灌溉系统使其水稻、玉米和蔬菜等农产品产量充足。有 5 条国道（2 号、3 号、21 号、31 号和 41 号）穿过该省，还有一条连接金边市和西哈努克省的铁路经过。此外，茶胶省还开发了通过茶胶河连接越南的水路运输路线。发达的交通基础设

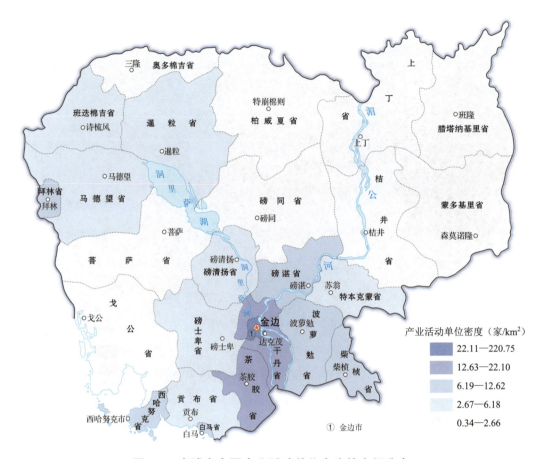

图 5-9　柬埔寨全国产业活动单位密度的空间分布

资料来源：根据 NIS and MOP（2021）绘制。

施为各类私营部门在国内和国际市场赢得了商业机会。2021 年，该省拥有 44 061 家企业，占柬埔寨全国企业总数的比例为 5.93％。

磅湛省位于柬埔寨中东部，距离金边约 124 km。湄公河纵贯该省中部，该地区地势平坦，气候较干热，农业兴旺。盛产水稻、橡胶、玉米、豆类、马铃薯、甘蔗、烟草、黄麻、棉花、香蕉和木薯等作物。值得一提的是本地排水良好的红色火山土使土层深厚，有利于橡胶生长，湄公河东岸分布有柬埔寨最大的橡胶园。湄公河沿岸的渔业繁荣，当地渔民收入丰厚。高地盛产木材，有橡胶加工、织布、榨油等工厂。磅湛省拥有 41 354 家企业，占柬埔寨全国企业总数的比例为 5.57％。

特本克蒙省位于湄公河中部低地。"特本克蒙"在高棉语中意为琥珀。该省

图 5-10　柬埔寨四大地区及各省（直辖市）的主导产业

资料来源：中国国际贸易促进委员会（2020）。

东部与越南接壤。该省成立时间较晚，2013 年 12 月 31 日根据法令从磅湛省独立，以提高行政效率。腰果、橡胶等是特本克蒙省的主要农产品。该省拥有29 879 家企业，占柬埔寨全国企业总数的比例为 4.02%。

柴桢省位于柬埔寨东南部，距金边约 125 km，距越南胡志明市仅 60 km。凭借其区位优势，该省建立了曼哈顿、大成、龙王 3 个经济特区，吸引了国内外大量轻工业企业，利用本地丰富的农业资源，促进食品加工行业的发展。该省拥有 23 629 家企业，占柬埔寨全国企业总数的 3.18%。

二、洞里萨地区产业发展均衡

洞里萨地区占全国国土面积的 31.50%，拥有 225 437 家企业，占全国企业总数的比例为 30.34%，企业数量密度为 3 家/km²。其中，吴哥窟所在的暹粒省是柬埔寨最为重要的旅游目的地。此外，马德望以及洞里萨湖沿岸也是重要的旅游目的地。

暹粒省位于柬埔寨西北部，通过 6 号国道与金边连接，两地相距约 314 km。除公路之外，机场、水道等交通基础设施完备。该省是通往世界著名的吴哥寺建筑群的门户。省会城市暹粒为柬埔寨第二大经济中心城市，拥有众多豪华酒店、风格迥异的殖民地建筑、喧闹的酒吧街等，迎接世界各地游客。该省拥有 48 554 家企业，占柬埔寨全国企业总数的比例为 6.54%（表 5-7）。

马德望省位于柬埔寨西部地区，与泰国接壤，通过 5 号国道连接金边，两地距离约 291 km。因发达的交通系统可以连接泰国和越南等国际市场以及暹粒和拜林等国内市场，马德望成为柬埔寨西部的商业中心（表 5-7）。得益于洞里萨湖，该省的渔业部门发展良好。而充沛的降水、完善的灌溉系统，为稻米以及木薯、玉米、豆类等其他经济作物的生产提供了条件，且产量迅速增长。农产品加工业和食品加工业已成为该省的主要产业。该省拥有 48 127 家企业，占柬埔寨企业总数的 6.48%。

班迭棉吉省位于柬埔寨西北部，距金边约 360 km。铁路将该省与金边连接起来。该省与泰国接壤，有 4 个边境口岸。农业是班迭棉吉省重要的产业部门，水库、主渠道和分灌等灌溉系统的建设，提高了水稻、木薯和其他作物的产量，满足了出口市场需求。除农业外，铁矿石、大理石等采矿业也较发达。该省较多的历史寺庙和鸟类保护区等，奠定了旅游业发展的基础。位于该省的波贝已成为柬埔寨和泰国之间重要的商贸和旅游中心，具有巨大的潜力。该省拥有 31 760 家企业，占柬埔寨全国企业数量的比例为 4.27%。

磅同省位于柬埔寨地理位置的中心，距离金边约 168 km，通过 6 号国道连接。交通基础设施完备，开展国内外贸易的区位优势明显。自然资源丰富，土地肥沃，水源充沛，盛产大米、橡胶、甘蔗、木薯、大豆、绿豆、玉米、花生、糖棕榈、芝麻等，为食品、饮料加工等行业提供基础原料。磅同省邻近洞里萨湖，淡水鱼等水产产量高。省内还有黄金、铁矿、砂石等各种矿产资源。200多座古庙构成的人文景观，同湖泊、河流、森林、山脉等自然景观，拉动了磅同省旅游业发展。该省拥有 33 060 家企业，占柬埔寨全国企业数量的比例为 4.45%。

磅清扬省亦位于柬埔寨中部，通过 5 号国道与金边联系，两地相距约 91 km。该省与洞里萨湖相连，拥有河流、运河灌溉系统，为水稻等农作物种植和牲畜养殖创造了有利条件。农作物包括水稻、玉米、豆类、芝麻、木薯、莲子、冬瓜、南瓜等。该省还拥有丰富的淡水鱼资源。磅清扬省的经济以农业和服装制造业为主，也发展建筑用砂和地下矿物开采业等。"磅清扬"在高棉语中意为陶器港，以精美的陶器闻名。当地人在非收获季节制作陶罐、花瓶和其他各种陶瓷。安东罗西村是著名的红色陶器发源地，几乎每家每户都能制作陶器。洞里萨湖以及漂浮村庄等景观，还有糖棕榈树映衬着的宁静稻田美景，构成磅清扬省独特的生态旅游资源。

表 5-7 柬埔寨洞里萨地区各省企业分布

省	省会	面积（km²）	企业（家）	企业数量占全国总数比例（%）	企业密度（家/km²）
暹粒省	暹粒	10 299	48 554	6.54	5
马德望省	马德望	11 702	48 127	6.48	4
班迭棉吉省	诗梳风	6 679	31 760	4.27	5
磅同省	磅同	13 814	33 060	4.45	2
磅清扬省	磅清扬	5 521	28 654	3.86	5
菩萨省	菩萨	12 692	20 440	2.75	2
奥多棉吉省	三隆	6 158	9 811	1.32	2
拜林省	拜林	803	5 031	0.68	6
合计		67 668	225 437	30.34	3

资料来源：根据 NIS and MOP（2021）统计。

菩萨省位于柬埔寨西部，距金边约 186 km，东部与磅清扬省和磅士卑省接壤，西部与马德望省和泰国接壤，南部与戈公省相邻，北部隔洞里萨湖与暹粒省、磅同省相望。该省因邻近泰国，具有很好的跨境贸易区位优势。菩萨省总土地面积 12 692 km²，其中 1/3 的土地为豆蔻山脉。菩萨省拥有矿产、渔业、林业等丰富的自然资源。靠近洞里萨湖的低地土壤肥沃，水源充足，在正常年景下水稻种植量居柬埔寨第二位，也种植玉米、马铃薯、香蕉、桑树、蔬菜、棉花、苎麻和黄麻。1975 年后修建起菩萨河水坝、巴塞山水库等若干水利工程，大大提高了农业生产力。这些工程中著名的有连接东胶河与马德望省的 63 km 长的运河，以及菩萨河水坝和巴塞山水库。该省管辖的洞里萨湖沿岸区域面积为 1.25 km²。菩萨省还是柬埔寨水力发电的供应基地。该省企业数量为 20 440 家，占柬埔寨全国企业总数量的 2.75%。

奥多棉吉省位于柬埔寨西北部，距离金边约 469 km，拥有丰富的森林、野生动物、淡水鱼等自然资源。该省经济主要以农业为基础。企业数量只有 9 811 家，占柬埔寨全国企业总量的比例为 1.32%。该省与泰国接壤，依托与泰国之间的边境贸易向泰国输出大量务工人员，并带回技术、资金，反哺本地经济发展。

拜林省位于柬埔寨西部豆蔻山脉的北缘，距离金边约 371 km，距离泰国边境约 25 km。北部、南部和东部与马德望省接壤，西部与泰国接壤。主要经济作物有橡胶、棉花、咖啡、玉米、马铃薯、坚果、芝麻和水果等。此外，拜林省以其珍贵的宝石矿藏而闻名。省域内也具有风景秀丽的山脉、瀑布和竹林等自然景观。该省拥有 5 031 家企业，占全国企业数量的比例为 0.68%。

三、南部沿海地区产业部门趋多

南部沿海地区拥有 50 670 家企业，占全国企业数量的比例为 6.82%，企业数量密度为 3 家/km²。

贡布省位于柬埔寨南部，邻近泰国湾，距西哈努克港 110 km。贡布省省会贡布在 19 世纪曾是柬埔寨的第一大港。贡布省备受国内外游客青睐，这里有丰富的自然景观、便利的区域交通和法国占领时期的城镇建筑遗存。从避暑胜地波哥山国家天然公园的最高点可以俯瞰西哈努克市、白马省的海滨风光和贡布的天然景色。贡布省以丰富的海洋和农业资源为基础，发展食品和饮料加工业，制造包括鱼露、酱油、辣椒酱、面条、葡萄酒、面包、瓶装饮用水等产品。尤其因出产世界上最好的胡椒粉而闻名，法国顶级餐厅采用该省生产的胡椒。近年来，贡布省制衣制鞋业、水力发电和建筑业也有所发展。该省拥有 23 606 家企业，占全国企业总数的 3.18%（表 5-8）。

表 5-8　柬埔寨南部沿海地区各省企业分布

省	省会	面积 （km²）	企业 （家）	企业数量占全 国总数比例（%）	企业密度 （家/km²）
贡布省	贡布	4 873	23 606	3.18	5
西哈努克省	西哈努克市	1 938	16 215	2.18	8
戈公省	戈公	10 090	7 480	1.01	1
白马省	白马	336	3 369	0.45	10
合计		17 237	50 670	6.82	3

资料来源：根据 NIS and MOP（2021）统计。

西哈努克省位于柬埔寨西南部，距首都金边约 230 km。该省海岸线长，岛屿较多，拥有全国唯一的具有独特生态栖息地和生态旅游发展潜力的海洋国家公园。西哈努克省资源丰富，在此基础上，商业、工业、农业以及旅游业齐头并进，为柬埔寨金边市和暹粒省以外的又一经济增长极。该省水陆交通便利，有铁路运输系统以及海洋港口。该省拥有 16 215 家企业，占全国企业数量的比例为 2.18%。

戈公省位于柬埔寨西南部，西邻泰国湾和泰国，距金边约 290 km。该省在西哈努克省和泰国边境之间有一条 200 km 长的未开发的海岸线。全省有大小岛屿 23 个，珊瑚礁 9 个，有野生动物资源和森林、瀑布、历史遗迹等景观，纯天然的生态环境使得游客逐渐增多。该省拥有 7 480 家企业，占全国企业总数的比例为 1.01%。

白马省位于泰国湾畔。该省山脉连绵，丛林和红树林密布，岛屿环绕，为农业、渔业、旅游业和海产品加工业提供基础。白马省的海滩、国家公园、红树林、珊瑚、海草、综合生态等都是吸引国内外游客的热点。2021 年，白马省拥有 3 369 家企业，占全国企业数量的比例为 0.45%。

四、高原和山地地区农林部门居多

柬埔寨高原和山地地区拥有 80 369 家企业，占全国企业数量的比例为
10.82％，企业密度为 1.18 家/km²。

磅士卑省经 4 号国道，向东可达金边，向南可达西哈努克港。省会磅士卑
距金边约 40 km。该省种植水稻、甘蔗、糖棕榈、玉米、木薯和水果等，发展
农产品加工业。糖棕榈和葡萄酒颇具人气。成衣制造业也有一定规模。各种文
化遗址和山地景观是磅士卑省旅游业发展的主要资源。该省拥有 34 646 家企
业，占柬埔寨全国企业数量的比例为 4.66％（表 5-9）。

表 5-9　柬埔寨高原和山地地区各省企业分布

省	省会	面积 （km²）	企业 （家）	企业数量占全国 总数比例（％）	企业密度 （家/km²）
磅士卑省	磅士卑	7 017	34 646	4.66	4.94
桔井省	桔井	11 094	13 970	1.88	1.26
柏威夏省	特崩棉则	13 788	10 217	1.38	0.74
腊塔纳基里省	班隆	10 782	9 746	1.31	0.90
上丁省	上丁	11 092	7 180	0.97	0.65
蒙多基里省	森莫诺隆	14 288	4 610	0.62	0.32
合计		68 061	80 369	10.82	1.18

资料来源：根据 NIS and MOP（2021）统计。

桔井省分为东北部和西南部两部分。东北部是高原地区，由茂密的森林、
多种牧草和肥沃的红壤组成，发展畜牧业以及橡胶、胡椒和腰果等种植业。该
省西南部平原由高度肥沃的土壤组成。该省处湄公河沿岸地区种植水稻、玉米
和豆类等农作物。潮湿平原地区是稀有的伊洛瓦底淡水豚和其他鱼类的栖息地，
这也成为该省的主要旅游资源。该省拥有 13 970 家企业，占柬埔寨全国企业数
量的比例为 1.88％。

柏威夏省位于柬埔寨北部，距离金边约 294 km。该省森林茂密，人口稀
少，交通不便。经济产值的 85％源于农业，其余 15％来源于渔业和其他部门。

柏威夏寺历史悠久，矗立在 550 m 高的峭壁上，可俯瞰整个柬埔寨平原，于 2008 年被认定为世界文化遗产。该省拥有 10 217 家企业，占柬埔寨全国企业总数的比例为 1.38%。

腊塔纳基里省位于柬埔寨东北部，与越南接壤，省会班隆距离首都金边约 588 km。该省地处高原，气候凉爽，拥有肥沃的红壤，有利于经济作物的生长。少数民族在此聚居，人口约占该省总人口的 75%。大多数少数民族仍以自给自足的方式生活，以采集林产品为生。全省拥有 9 746 家企业，占柬埔寨全国企业数量的比例为 1.31%。

上丁省位于柬埔寨东北部，与越南接壤，距离首都金边约 481 km，北部与老挝接壤，东部是腊塔纳基里省，西部为柏威夏省，南部与桔井省和磅同省为邻。湄公河、西贡河、西山河和斯雷博河在上丁省交汇。该省 85% 的人口生活在农村地区，依托肥沃的土地和良好的灌溉系统，以农业耕作为生，从事包括种植业（生产橡胶、木材和经济果实）、牲畜养殖业、渔业和丝织品制造业等。伊洛瓦底淡水豚是流经上丁省的湄公河段的珍稀生物。腊塔纳基里省拥有 7 180 家企业，占柬埔寨全国企业总数的 0.97%。

蒙多基里省位于柬埔寨东部，距离首都金边约 382 km，是柬埔寨面积最大的省份。山地、丘陵广布，植物种类繁多，土地、水资源丰富，农业和农产品加工业是其主要产业。有 10 多个少数民族分布在山区，保留着各自的文化传统和生活方式。该省拥有 4 610 家企业，占柬埔寨全国企业数量的比例为 0.62%。

第四节 经济转型发展战略

2023 年 8 月，柬埔寨政府在"四角战略"的基础上发展出"五角战略"，即围绕经济增长、创造就业、公平、效率和可持续性五个方面推动柬埔寨发展，以推动人力资源发展、经济结构多元化转型、扩大就业机会，从而促进经济融入区域及全球生产网络（RGC，2015）。

一、"五角战略"的提出

1998 年，以洪森为首的柬埔寨政府提出并实施促进国家发展建设的"三角战略"，即从内政稳定、经济发展和重返国际社会进行重点发展。

2004 年，柬埔寨提出"四角战略"，围绕提高农业生产、发展私营部门经济和增加就业、恢复与重建基础设施、培训人才与发展人力资源重点发展，并根据国内外政治经济形势变化，不断丰富、拓展、调整重点发展领域。旨在通过有效管理和深入改革，促进柬埔寨的经济增长，解决民众就业，保障社会平等与公正。

从 2018 到 2023 年，柬埔寨政府实行了"四角战略"的第四期[①]（图 5-11）。主要包括：

第一，人力资源发展是"四角战略"不同发展期（阶段）的首要任务，尤其在第三期和第四期成为重中之重的策略。具体措施包括提高教育、科学和技术领域的质量，开展职业培训，提升公共卫生服务和公众营养水平，加强性别平等和社会保护四方面内容。

第二，为扩大出口、提高经济活动的附加值，建立多个经济支柱，推行经济多元化，从而维持中长期的经济高增长。为此，围绕四个方面优先发展的举措包括：①完善物流系统并加强交通、能源的数字化水平；②开发关键的和新的增长来源；③为数字经济和第四次工业革命做好准备；④促进金融和银行业的发展。

第三，发展私营部门和促进就业。私营部门是柬埔寨在市场经济发展中的重点，在促进经济增长和社会经济发展方面起着关键作用。为此，国家通过一系列综合措施来发展私营部门，主要包括：①促进就业市场发展；②促进中小企业发展和培育创业精神；③组织和实施公私合作伙伴；④引入竞争机制，加强竞争。

---

① OpenDevelopment Cambodia，2020. Rectangular Strategy Phase 4 of the Royal Government of Cambodia，https://data. opendevelopmentcambodia. net/en/dataset/rectangular-strategy-phrase-4-of-the-royal-government-of-cambodia. 2020-10-01.

第四，随着经济高速增长，柬埔寨更加关注包容性和可持续发展。面对农业部门增长缓慢、自然资源管理效率有限、城市化快速增长但不均衡、应对气候变化能力有待提高等重大挑战，柬埔寨优先考虑的发展措施包括：①促进农业部门和农村发展；②可持续管理自然资源和文化；③加强城市化管理；④保障环境的可持续性并做好应对气候变化的准备。

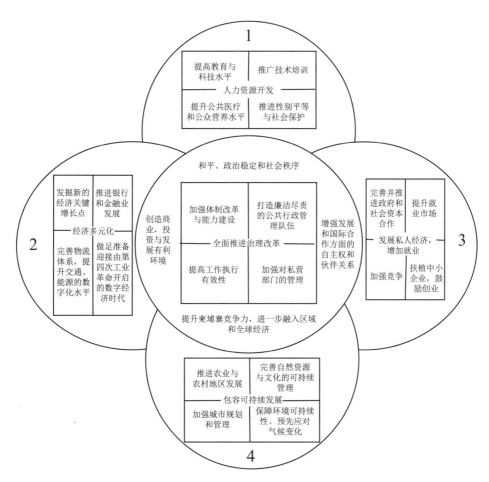

图 5-11　柬埔寨"四角战略"第四期发展规划

资料来源：引自王灵桂等（2021）。

2023 年，柬埔寨王国政府第七届国民议会推出了"五角战略"第一期，柬埔寨总理洪玛奈指出"五角战略"旨在实现经济增长、创造就业、公平、效率和可持续发展，以实现"柬埔寨 2050 愿景"，作为有效实施"政治纲领"的社会经济政策议程。"五角战略"的具体目标则是：①确保每年平均经济增长率在

7％左右；②为柬埔寨人特别是年轻人创造更多的就业机会，包括在数量和质量上的提升；③实现减少贫困至低于10％的目标，并继续将贫困率保持在最低水平；④继续加强治理能力，提高国家和地方的公共机构服务质量，以确保公共服务效率，加强私营部门治理，建立有利于商业、投资和贸易的环境；⑤确保可持续的社会经济发展，并增强应对气候变化的韧性（Panha，2023）。

二、构建国家创新系统

国家创新系统（National Innovation System，NIS）的概念（Freeman，1987；Lundvall，1992）越来越多地被各国政府及经济合作与发展组织、联合国、世界银行等发展组织和全球金融机构使用，以帮助决策者采取有效干预措施，促进科技创新的发生与发展。

国家创新系统各组成部分间的相互依赖意味着一个功能良好的国家创新系统需要每个子系统在合理的效率水平上运行。为实现这一目标，拥有国家政策"舞台"是有利的，如研究和创新政策委员会、国家信息院向政府提供建议和协调。整体来看，柬埔寨国家创新能力相对较弱，2020年全球创新指数显示，柬埔寨在131个国家中排名第110位，在东盟国家中排名倒数第三。柬埔寨在教育支出、高等教育入学率和知识密集型就业方面得分特别低。为此，柬埔寨提出大力构建国家创新系统。柬埔寨将国家快速发展与科技创新密切联系，通过加强国家创新系统来推进工业化和现代化。为加强国家创新系统建设，柬埔寨改革产业结构，以支持工业发展，特别是与技能培训和技术教育、金融部门发展、技术与创新以及原材料供应等有关的领域。此外，由于技术与创新对工业发展和转型起到至关重要的作用，柬埔寨通过建立特定机制和程序来解决行业问题，尤其关注促进政府、企业、大学、研究机构之间的联系，推动产品开发和新技术应用。通过加强监管力度、完善创新基础设施和融资渠道、注重创新教育体系建设等途径推动经济逐步转型。

柬埔寨为推进产业创新调整了政府结构，2014年，柬埔寨成立了部际国家科技委员会，2020年更名为全国委员会。2020年3月，《工业、科学、技术和创新部设立法》的签署使柬埔寨工信部取代了之前的工业和手工业部。柬埔寨参加了东盟科学、技术和创新委员会，该委员会支持东盟在科技与创新领域的合作，并推动在《2016—2025年东盟科学、技术和创新行动计划》内的领域实施计划和活动。

三、完善基础设施与融资体系

为了进一步促进柬埔寨的创业，联合办公空间、孵化器和加速器等创业组织快速发展。柬埔寨还制订区域加速计划，如湄公河老虎加速器（Tiger Mekong）、亚太Top 100（Echelon Top100 APAC）、湄公河商业倡议（Mekong Business Initiative）和"种子之星"训练营（Seedstars Bootcamp），为培育孵化创新创业创造条件。柬埔寨初创企业通过参与区域竞赛和活动建立网络、接触到新的想法，并增加其知名度以获得资金支持。比如，每年柬埔寨举办的ICT奖和女性科技奖，柬埔寨邮政和通信部通过引入广泛的大众参与，提高当地初创企业和企业家形象，推动角色塑造和媒体传播，扩大孵化器宣传推介，为大学、企业、机构搭建平台，开展竞赛，孵化项目，集成转化。

柬埔寨创业发展基金是由公私伙伴关系管理的，董事会由政府当局（经济和财政部长为主席）与私营部门组成。总体而言，柬埔寨通过促使货币稳定、资本流动宽松和市场开放，逐步改善全国的投资前景。比如，柬埔寨政府创业发展基金以每年500万美元的预算支持初创企业。该基金设立于2019年，自2020年初开始运营，用以支持企业家、创新型初创企业、潜在中小企业和合作机构实施任何创新活动，为柬埔寨经济创造经济附加值。创业发展基金为企业和孵化设施提供赠款和股权匹配资金，并为企业家和初创企业提供服务（ESCAP，2021）。四个重点领域包括信息通信技术（如金融科技）、农产品加工（出口农业）、制造业（产业集群和进口替代）、服务业（如旅游）。

四、推动教育体系转型升级

柬埔寨在教育领域取得了重大进展。从2015年到2018年，教育普及率不断上升。在柬埔寨118所公立和私立高等教育机构中，大多数都提供与商业有关的课程，约 30％ 的机构提供信息技术和工程课程。商科是最受欢迎的专业之一。近些年高等教育领域开始重视创业教育。为了应对人们对科技商业日益浓厚的兴趣，金边的几所顶尖大学已在创业和科技教育之间架起平台（Kem et al.，2019）。

近年来，柬埔寨实施《2017—2025 年国家技术和职业培训政策框架》《柬埔寨资格框架》《国家胜任力标准》等与教育相关的政策，建立了从职业教育到高等教育机构的认证框架，在多地建立技术培训示范中心，创设国家职业教育日，这些行动使柬埔寨劳动力市场日益多样化。

同时，高等教育的改革初见成效。柬埔寨的科学研究主要集中在大学和公共研究机构，这些机构出版科学出版物。这种科研产出是动态上升的，比如，从 2000 年前很少或没有发表论文，到 2018 年每年发表约 500 篇论文，其中 80％ 是科学论文。同时，柬埔寨还与国际研究机构紧密合作，2008 年至 2013 年，96％ 该国发表的论文涉及至少一位国际合著者，这一趋势也提高了论文的被引率。柬埔寨将亚洲地区（泰国和日本）和欧美地区（美国、英国和法国）的专家和学者列为最密切的合作者（UNESCO，2015）。柬埔寨的国家研究和教育网络中心部门是专门提供互联网服务的机构，支持研究和教育社区的需求。

参 考 文 献

［1］陈伟、叶尔肯·吾扎提、熊韦等："论海外园区在中国企业对外投资中的作用——以柬埔寨西哈努克港经济特区为例"，《地理学报》，2020 年第 6 期。

［2］国家统计局国际统计信息中心、广西壮族自治区统计局、国家统计局广西调查总队：《中国-东盟统计年鉴（2020）》，中国统计出版社，2021 年。

［3］国家统计局国际统计信息中心、广西壮族自治区统计局、国家统计局广西调查总队：《中国-东盟统计年鉴（2023）》，中国统计出版社，2023 年。

［4］柬埔寨西哈努克港经济特区："港产联动，西港特区与西港港口成发展共同体"，http://www.ssez.com/touzi.asp? nlt＝1101，2017 年 12 月 12 日。

［5］陆积明："金边经济特区 2021 年净利增长近八成"，《柬中时报》，2022 年 2 月 15 日。

［6］敏轩："西港与西港特区：17 公里的距离两个不同的世界"，中国经济网，http://www.ce.cn/cysc/zljd/zlwlx/gd/202202/20/t20220220 _ 37342403. shtml，2022 年 2 月 20 日。

［7］农业农村部对外经济合作中心："柬埔寨农业发展与澜湄农业合作进展简报"，http://www.fecc.agri.cn/gjhz/202001/t20200114 _ 344787.html，2020 年 1 月 14 日。

［8］欧阳开宇："柬埔寨制定农业发展路线图　设定年增长率目标"，中国新闻网，https://www.chinanews.com.cn/gj/2022/01-17/9654598.shtml，2022 年 1 月 17 日。

［9］王灵桂、〔柬〕宋独、赵江林等：《面向命运共同体的中柬全面战略合作伙伴关系：中外联合研究

报告 No. 9》，社会科学文献出版社，2021 年。

[10] 张保："中柬合作对柬农业意义重大"，《经济日报》，2021 年 5 月 26 日。

[11] 中国国际贸易促进委员会：《企业对外投资国别（地区）营商环境指南：柬埔寨（2020）》，2020 年。

[12] 中新社："柬埔寨计划将白马打造成为与暹粒齐名世界旅游目的地"，https://baijiahao. baidu. com/s? id=17863254431022496602&wfr=spider&for=pc，2023 年 12 月 25 日。

[13] CDC（Council for the Development of Cambodia），2013. Cambodia Municipality and Province Investment Information. https://www. jica. go. jp/Resource/cambodia/english/office/others/c8h0vm000001oaq8-att/investment_02. pdf.

[14] Cohen，W. M. ，D. A. Levinthal，1990. Absorptive capacity：A New perspective on learning and innovation. *Administrative Science Quarterly*，Vol. 3.

[15] Daniel，C. ，M. Kunmakara，2013. Combodia's economic growth revised. *The Phnom Penh Post*，February 21.

[16] ESCAP Economic and Social Commission for Asia and the Pacific of the United Nations），2021. Shaping a Sustainable Energy Future in Asia and the Pacific：A Greener，More Resilient and Inclusive Energy System. United Nations.

[17] Freeman，C. ，1987. *Technology，Policy，and Economic Performance：Lessons from Japan*. Pinter Publisher，p. 155.

[18] Johnson，G. ，2022. Hiroshi Uematsu highlights the benefits of SEZs in Cambodia. *Cambodia Investment Review*，February 16.

[19] Heng，P. ，2019. Preparing Cambodia's Workforce for a Digital Economy. Konrad-Adenauer-Stiftung digital insight.

[20] Kem，B. ，Z. Ng，J. Sou，*et al.* ，2019. Cambodia's Vibrant Tech Startup Ecosystem in 2018. Mekong Strategic Partners and Raintree Development.

[21] Kunmakara，M. ，2022. Long road to resilient development. *The Phnom Penh Post*，February 6.

[22] Lundvall，B. ，1992. National Systems of Innovation：Toward a Theory of Innovation and Interactive Learning. In Lundvall，B. *The Learning Economy and the Economics of Hope*. Anthem Press，pp. 317.

[23] NIS（National Institute of Statistics，Kingdom of Cambodia），MOP（Ministry of Planning，Kingdom of Cambodia），2021. Statistical Yearbook of Cambodia 2021. https://nis. gov. kh/nis/yearbooks/StatisticalYearbookofCambodia2021. pdf.

[24] NIS，MOP，2022. Economic Census in the Kingdom of Cam-bodia 2022. https://data. opendevelopmentcambodia. net/km/dataset/88e54330-6deb-43c2-a667-047f50522762/resource/5e558c48-f016-409b-b1ca-6990745de8ea/download/economic_census_cambodia__00. 12. 2022. pdf.

[25] Panha，2023. Pentagonal Strategy-Phase I Focuses on Five Key Priorities. https://www. information. gov. kh/articles/111673.

[26] Phanet，H. ，2022. Garment sector strategy 'due soon'. *The Phnom Penh Post*，February 21.

[27] RGC（Royal Government of Cambodia），2015. Cambodia Industrial Development Policy 2015-2025. https://cdc. gov. kh/wp-content/uploads/2022/04/IDP-English. pdf.

[28] RGC，2018. Rectangular Strategy Phase 4. https://data. opendevelopmentcambodia. net/en/dataset/rectangular-strategy-phrase-4-of-the-royal-government-of-cambodia.

[29] Samean，L. ，2021. Experts：Agricultural hurdles need addressing. *The Phnom Penh Post*，No-

vember 16.

[30] Serger, S. S., E. Wise, E. Arnold, 2015. National Research and Innovation Councils as an Instrument of Innovation Governance-Characteristics and Challenges. VINNOVA.

[31] UNESCO (United Nations Educational Scientific and Cultural Organization), 2015. UNESCO Science Report: Towards 2030-Executive Summary. UNESCO Publishing, p. 711.

[32] WBG (World Bank Group), 2021. Resilient Development: A Strategy to Diversify Cambodia's Growth Model: Cambodia Country Economic Memorandum. https://documents1. worldbank. org/ curated/en/099925001262213662/pdf/P1719580f183f60bb0ac1e01e64a9c905ea. pdf.

第六章　农业发展与空间布局

東埔寨自然条件优越，土地肥沃，是传统的农业国。1993 年以来，农业仍然是東埔寨经济发展战略的第一要务，种植业是其最为重要的农业部门，除种植水稻外，还种植木薯、腰果、玉米、豆类、橡胶等热带经济作物，饲养家禽和牲畜。東埔寨成为全球具有发展潜力的热带经济作物出口国。

東埔寨经济发展的"四角战略"，将加快农业发展作为其经济发展的重要目标。农业发展的重点是农业部门多样化、提升农业生产力。为此制定的策略包括农业多样化、土地改革、渔业及水产改革、林业改革等多方面，促使农业成为经济增长和减贫的主要动力。同时，现代农业的机械化逐步推进，随着耕地面积的不断扩大，東埔寨农业由自给自足的小农经济向商业化农业转型（MOWARM，2010）。

第一节　农业经济的主导地位

東埔寨"四角战略"以制订中长期计划推进农业经济发展和提升农业技术。通过公共投资优先于农业、鼓励私人投资等途径寻求贷款支持农业，同时发展农业合作社，推行"一村一品"发展策略，扩大种植面积，增加产量，增加出口。東埔寨农业生产从自给型向半商品化、商品化过渡（Kem，2017）。

一、农业的总量规模增大

2021 年，柬埔寨农业（种植业、林业、渔业和畜牧业）生产总值达 180 亿美元，比 2020 年增长 43% 以上，其中农产品生产值为 105 亿美元，畜牧业生产总值为 51 亿美元，水产品生产总值为 17 亿美元，林业产品总值为 7 863 万美元，橡胶制品总值超 6.04 亿美元。柬埔寨 2021 年农产品出口总值超过 50 亿美元，较 2020 年相比增长 25%（欧阳开宇，2022）。2022 年，柬埔寨出口 860 万 t 农产品，比 2021 年的 790 万 t 增长 7.8%，价值近 50 亿美元。

柬埔寨农业主要以稻米种植为主。国家先后推出降低运输和储存及出口成本等举措以提高稻米产品及出口的竞争力，水稻价格逐渐回升。2019 年，柬埔寨水稻产量约 1 088.6 万 t（表 6-1）。相比 1980 年的 191 万 t、1990 年的 250 万 t、2000 年的 404.1 万 t、2010 年的 825 万 t，水稻产量呈倍数增长，且平均产量翻番。

表 6-1　1980—2019 年柬埔寨水稻种植面积和产量

年份	种植面积（km²）	收获面积（km²）	产量（万 t）	平均产量（t/km²）	年份	种植面积（km²）	收获面积（km²）	产量（万 t）	平均产量（t/km²）
1980	14 410	14 400	171.7	120	1990	18 900	18 550	250	130
1981	14 930	13 170	149	110	1991	19 100	17 190	240	140
1982	16 740	16 150	194.9	120	1992	18 530	16 854	222.1	130
1983	17 400	16 109	203.9	130	1993	18 566	18 236	238.3	130
1984	14 180	9 780	126	130	1994	19 240	14 946	222.4	150
1985	14 620	14 500	181.2	120	1995	20 860	19 240	344.8	180
1986	15 350	15 200	209.3	140	1996	21 709	18 790	345.8	180
1987	13 780	13 700	181.5	130	1997	20 760	19 287	341.5	180
1988	18 790	18 250	250	140	1998	21 040	19 626	351	180
1989	19 320	18 610	267.2	140	1999	21 576	20 795	403	190

续表

年份	种植面积（km²）	收获面积（km²）	产量（万 t）	平均产量（t/km²）	年份	种植面积（km²）	收获面积（km²）	产量（万 t）	平均产量（t/km²）
2000	21 575	20 794	404.1	190	2010	27 959	27 773	825	300
2001	22 411	19 033	409.9	220	2011	29 685	27 666	878	320
2002	20 131	19 946	382.3	190	2012	30 075	29 803	929.1	310
2003	23 142	22 420	471.1	210	2013	30 524	29 690	939	320
2004	23 469	21 088	417	200	2014	30 555	30 288	932.4	310
2005	24 380	24 145	598.6	250	2015	30 514	30 256	933.5	310
2006	25 414	25 171	626.4	250	2016	31 181	30 997	995.2	320
2007	25 859	25 670	672.7	260	2017	32 065	31 894	1 051.8	330
2008	26 157	26 134	717.6	270	2018	33 359	32 480	1 089.2	340
2009	27 191	26 746	758.6	280	2019	33 288	32 637	1 088.6	330

数据来源：引自 MAFF（2021）。

柬埔寨拥有大片的森林资源，森林覆盖率较高。林业对柬埔寨的经济贡献也非常大。柬埔寨的木材、木制品和橡胶等产品是主要的出口商品。2019 年柬埔寨橡胶产量达到 19.3 万 t，增幅 33%。柬埔寨湄公河和洞里萨湖流域拥有丰富的淡水渔业资源。柬埔寨的渔业以捕捞业和养殖业为主，对国内食品供给及安全都有重要影响。柬埔寨的牧业以牛、猪和家禽养殖业为主，牲畜养殖对柬埔寨人民的食品供给和安全与农村经济发展有着重要作用。

二、农业在三次产业中的比例变化

从产业结构调整及演变趋势来看，1997—2020 年，柬埔寨经济结构变化明显，农业在 GDP 中的占比逐步降低，服务业、工业占比提升（图 6-1）。世界银行统计数据表明，受城乡联系薄弱、土地所有权不安全、公共和私营部门投资不足、交通运输不足等因素的影响，柬埔寨农业增长相对缓慢，农业部门在国内生产总值和就业中所占份额下降。2014—2018 年，农业在 GDP 增加值中的比例从 31% 下降到 22%；至 2019 年，柬埔寨农业增加值占 GDP 的比例为 26%，增长速度低于工业和服务业。但因农业从业人员多，2019 年柬埔寨农业就业岗位占总就业岗位的40%，是消除农村贫困的关键渠道。农业仍然是柬埔寨经济发展的强大基础。

柬埔寨始终把农业作为优先发展的产业部门（RGC，2010）。政府出台了提高农业生产力和促进多样化、土地改革等方面的政策，打通稻米生产、收集、加工、物流和销售以及出口的产业链，消除稻米出口的障碍。

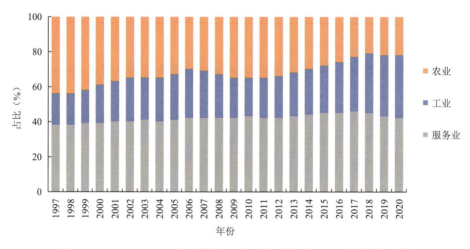

图6-1　1997—2020年柬埔寨三次产业产值占GDP份额的变化

资料来源：引自Statistia Cambodia（2020）。

三、农业内部结构的变化

从农业的内部行业构成来看，种植业、渔业、畜牧业以及林业等部门对产业经济的贡献率差异较大，其中，种植业的贡献率最大，渔业的贡献率次之，畜牧业、林业居后；不同年份的贡献率略有波动（图6-2）。2015年，种植业约占农业增加值的60%，渔业占比22%，畜牧业占比11%，林业占比7%。种植业产量的增长是由于耕地面积的扩大、大规模商业种植投资的涌入，以及生产力的提高，相应地提升了种植业的出口量。

柬埔寨的经济发展呈现日益市场化的趋势，为农业和其他行业的投资铺平道路。柬埔寨农业发展对外国直接投资具有依赖性，外国直接投资对农业投资的变化可对柬埔寨不同农业部门产生深远的影响。从 1993 年到 2017 年，柬埔寨农业外国直接投资流入整体呈现出增长的趋势（Nith and Ly，2018）（图 6-3）。

图 6-2　1993—2015 年柬埔寨农业子部门产值占 GDP 的份额变化

资料来源：引自 Kem（2017）。

图 6-3　1993—2017 年外国直接投资在柬埔寨不同农业部门的投资变化

资料来源：引自 Nith and Ly（2018）。

外资增加对柬埔寨农业投资的原因，一是税收优惠，柬埔寨政府取消了进口农业投入品（种子、化肥、杀虫剂和农业设备）的关税；二是柬埔寨政府鼓励投资水稻灌溉设施、加工设施和出口碾米；三是全球对农业作物的需求增加，中国、印度、日本和美国对天然橡胶、棕榈油和玉米等生物燃料，以及对水稻等粮食的需求急剧增加（Saing，2012）。引发外资对农业投资波动的因素有电力成本高、运输成本高、土地所有权不稳定、非正规收费、监管的复杂性以及缺乏体制协调。

综上，从柬埔寨农业发展基础和农业技术运用来看，柬埔寨农田水利等基础设施落后，农业生产力相对较低。柬埔寨农业发展有效资源尚未得到充分开发，与越南、泰国等东盟国家相比，综合生产能力弱。具体表现为以下两方面：一方面，基础设施和机械化水平局限。虽然柬埔寨近年来大力发展农业机械化，但由于基础薄弱，其水平提升仍有限。柬埔寨包括水利设施在内的基础设施相对落后，制约了其农业发展。因雨季雨量过大，柬埔寨农田受淹问题频发，旱季却又因远离水源造成农田荒芜。严重的旱涝不均现象已成为其农业经济可持续发展的主要瓶颈。据柬埔寨水资源与气象部统计，柬埔寨水利灌溉系统仅能提供不到一半的农业用水。近年来，柬埔寨农业现代化水平有所提升，但整体上自动化及机械化仍处于低水平阶段。另一方面，农业技术研发水平低。柬埔寨农业技术落后，农业技术的进步主要依靠国外援助和跨国合作实现，自身的创新能力非常低，农业技术发展多依靠农民的经验积累。

第二节　主要农业部门

一、种植业

（一）水稻种植业

柬埔寨的水稻耕作已有两千多年的历史。受热带季风气候影响，柬埔寨农民多从事湿地稻种植，依赖季节性降雨灌溉。水稻种植面积占柬埔寨种植作物总面积的 75% 以上，由于水稻加工业比较滞后，产业附加值占柬埔寨农业总产业附加值的比例不足 20%。

自 1980 年以来，柬埔寨水稻种植面积、收获面积和产量逐年增加（表 6-1）。但热带季风气候给水稻种植带来不确定性，例如，1983 年、1991 年、1994 年、1997 年、1998 年和 2004 年发生的洪水灾害，与 1984 年、1996 年、2000 年和 2001 年的干旱灾害给稻田造成影响，水稻年产量也随之变化，特别是在 1994 年和 2004 年，洪水和干旱的综合影响对水稻年产量影响更大。至 2010 年，水稻种植总面积已增长至约 2.8 万 km²。2016 年柬埔寨的水稻种植面积约 3.1 万 km²，产量是 1993 年的 2 倍多。2019 年水稻种植面积增至 3.3 万 km²（Socheth，2012）。

水稻种植业产量受热带季风气候的季节性及降雨量影响显著。雨季水稻是指在季风气候地区种植的一种稻谷品种，它依靠充足的降雨生长。根据不同的地理位置和气候条件，雨季水稻的种植季节有所不同。一般来说，雨季水稻的种植开始于雨季初期，并在雨季结束后收获。这种水稻适合种植于降水充沛的地区，因为它们需要大量的水分来发育和生长。旱季水稻是指在旱季种植的水稻品种，旱季水稻耐旱性和适应性强，能够在缺水条件下生长。这种水稻通常比雨季水稻更矮小，叶子也较狭窄。为了在旱季种植水稻，农民通常会通过灌溉和采取其他水管理技术来解决水源不足的问题，以确保水稻作物的生长。柬埔寨是典型的热带季风气候国家，雨季水稻种植和收获面积大，产量较高，旱季水稻则反之（表 6-2）。与干旱同时出现的灌溉水量不足已成为柬埔寨水稻增产的严重制约因素。柬埔寨主要采用广播（broadcasting）和插秧种植（planting）两种水稻种植技术（Bansok et al.，2011）。广播种植，也称为直播法，是一种广泛应用的水稻种植方法。在广播种植中，农民将水稻种子均匀地撒播在水田表面，然后通过灌溉将稻田充满水。水田的水层可以保持较长时间，以满足水稻生长所需的水分。水稻在水中生长，并逐渐形成茎、叶和穗。这种种植技术需要较多的水资源，并且容易受到杂草的干扰。插秧种植是另一种常见的水稻种植方法。插秧种植通常在水稻幼苗生长到一定高度后进行，农民会将培育好的水稻幼苗插入预先开凿的水田中。这种种植技术需要较少的水资源，因为只有稻根需要浸泡在水中。插秧种植可以更好地控制杂草，但对劳动力的需求更大。土地的初步整理是雨季和旱季水稻种植过程中必不可少的部分，包括在播种前撒播肥料（作为覆盖物）和耕作。这些活动开始于雨季初期，通常是在5月初，有时集中于5月中旬。旱季耕作准备工作通常在10月底或11月初，甚至在雨季水稻收获后的12月初开始，雨季或旱季水稻种植时间还与当地的地形特征相关，例如，洪水泛滥地区的农民可以在洪水退潮初开始旱季水稻种植，通常在洞里萨河和湄公河的河漫滩周围进行水稻种植。柬埔寨水稻种植的多样化主要涉及种子品种的多样化，传统种子正逐渐被现代品种取代，为满足柬埔寨国内消费和市场需求，一般同时种植传统品种和现代品种。迄今，柬埔寨农业仍然主要依靠扩大耕地面积来增加产量（Bansok *et al.*，2011）。

表6-2　1980—2019年柬埔寨雨季和旱季水稻的种植产量变化

年份	雨季水稻				旱季水稻			
	种植面积（km²）	收获面积（km²）	产量（万t）	平均产量（t/km²）	种植面积（km²）	收获面积（km²）	产量（万t）	平均产量（t/km²）
1980	13 460	13 450	160.5	120	950	950	11.2	120
1981	13 430	11 710	123.4	110	1 500	1 460	25.6	180
1982	15 460	14 880	169.6	110	1 280	1 270	25.3	200
1983	16 240	15 059	183.1	120	1 160	1 050	20.8	200
1984	12 990	8 680	102.5	120	1 190	1 100	23.5	210
1985	13 450	13 330	157.3	120	1 170	1 170	23.9	200
1986	14 130	14 020	181.3	130	1 220	1 180	28	240
1987	12 490	12 430	150.2	120	1 290	1 270	31.3	250
1988	17 350	16 950	224	130	1 440	1 300	26	200
1989	17 870	17 210	233.6	140	1 450	1 400	33.6	240
1990	17 400	17 100	213.8	130	1 500	1 450	36.2	250
1991	17 610	15 720	203	130	1 490	1 470	37	250
1992	17 100	15 454	187.1	120	1 430	1 400	35	250
1993	17 016	16 736	200.8	120	1 550	1 500	37.5	250
1994	17 539	13 296	172.9	130	1 701	1 650	49.5	300
1995	18 700	17 090	280.3	160	2 160	2 150	64.5	300
1996	19 369	16 490	275.9	170	2 340	2 300	69.9	300
1997	18 273	16 849	267.3	160	2 487	2 438	74.2	300
1998	18 731	17 454	287.4	160	2 309	2 172	63.6	290

年份	雨季水稻				旱季水稻			
	种植面积 (km²)	收获面积 (km²)	产量 (万 t)	平均产量 (t/km²)	种植面积 (km²)	收获面积 (km²)	产量 (万 t)	平均产量 (t/km²)
1999	19 156	18 465	332.2	180	2420	2 330	70.8	300
2000	19 155	18 464	333.3	180	2420	2 330	70.8	300
2001	19 741	16 480	327.6	200	2670	2 553	82.3	320
2002	18 211	17 097	291.6	170	1920	2 850	90.7	320
2003	20 307	19 670	383.8	200	2 835	2 750	87.3	320
2004	20 484	18 156	313.3	170	2 985	2 932	103.8	350
2005	21 161	20 936	473.4	230	3 219	3 209	125.2	390
2006	22 120	21 887	497.4	230	3 294	3 284	129	390
2007	22 411	22 226	536.4	240	3 448	3 444	136.3	400
2008	22 551	22 527	572.2	250	3 606	3 606	145.3	400
2009	23 342	22 906	600.1	260	3 849	3 841	158.5	410
2010	23 910	23 725	654.9	280	4 049	4 048	170.1	420
2011	24 966	22 948	670	290	4 720	4 718	207.9	440
2012	25 120	24 848	713.6	290	4 955	4 955	215.5	430
2013	25 677	24 855	727.1	290	4 847	4 834	211.9	440
2018	25 646	25 379	714.4	280	4 909	4 909	218.1	440
2015	25 619	25 361	717.1	280	4 895	4 894	216.5	440
2016	2 555	25 812	764	290	5 186	5 185	231.5	450
2017	26 577.7	26 416.4	804.9	300	5 487.5	5 478.5	247	450
2018	27 394.5	26 543.1	821.3	310	5 964.8	5 937.7	267.9	450
2019	27 313.8	26 716.5	827	310	5 975.1	5 921.3	261.6	440

资料来源：引自 MAFF（2021）。

柬埔寨在人口稠密的湄公河东南部平原和洞里萨湖区周围低地大力发展灌溉基础设施。单位产量和总产量的增加促进了水稻盈余的增长，使柬埔寨成为世界重要的水稻出口国。柬埔寨的水稻出口超过橡胶和林业产品的出口，成为主要出口作物。

（二）经济作物种植业

柬埔寨气候条件优越，种植经济作物有得天独厚的条件。柬埔寨盛产各种热带经济作物，包括木薯、玉米、甘薯、花生、芝麻、甘蔗、烟草、黄麻和蔬菜等，橡胶是主要的多年生作物。

1. 橡胶种植

柬埔寨于 1910 年首次引入橡胶种植，2000 年以来，飙升的橡胶价格吸引投资者扩大橡胶种植面积，橡胶产量逐年上升。2000—2007 年，由于数千棵橡胶树被砍伐后重新种植，柬埔寨橡胶的收获面积和产量下降（MAFF，2008）。2010年，柬埔寨新橡胶种植园（包括家庭规模的橡胶种植园）的面积为 1 430 km²，总种植面积达到 1 814 km²（表 6-3）（MAFF，2011）。从 2006 年到 2010 年，柬埔寨橡胶出口量从约 3.1 万 t 增加到 4.2 万 t（MAFF，2011）。截至 2016 年，柬埔寨橡胶种植园总面积达到 3 889.55 km²。2014 年以来，橡胶出口增长 27.8%（MAFF，2021）。2018 年柬埔寨橡胶出口总量达 18.7 万 t，比上年同期增长约23%，出口额为 2.5 亿美元。2020 年，橡胶种植面积超 4 000 km²，乳胶产量增至 30 万 t。

表 6-3　柬埔寨主要经济作物种植面积　　（单位：km²）

	2010 年	2011 年	2012 年	2013 年	2014 年	2015 年	2016 年	2017 年	2018 年	2019 年
玉米	2 136	1 484	1 755	2 018	1 168	875	1 157	2 273	2 150	2 000
木薯	2 062	3 917	3 619	4 214	5 215	5 736	6 519	6 139	6 522	6 569
甘薯	115	82	104	74	59	58	34	57	49	72
蔬菜	527	538	765	524	516	474	273	545	570	573
绿豆	692	681	669	543	533	572	376	454	379	346
花生	200	163	180	200	178	165	125	144	121	93
大豆	1 032	706	713	807	725	668	416	420	461	261
黑、白芝麻	483	426	367	341	282	265	147	170	146	134
甘蔗	172	226	486	238	484	195	175	197	201	170
烟叶	101	83	59	69	107	5	1400	69	57	52
黄麻	6	3	3	2	2	1	720	1 340	1 760	1 550
橡胶	1 814	1 049	1 149	1 324	3 578	3 890	4 327	4 363	4 367	4 057

资料来源：引自 MAFF（2021）。

2. 木薯种植

木薯是柬埔寨重要的经济作物，其种植始于 2003 年，最初是作为粮食作物，后转为一种重要的工业原料，重要性与橡胶相当。木薯多为单一种植，有时与豆类、玉米或其他多年生作物（如橡胶或腰果）间作。大部分木薯种植区分布在与越南或泰国接壤的省份，如东部的磅湛省、桔井省、腊塔纳基里省和蒙多基里省等，西部的马德望省和班迭棉吉省。柬埔寨农业、林业和渔业部的统计数据表明，21 世纪初以来，木薯种植面积迅速扩大。2011 年，木薯种植面积达到 3 917 km²，是 2000 年的 24 倍，2019 年木薯种植面积达到 6 569 km²（表 6-3）。

表 6-4　柬埔寨主要经济作物产量　（单位：万 t）

	2010 年	2011 年	2012 年	2013 年	2014 年	2015 年	2016 年	2017 年	2018 年	2019 年
玉米	77.3	66.8	80.7	84.8	47.4	33.3	54.2	123.2	123.2	—
木薯	424.9	803.4	761.4	793.3	1 194.3	1 329.8	1 417.5	1 381.7	1 375.0	1 351.3
甘薯	7.9	4.7	4.9	5.1	5.4	4.5	2.5	4.1	3.5	5.4
蔬菜	37.7	40	41.1	45.3	41.5	40.6	23.8	49.2	64	68.2
绿豆	7.2	7.6	7.5	6.8	6.1	5.9	5	5.4	4.3	3.9
花生	2.2	2.3	3	2.9	2.8	2.5	1.9	2.3	1.8	1.5
大豆	15.7	11.5	12	13.1	10.4	9.7	6.9	7.3	9.2	4.2
黑、白芝麻	3	46.9	157.4	2.5	1.7	1.8	1.4	1.3	1.1	1
甘蔗	36.6	3.4	2.7	91.1	154.1	70.9	61.3	62.9	69.2	61.8
烟叶	1.5	1.3	0.9	0.9	1.4	0.8	11.4	0.9	0.8	0.7
黄麻	0	0	0	0	0	0	7.8	9.6	16.5	13.9
橡胶	4 225	5 134	6 452	4 948	9 705	12 686	14 520	19 329	22 010	28 764

资料来源：引自 MAFF（2021）。

2005 年以来，由于其他国家对橡胶、木薯、木材和水稻等农产品的需求不断增加，柬埔寨的外商直接投资批准金额开始上升。全球范围内木薯需求增加的原因有：第一，木薯淀粉在造纸、纺织生产和制药中的应用增加；第二，柬埔寨促进乙醇生产，生物燃料产量增加；第三，将木薯用作牲畜饲料的组分；第四，非洲对粮食的需求不断增加；第五，气候变化背景下满足全球粮食供应受到挑战（Hershey and Howeler，2000；Kaplinsky *et al.*，2010）。木薯已成为仅次于水稻的第二大出口作物，特别是出口以满足中国、越南和泰国等邻近国家的需求，柬埔寨目前已是世界五大木薯干出口国之一。

木薯农田的扩张主要以新开辟边疆地区（如桔井省、拜林省或马德望省的偏远地区）的森林为主，或者是取代其他经济作物种植区。据柬埔寨统计局统计，由于现代种植材料、整地机械化和化肥的使用（Sopheap et al.，2012），2013 年木薯产量比 2005 年增长了 14 倍。但多数木薯产品通过非正式出口的途径到达泰国和越南，出口量难以估计。2007 年，柬埔寨木薯出口总值为 490 万美元，2014 年攀升至 530 万美元（MOC，2014）。柬埔寨出口到泰国和越南的木薯多数再转口到附近的第三国。

3. 其他经济作物种植

柬埔寨适合多种热带果树生长，所产榴梿和橙子的品质上乘，主要种植的热带水果包括龙眼、杧果、金星果、枣、荔枝、柑橘等，其中种植面积最大的为杧果（毕世鸿等，2014）。柬埔寨是全球十大腰果生产国之一，柬埔寨的腰果通常由小农种植，大规模种植园投资也有所增加，2015 年已拥有超过 1 400 km² 的腰果种植园。柬埔寨的腰果以高品质闻名，24%—28% 的果仁产量与越南相似（中等质量），但外形尺寸更大（大型腰果产量占总产量的 15%）。柬埔寨多个省份都生产腰果，种植面积较大的省份是磅同省（27%）、磅湛省（18%）和腊塔纳基里省（17%）。

柬埔寨其他经济作物还包括胡椒、玉米、大豆、绿豆、西瓜等（表 6-4、表 6-5），伴随市场需求特别是国际市场需求的增长，这些经济作物的产量总体上有所增加。柬埔寨的胡椒产量占世界总产量的 4%，每年生产 2 万 t，其中大部分是黑胡椒。但由于供应量的增加，全球胡椒单价从 2015 年的 9 美元/kg 降至 2018 年的 2.6 美元/kg。贡布省生产柬埔寨 90% 的胡椒，产量次之的是磅湛省和特本克蒙省。贡布省的胡椒是全球公认的高品质农产品，其价格是其他地区的 5 倍，但产量较低，仅占世界总产量的 0.35%，销售额为 60 万美元。由于气候原因，贡布省的胡椒产量从 2017 年的 102 t 下降到 2018 年的 70 t。柬埔寨胡椒产量的 94% 用于出口（约 6 000 万美元），大部分以非正式方式出口到越南（64%）和泰国（30%），并在那里加工、包装，然后再出口；只有约 5% 的胡椒用于本地消费（USAID，2019）。

总之，经济作物是柬埔寨人增加收入和改善生活的主要来源。这些作物通常生长在土壤肥沃的地区。近年来柬埔寨农产品市场相对稳定，种植面积扩大，产量增加。以前以轮作耕作（shifting cultivation）为特点的地区正在向永久耕作（permanent cultivation）转变。柬埔寨所有作物的种植都与市场需求挂钩。根据市场需求，单一作物的产量可能会有很大差异，个别作物的价格有时会波动。这也意味着当一种作物的产量增加时，其他作物的产量可能会减少，例如木薯种植面积的扩大（即农民转向单一种植木薯）将限制其他作物的生产。

二、畜牧业

饲养家禽和牲畜是柬埔寨农村家庭重要的农业活动和经济收入的重要来源。2015 年，畜禽对柬埔寨农业增加值的贡献率为 11%，对全国 GDP 的贡献率为 3%。因家禽饲料的供应、饲养技术的改进以及对市场禽肉需求的增加（MAFF，2013、2016），综合家庭规模和商业规模的家禽生产在 2007 年至 2015 年增加了 54%。这主要是农业机械（特别是两轮拖拉机）越来越多地取代畜力的结果。至 2019 年，柬埔寨共有 1 726 338 户农户，其中 1 300 725 户（约占 75%）饲养家畜或家禽（NIS *et al.*，2019）。

柬埔寨主要饲养奶牛、水牛和马等大型牲畜以及猪和山羊等小型牲畜两类。柬埔寨 63% 的农村家庭饲养家禽，43% 的家庭饲养大型家畜，8% 的家庭饲养小型家畜。在饲养奶牛的农村家庭中，有 76% 的家庭饲养 1—4 头奶牛；在饲养水牛的农村家庭，有 73% 的家庭饲养 1—4 头水牛；集体的农村家庭饲养猪或山羊等小型牲畜。在洞里萨地区饲养家禽的家庭中，91% 的家庭饲养 1—49 只家禽，只有 0.8% 的农村家庭饲养 200 只及以上的家禽。

三、渔业

柬埔寨渔业部门的重要性仅次于水稻种植部门。在柬埔寨人民日常饮食中，鱼类的消费占蛋白质总量的 70%—75%。柬埔寨渔业增加值占全国 GDP 的份额从 1998 年的 16.6% 下降到 2019 年的 3.5%。据统计，至 2015 年柬埔寨有 600

多万人从事与渔业相关的行业（MOC，2013）。2015 年，柬埔寨约 65% 的渔业产量来自洞里萨河和湄公河的内陆渔业。2007 年至 2015 年，淡水捕捞量先攀升后下降，这可能与过度捕捞、生态退化等有关。至 2020 年，柬埔寨共收获 93.6 万 t 渔业产品，其中，淡水渔业产品 41.32 万 t，海产品 12.27 万 t，其余为水产产品 40.04 万 t，渔业出口总额达 833.4 万美元[①]。

内陆渔业是柬埔寨渔业的重要组成部分（表 6-5），主要包括淡水捕捞。当雨季水位上升至 6—10 m 时，只允许家庭捕鱼。20 世纪 80—90 年代，柬埔寨鱼类非常丰富，近年来，多数池塘和湖泊或被抽干，或在旱季自然干涸，人们捕获的鱼类越来越少，渔民每天的平均渔获量在 2—5 kg。降雨模式的变化影响流域上游和下游地区的水位，上游水位的变化会对洞里萨盆地等下游地区的淡水渔业产生不利影响。柬埔寨内陆渔民单靠捕鱼难以满足生计需求，必须种植水稻或其他经济作物获得额外收入，维持生计。

自 20 世纪 80 年代中期以来，柬埔寨领域内的海洋鱼类资源总量为 5 万 t（MOE and Danida，2007）。然而，由于捕获量大于鱼类自然补充能力，渔业资源有枯竭态势。为了可持续渔业管理，柬埔寨根据年度渔获量评估鱼类种群。柬埔寨领海位于泰国湾前，面积约 32 万 km^2，平均深度为 45 m，最大深度为 80 m（MOE and Danida，2005）。诸如机动拖网和炸药类的捕鱼设备在柬埔寨被广泛使用，而拖网则用于水深小于 20 m 的水域，这类设备易破坏珊瑚礁和海草草甸等沿海生境，因此柬埔寨禁止在浅水区捕鱼。

水产养殖方面，2018 年柬埔寨约 5.1 万户农户参与水产养殖，参与水产养殖的家庭数量最多的地区是中央平原区，约有 3.3 万户。捕捞活动主要分为淡水（河流或湖泊）、海水、微咸水和稻田活动。捕鱼活动包括在使用或不使用船只或专门设备的情况下，在河流、沿海水域和其他水体中捕捞鱼类和其他海洋、河流物种。柬埔寨有 23.4 万户农户参与水产捕捞。

虽然柬埔寨的年渔获量有所增加，但由于人口增长，渔民人数也不断增加，单位渔获量有所下降，这给自然资源和生态系统、经济增长和捕鱼技术的发展带来了多重压力（MOE and Danida，2005）。

---

① 资料来源："2020 年柬埔寨渔业产品出口超 800 万美元"，*Khmer Times*，2021 年 1 月 13 日。

表 6-5　**2014—2019 年柬埔寨渔业生产情况**　（单位：万 t）

		2014 年	2015 年	2016 年	2017 年	2018 年	2019 年
1	内陆渔业	50.50	48.79	50.94	52.78	53.50	47.89
	家庭渔业	34.26	33.93	34.86	35.25	36.07	32.65
	稻田渔业	15	13.52	14.68	15.87	15.73	13.80
2	海洋渔业	12.03	12.05	12.06	12.10	12.11	12.23
3	水产养殖	12.01	14.31	17.25	20.74	45 041	30.74

资料来源：引自 MAFF（2021）。

气候变化影响鱼类多样性及渔业发展，使渔民面临特别高的风险（Nuroteva *et al.*，2010）。沿海渔业、红树林生态、淡水资源等都与气候变化息息相关。由于气候变化，柬埔寨热带地区的鱼类种群数量和多样性减少等问题突出（Pörtner *et al.*，2014；Barange *et al.*，2014）。

四、林业

柬埔寨属于热带气候，森林茂密，林业对柬埔寨农业的影响大，能够带动经济增长（Kem，2017）。可再生森林资源构成柬埔寨乡村人口主要经济收入的重要来源之一。土著居民几乎完全依赖森林资源和林地（Schweithelm，2006），以此开发木材、建筑材料、野菜、传统药材和其他非次生林产品（Kem，2017）。

1960 年前，柬埔寨的森林面积占全国陆地总面积的 73%（13.2 万 km²），其中沿海地区的红树林约占 830 km²（MOE and Danida，2007）。柬埔寨曾经对森林砍伐没有限制，人们非法采伐和侵占森林用于耕作，不仅对自然生态系统，还对依赖森林的人口的生计造成了重大破坏（Kem，2017）。柬埔寨在 21 世纪初取消了大约 50% 的森林特许权，导致了木材生产和出口量的减少。尽管如此，森林面积仍在继续减少，森林覆盖率从 1973 年占土地总面积的 70% 左右锐减至 2014 年的 49.5%。2015 年，柬埔寨林业部门对农业增加值的贡献率为 7%，对全国 GDP 的贡献率为 1.8%。

第三节 农业发展的区域差异

柬埔寨地形、地貌、土壤、水热资源的区域差异，以及经济条件、技术水平发展的不平衡，影响农业发展并形成空间差异。本节按中央平原地区、洞里萨地区、南部沿海地区以及高原和山地地区的区域划分，分析不同地区主要农业部门及主要产出的农作物。

从柬埔寨农产品生产的空间分布来看，不同农作物主产区存在空间差异，如大米、玉米和蔬菜等农产品集中于干丹省，橡胶、腰果、蔬菜及辣椒等集中于磅湛省（图 6-4）。

图 6-4 柬埔寨农产品的空间分布

资料来源：引自 MAFF（2017）。

一、中央平原地区为水稻主产区之一

中央平原的地形优势是其种植业发展的基础，降水和土壤等自然条件也影响了农作物种植的空间分布，也使种植业成为该地区主要发展的农业部门。中央平原地区种植业类型多样，水稻种植业优势尤为显著。

具体来看，中央平原地区的水稻种植面积从 2010 年的 11 330 km^2 增加到 12 080 km^2，水稻收获总面积从 2010 年的 11 010 km^2 增加到 2019 年的 12 060 km^2（表 6-6、表 6-7），但十年间中央平原地区水稻产量占全国总产量的比例有所下降（表 6-8）。从省域空间分布来看，水稻主要产地与柬埔寨耕地空间分布一致，波萝勉省是中央平原地区水稻种植面积最大且产量最高的主产区域（表 6-6、表 6-7、表 6-8）。

需要说明的是，柬埔寨的水稻按类型可分为无香稻、芳香稻和黏性稻。从不同种类水稻种植面积来看，无香品种最为常见，种植面积估计为 14 800 km^2，收获面积估计为 14 100 km^2。种植无香水稻面积超过 1 000 km^2 的省份有 7 个，分别是波萝勉省、马德望省、班迭棉吉省、茶胶省、磅同省、暹粒省和柴桢省。柬埔寨种植大约 4 430 km^2 芳香稻，收获 4 200 km^2。种植芳香水稻的省份中，有 11 个省份的种植面积超过 100 km^2。每平方千米收获的芳香稻平均产量估计为 2.66 t，柬埔寨收获的芳香稻数量估计为 110 万 t。黏性稻不像无香稻、芳香稻一般广泛种植，柬埔寨黏性稻种植总面积为 90.54 km^2，收获面积为 88.65 km^2。种植超 1 km^2 黏性稻的省份有 8 个，分别为柴桢省、茶胶省、柏威夏省、贡布省、磅同省、波萝勉省、磅湛省和磅清扬省。据统计，至 2019 年柬埔寨每平方千米收获的黏性稻平均产量为 2.46 t，收获的总量为 2.6 万 t。

二、洞里萨地区以发展畜牧业和内陆渔业为主

渔业是柬埔寨农业的重要组成部分，其中渔业总产量的 90% 来自洞里萨湖和湄公河沿岸的淡水区域。柬埔寨畜牧业目前以养殖猪、牛为主，家禽次之，洞里萨地区的畜牧业虽然规模不大，但仍是该地区农业的重要组成部分（表 6-9、表 6-10、表 6-11）。

表6-6 2010—2019年柬埔寨各省（直辖市）水稻种植面积

(单位：km²)

		2010年	2011年	2012年	2013年	2014年	2015年	2016年	2017年	2018年	2019年
	总计	27 960	29 690	30 080	30 520	30 560	30 510	31 180	32 070	33 360	33 290
中央平原地区	金边市	60	130	130	140	130	120	110	110	100	80
	干丹省	1 070	1 090	1 080	1 060	1 060	910	960	990	1 030	900
	柴桢省	1 840	1 890	1 880	1 870	1 870	1 880	1 890	1 880	1 900	1 900
	茶胶省	2 650	2 900	2 950	2 980	2 970	2 960	2 960	2 990	3 030	3 110
	磅湛省	2 180	2 210	2 190	2 210	1 310	1 190	1 330	1 350	1 410	1 370
	波萝勉省	3 530	3 610	3 590	3 720	3 650	3 640	3 610	3 750	3 880	3 820
	特本克蒙省	—	—	—	—	890	890	890	890	900	900
	合计	11 330	11 830	11 820	11 980	11 880	11 590	11 750	11 960	12 250	12 080
	占比	40.52%	39.85%	39.30%	39.25%	38.87%	37.99%	37.68%	37.29%	36.72%	36.29%
洞里萨地区	拜林省	70	80	70	80	70	60	70	70	70	90
	班迭棉吉省	2 350	2 360	2 430	2 430	2 590	2 690	2 690	2 880	3 020	3 050
	马德望省	2 800	2 950	3 120	3 080	3 070	3 060	3 090	3 540	3 870	3 840
	磅清扬省	1 320	1 480	1 560	1 560	1 580	1 570	1 620	1 640	1 650	1 690
	磅同省	2 130	2 640	2 520	2 570	2 590	2 570	2 670	2 690	2 830	2 900
	菩萨省	1 130	1 150	1 220	1 210	1 230	1 220	1 320	1 320	1 500	1 540
	暹粒省	1 950	1 970	1 990	2 020	2 020	2 070	2 090	2 090	2 110	2 090
	奥多棉吉省	590	640	660	650	720	720	870	820	950	960
	合计	12 340	13 270	13 570	13 600	13 870	13 960	14 420	15 050	16 000	16 160
	占比	44.13%	44.70%	45.11%	44.56%	45.39%	45.76%	46.25%	46.93%	47.96%	48.54%

		2010年	2011年	2012年	2013年	2014年	2015年	2016年	2017年	2018年	2019年
南部沿海地区	白马省	30	30	40	40	40	40	40	40	40	40
	西哈努克省	140	140	160	170	170	170	170	160	120	110
	贡布省	1 320	1 410	1 400	1 450	1 420	1 460	1 470	1 480	1 520	1 490
	戈公省	90	90	100	100	100	100	110	110	100	100
	合计	1 580	1 670	1 700	1 760	1 730	1 770	1 790	1 790	1 780	1 740
	占比	5.65%	5.62%	5.65%	5.77%	5.66%	5.80%	5.74%	5.58%	5.34%	5.23%
高原和山地地区	蒙多基里省	170	220	230	230	230	230	240	240	260	230
	桔井省	440	450	470	470	470	460	470	470	480	480
	腊塔纳基里省	260	280	280	270	260	260	260	260	270	270
	磅土单省	1 120	1 150	1 140	1 160	1 080	1 130	1 160	1 140	1 140	1 160
	柏威夏省	460	560	600	780	770	830	820	860	900	930
	上丁省	260	260	270	280	280	290	290	290	290	270
	合计	2 710	2 920	2 990	3 190	3 090	3 200	3 240	3 260	3 340	3 340
	占比	9.69%	9.83%	9.94%	10.45%	10.11%	10.49%	10.39%	10.17%	10.01%	10.03%

资料来源：引自 MAFF（2021）。

表 6-7 2010—2019 年柬埔寨各省（直辖市）水稻收获面积

（单位：km²）

		2010年	2011年	2012年	2013年	2014年	2015年	2016年	2017年	2018年	2019年
	总计	26 750	27 770	27 670	29 800	29 690	30 290	30 260	31 000	31 900	32 480
中央平原地区	金边市	60	50	120	130	140	130	120	100	110	100
	干丹省	1 060	1 060	1 040	1 080	1 060	1 050	910	960	990	980
	柴桢省	1 790	1 830	1 840	1 870	1 870	1 870	1 880	1 890	1 880	1 880
	茶胶省	2 590	2 650	2 860	2 950	2 980	2 970	2 960	2 960	2 980	3 030
	磅湛省	2 170	2 180	2 110	2 190	2 200	1 300	1 190	1 330	1 350	1 320
	波萝勉省	3 340	3 530	3 460	3 590	3 710	3 650	3 640	3 610	3 750	3 870
	特本克蒙省	—	—	—	—	—	890	890	890	880	880
	合计	11 010	11 300	11 430	11 810	11 960	11 860	11 590	11 740	11 940	12 060
	占比	41.16%	40.69%	41.31%	39.63%	40.28%	39.15%	38.30%	37.87%	37.43%	37.13%
洞里萨地区	拜林省	60	70	80	70	80	70	60	70	70	70
	班迭棉吉省	2 120	2 250	2 190	2 290	2 190	2 550	2 580	2 650	2 850	2 930
	马德望省	2 650	2 790	2 660	3 040	2 810	2 970	2 950	2 980	3 450	3 550
	磅清扬省	1 320	1 290	1 360	1 560	1 540	1 570	1 570	1 620	1 640	1 650
	磅同省	1 990	2 130	1 990	2 520	2 520	2 580	2 570	2 670	2 670	2 790
	菩萨省	1 020	1 120	970	1 210	1 140	1 200	1 200	1 320	1 310	1 420
	暹粒省	1 920	1 950	1 850	1 990	1 970	2 020	2 060	2 080	2 090	2 060
	奥多棉吉省	520	580	630	660	650	720	720	870	820	890
	合计	11 600	12 180	11 730	13 340	12 900	13 680	13 710	14 260	14 900	15 360
	占比	43%	44%	42%	45%	43%	45%	45%	46%	47%	47%

续表

		2010 年	2011 年	2012 年	2013 年	2014 年	2015 年	2016 年	2017 年	2018 年	2019 年
南部沿海地区	白马省	30	30	30	40	40	40	40	40	40	40
	西哈努克省	140	140	140	160	170	170	170	170	160	120
	贡布省	1 340	1 320	1 380	1 400	1 450	1 420	1 460	1 470	1 480	1 520
	戈公省	90	90	90	100	100	100	100	110	110	100
	合计	1 600	1 580	1 640	1 700	1 760	1 730	1 770	1 790	1 790	1 780
	占比	5.98%	5.69%	5.93%	5.70%	5.93%	5.71%	5.85%	5.77%	5.61%	5.48%
高原和山地地区	蒙多基里省	160	170	220	200	230	230	230	240	250	260
	桔井省	430	440	430	470	450	460	460	470	470	470
	腊塔纳基里省	230	260	280	280	250	260	260	260	260	260
	磅士卑省	1 110	1 120	1 150	1 140	1 160	1 080	1 130	1 150	1 140	1 140
	柏威夏省	370	450	540	600	750	740	830	820	860	880
	上丁省	220	260	260	270	250	270	290	290	290	280
	合计	2 520	2 700	2 880	2 960	3 090	3 040	3 200	3 230	3 270	3 290
	占比	9.42%	9.72%	10.41%	9.93%	10.41%	10.04%	10.58%	10.42%	10.25%	10.13%

资料来源：引自 MAFF（2021）。

表 6-8　2010—2019 年柬埔寨各省（直辖市）水稻产量统计

（单位：万 t）

		2010年	2011年	2012年	2013年	2014年	2015年	2016年	2017年	2018年	2019年
总计		825	877.9	929.1	939	932.4	933.5	995.2	1 051.8	1 089.2	1 088.6
中央平原地区	金边市	1.4	3.5	3.8	4	3.7	3.6	3	3.2	2.8	2.3
	干丹省	38.8	39.4	40	39.8	40.3	34.3	37	38.9	38.8	35.9
	柴桢省	46.9	50.6	52.2	53.9	54.2	52.9	56.3	56.2	54.8	56.7
	茶胶省	96.8	110.5	114.7	116.2	111.6	112.7	113.6	114.7	118	120.9
	磅湛省	76.9	77.6	78.2	78	46.8	41.3	49.4	50.4	48.8	49.6
	波萝勉省	109.8	115.4	119.4	126.1	125.8	126.6	125.8	134.3	142.4	136.8
	特本克蒙省	—	—	—	—	30.7	29	29.7	30.4	31.1	30.7
	合计	370.6	397	408.3	418	413.1	400.4	414.8	428.1	436.7	432.9
	占比	44.92%	45.22%	43.95%	44.52%	44.31%	42.89%	41.68%	40.70%	40.09%	39.77%
洞里萨地区	班迭棉吉省	63	63.3	60.8	62.9	69.9	71.1	77.9	95.5	97.9	92.9
	马德望省	80	78.5	88.2	79.6	76.6	86.2	93.8	114.9	124.9	123.7
	磅清扬省	38.7	44.9	50.3	51.2	51.2	49.3	54.6	56.2	59.5	64
	磅同省	54.1	54.9	68.8	69.1	72.5	72.3	78.7	80.3	86.5	87
	菩萨省	31.2	30.8	41.6	39	38.7	37.9	44.4	45.2	53.6	52.8
	暹粒省	52.1	54.5	55.9	56	55.2	54	55.9	56	54.6	55.6
	奥多棉吉省	14.5	16.4	15.1	16.4	15.2	15.9	22.2	21.4	18.7	26.3
	拜林省	2.4	2.8	2.6	2.7	2.1	1.5	1.9	2.1	2.1	2.9
	合计	336	346.1	383.3	376.9	381.4	388.2	429.4	471.6	497.8	505.2
	占比	40.73%	39.42%	41.25%	40.14%	40.91%	41.59%	43.15%	44.84%	45.70%	46.41%

		2010年	2011年	2012年	2013年	2014年	2015年	2016年	2017年	2018年	2019年
南部沿海地区	白马省	1	1.1	1.1	1.1	1.1	1.2	1.2	1.2	1.2	1.2
	西哈努克省	3.7	3.9	5	4.9	4.7	4.6	4.8	4.6	3.9	3.4
	贡布省	40.2	42.9	43.8	45.4	43.7	47	47.6	47.7	49.4	48.6
	戈公省	2.4	2.5	2.7	2.9	2.9	3	2.8	2.8	3.1	2.7
	合计	47.3	50.4	52.6	54.3	52.4	55.8	56.4	56.3	57.6	55.9
	占比	5.73%	5.74%	5.66%	5.78%	5.62%	5.9%	5.67%	5.35%	5.29%	5.14%
高原和山地地区	蒙多基里省	3.7	5.8	4.6	5.7	5.4	5.4	6.5	7.1	7.3	6.8
	桔井省	13.1	13.7	15.5	15	14.8	14.2	15.1	15.7	15.5	15.1
	腊塔纳基里省	6.6	7.2	6.6	5.6	6.4	5.4	6.5	6.1	6.1	6.1
	磅士卑省	30	35.8	34.4	35.7	30.9	34	34.8	34.7	35.4	34.1
	柏威夏省	11.7	14.5	16.3	21.4	20.9	22.9	24.2	25.2	25.6	26.6
	上丁省	6.3	7.6	7.4	6.6	7.3	7.5	7.9	7.1	7.1	6.2
	合计	71.4	84.6	84.8	90	85.7	89.4	95	95.9	97	94.9
	占比	8.65%	9.64%	9.13%	9.58%	9.19%	9.58%	9.55%	9.12%	8.91%	8.72%

资料来源：引自 MAFF（2021）。

表6-9　2010—2019年柬埔寨各省（直辖市）牲畜数量统计

（单位：万头）

		2010年	2011年	2012年	2013年	2014年	2015年	2016年	2017年	2018年	2019年
	总计	348.5	340.7	337.7	343.1	305.4	290.3	289.7	295.1	291.7	277
中央平原地区	金边市	1.3	2.8	2.8	3.3	2.3	2.3	1.7	0.6	0.7	0.8
	干丹省	15	12.4	11.2	11.8	10.5	10.5	10.6	10.5	7.7	4.8
	柴桢省	15.9	14.8	16.5	16.7	15.4	12.2	12.2	12.4	13.8	13.3
	茶胶省	37	36.8	36.9	37.5	35.8	35.8	35.9	35.6	33.2	31.9
	磅湛省	38	38	37.8	38	20.5	20.6	20.7	20.3	22.1	20
	波萝勉省	32.1	30.5	29.1	29.2	24.9	23.4	23.4	33	33.2	33.2
	特本克蒙省	—	—	—	—	8.8	8.5	8.6	8.8	8.9	8.8
	合计	139.3	135.3	134.3	136.5	118.2	113.3	113.1	121.2	119.6	112.8
	占比	39.97%	39.71%	39.77%	39.78%	38.70%	39.03%	39.04%	41.07%	41%	40.72%
洞里萨地区	班迭棉吉省	9.9	9	9.4	9.7	8.9	9	9.4	9.6	10.4	11.5
	马德望省	18.3	18.4	18.4	18.9	17.8	17.7	17.8	18.1	18.3	18.2
	磅清扬省	21.2	21.8	22.2	22.3	18.2	18.4	19.1	17.6	17.2	16.5
	磅同省	24.3	24	22.6	23.2	20.8	16.5	15.1	14.7	14.7	13.7
	菩萨省	11.1	10.1	9.1	9.3	7.8	7.6	7.7	7.9	8	7.6
	暹粒省	26.7	26.2	25.9	26	24.2	24.1	23.5	22.6	22.6	21.2
	奥多棉吉省	5.9	6.1	6.3	6.5	6.3	6	3	6.1	6	4.2
	拜林省	0.7	0.6	0.5	0.8	0.6	0.6	0.7	0.7	0.7	1.2
	合计	118.1	116.2	114.4	116.7	104.6	99.9	96.3	97.3	97.9	94.1
	占比	33.89%	34.11%	33.88%	34.01%	34.25%	34.41%	33.24%	32.97%	33.56%	33.97%

		2010年	2011年	2012年	2013年	2014年	2015年	2016年	2017年	2018年	2019年
南部沿海地区	白马省	1.6	1.6	1.8	2.1	1.8	2.2	2	2	1.9	1.9
	西哈努克省	1	1	1	1.1	1	1.1	1.1	0.8	1	0.8
	贡布省	21.3	20.9	21	21.2	19.6	18.6	18.6	17.8	17.2	17.1
	戈公省	0.6	0.5	0.6	0.7	0.7	0.6	0.7	0.8	0.9	0.9
	合计	24.5	24	24.4	25.1	23.1	22.5	22.4	21.4	21	20.7
	占比	7.03%	7.04%	7.23%	7.32%	7.56%	7.75%	7.73%	7.25%	7.20%	7.47%
高原和山地地区	蒙多基里省	1.4	2.8	1.8	1.9	1.6	1.7	2	2.1	2.1	2.3
	桔井省	10.5	10.3	9.7	9.7	7	6.9	6.8	6.6	6.7	6.9
	腊塔纳基里省	3	3.1	3.2	3.5	3	3.3	3.3	3.1	3.3	3.5
	柏威夏省	8.3	8.7	8.8	8.8	7.8	6.9	7.3	8	8.1	8.4
	磅士卑省	41	38.2	38.6	38.7	37.7	33.3	33.2	32.5	30.6	25.5
	上丁省	2.6	2.6	2.6	2.5	2.5	2.6	2.6	2.7	2.8	2.8
	合计	66.8	65.7	64.7	65.1	59.6	54.7	55.2	55	53.6	49.4
	占比	19.17%	19.28%	19.16%	18.97%	19.52%	18.84%	19.05%	18.64%	18.38%	17.83%

资料来源：引自 MAFF（2021）。

表 6-10　2010—2019 年柬埔寨各省（直辖市）家禽存量

		2010 年	2011 年	2012 年	2013 年	2014 年	2015 年	2016 年	2017 年	2018 年	2019 年
	总计	2 067.7	2 203.7	2 310.8	2 731.6	2 563	2 668.9	2 840.3	2 865.2	2 895.6	2 776.4
中央平原地区	金边市	13.4	24.4	14.3	26.5	13.2	13.2	27.5	28.1	19.4	18.6
	干丹省	81	127.6	109.5	318.6	124.7	253.4	232.7	144.8	138.1	116.2
	柴桢省	119.4	97.1	150.2	104.3	89.9	110.2	112	132	149.7	174.4
	茶胶省	214.4	222.1	221.6	229.7	223.5	224.6	241.9	249.6	235.2	292.5
	磅湛省	171.2	183.7	212.1	258.5	164.5	165.2	174.6	175.7	181.3	159.2
	波萝勉省	307.3	292.8	296.5	259.6	376.2	337.7	337.7	355.6	374.5	371.8
	特本克蒙省	0	0	0	0	65.7	94.9	128.5	131.8	131.8	87.4
	合计	906.7	947.7	1 004.2	1 197.2	1 057.7	1 199.2	1 254.9	1 217.6	1 230	1 220.1
	占比	43%	43%	43.4%	43.8%	41.2%	44.9%	44.1%	42.5%	42.4%	43.9%
洞里萨地区	马德望省	116.4	117.5	124.1	165.6	160.9	164.7	161.9	166.7	157.5	145.5
	磅清扬省	149.1	149.3	154.2	159.8	187.2	211.7	250.1	263.8	262	264.8
	磅同省	77.2	83.9	90.8	94.6	96.9	89.9	98.8	101.8	102.5	97.5
	菩萨省	96	114.1	110.5	133.4	148.9	143	143.8	147.7	135.5	142.1
	暹粒省	223	227.7	236.3	291.1	226.5	232.6	262.7	265.4	173.2	205
	奥多棉吉省	23.3	23.8	25.1	26.2	26.1	25.6	25.8	28.6	25.4	32.9
	拜林省	10.1	10.5	10.8	9.5	10.8	10.8	11.3	15	27	27.1
	班迭棉吉省	72.3	82.9	89.2	103.9	101.7	112	127.5	141.4	158.8	151.3
	合计	767.4	809.7	841	984.1	959	990.3	1 081.9	1 130.4	1 041.9	1 066.2
	占比	37.1%	36.7%	36.3%	36%	37.4%	37.1%	38%	39.4%	35.9%	38.4%

		2010年	2011年	2012年	2013年	2014年	2015年	2016年	2017年	2018年	2019年
南部沿海地区	白马省	8.5	12.3	7.7	9.4	9.5	16.6	7.9	8	10.3	10.5
	西哈努克省	16.3	16.7	21.2	24	21.2	22.9	22.9	14	17	16.4
	贡布省	127.9	133.7	146.2	152.2	149.8	140.5	144.5	150.1	177.7	198.9
	戈公省	5	4.3	3.7	4.7	9	0.5	7.1	7.1	10	13.7
	合计	157.7	167	178.8	190.3	189.5	180.5	182.4	179.2	215	239.5
	占比	7.6%	7.6%	7.7%	7%	7.4%	6.8%	6.4%	6.3%	7.4%	8.6%
高原和山地地区	蒙多基里省	4.9	5	5.2	5.8	6.6	6.7	6.3	6.7	6.6	3.9
	桔井省	26.6	33.7	38.2	39.5	42.4	47.4	47.9	49.3	49.6	53.6
	腊塔纳基里省	10.4	12.3	12.6	12.8	11.8	12.1	13	14.7	14.5	18.4
	柏威夏省	26.4	26.1	57.9	56.4	65.7	56.5	44.2	47.4	35.9	58.1
	磅士卑省	157.1	190.6	161.2	234.9	202.1	161.1	198.5	208.3	286.2	102.3
	上丁省	10.5	11.7	11.8	10.9	28.4	10.5	11.3	11.7	12.8	14.3
	合计	235.9	279.4	286.9	360.3	357	294.3	321.2	338.1	405.6	250.6
	占比	11.4%	12.6%	12.4%	13.1%	13.9%	11%	11.3%	11.8%	14%	9%

资料来源：引自 MAFF（2021）。

表6-11 2010—2019年柬埔寨各省（直辖市）家养水牛存量

（单位：万头）

		2010年	2011年	2012年	2013年	2014年	2015年	2016年	2017年	2018年	2019年
	总计	80.48	78.34	74.19	69.96	61.53	57.32	64.81	69.96	62.44	57.57
中央平原地区	金边市	0.02	0.03	0.01	0.01	0.01	0.01	4.90	11.90	5	5.50
	干丹省	0.60	0.69	0.72	0.64	0.56	0.55	0.44	0.56	0.37	0.22
	柴桢省	11.96	11.78	12.02	11.86	11.71	10.58	10.61	10.74	9.63	9.60
	茶胶省	0.42	0.43	0.46	0.43	0.42	0.41	0.35	0.39	0.38	0.38
	磅湛省	6.79	6.41	6.39	6.28	2.27	2.31	2.68	2.68	2.78	2.12
	波萝勉省	10.11	9.60	8.37	7.28	5.06	4.23	4.24	3.73	3.69	1.90
	特本克蒙省	0	0	0	0	2.37	2.25	2.25	2.12	2.27	2.47
	合计	29.90	28.94	27.97	26.50	22.40	20.34	25.47	32.12	24.12	22.19
	占比	37.20%	36.90%	37.70%	37.90%	36.40%	35.50%	39.30%	45.90%	38.60%	38.50%
洞里萨地区	拜林省	3.54	3.53	3.62	3.51	3.57	3.55	3.51	3.54	3.59	3.53
	班迭棉吉省	1.2	1.08	0.91	0.82	0.69	0.76	0.78	0.83	0.93	1.09
	马德望省	0.55	0.5	0.47	0.44	0.46	0.42	0.35	0.33	0.28	0.24
	磅清扬省	4.27	4.39	4.48	3.95	3.51	3.52	4.45	3.13	3.12	2.37
	磅同省	5.79	5.54	5.23	5.05	4.11	3.43	3.3	3.7	4.05	3.87
	菩萨省	9.79	8.91	7.93	7.52	6.8	6.25	6.32	6.12	6.1	5.03
	暹粒省	9.79	8.91	7.93	7.52	6.8	6.25	6.32	6.12	6.1	5.03
	奥多棉吉省	0.63	0.71	0.8	0.74	0.75	0.72	0.73	0.73	0.72	0.48
	合计	35.56	33.57	31.37	29.55	26.69	24.90	25.76	24.50	24.89	21.64
	占比	44.20%	42.90%	42.30%	42.20%	43.40%	43.40%	39.70%	35.00%	39.90%	37.60%

		2010年	2011年	2012年	2013年	2014年	2015年	2016年	2017年	2018年	2019年
南部沿海地区	白马省	0.05	0.05	0.07	0.07	0.07	0.09	0.94	0.96	0.97	1.0
	西哈努克省	0.75	0.76	0.81	0.8	0.77	0.79	0.96	0.71	0.8	0.5
	贡布省	1.23	1.31	1.37	1.25	1.24	1.11	1.12	1.08	0.99	0.9
	戈公省	0.7	0.58	0.84	0.92	1.03	0.79	0.78	0.94	0.99	1.02
	合计	2.73	2.70	3.09	3.04	3.11	2.78	3.80	3.69	3.75	3.42
	占比	3.40%	3.40%	4.20%	4.30%	5.10%	4.80%	5.90%	5.30%	6.00%	5.90%
高原和山地地区	蒙多基里省	1.13	2.09	1.21	1.13	1.15	1.17	1.54	1.57	1.59	1.64
	桔井省	3.35	3.14	3.07	2.96	2.31	2.33	2.29	2.12	2.14	2.18
	腊塔纳基里省	1.84	1.87	1.89	1.68	1.47	1.43	1.41	1.3	1.3	1.12
	柏威夏省	2.34	2.41	1.84	1.48	0.75	0.7	0.86	0.94	0.95	0.88
	磅士卑省	0.09	0.09	0.13	0.11	0.08	0.12	0.17	0.18	0.11	0.97
	上丁省	3.54	3.53	3.62	3.51	3.57	3.55	3.51	3.54	3.59	3.53
	合计	12.29	13.13	11.76	10.87	9.33	9.30	9.78	9.65	9.68	10.32
	占比	15.30%	16.80%	15.90%	15.50%	15.20%	16.20%	15.10%	13.80%	15.50%	17.90%

资料来源：引自 MAFF（2021）。

因此，洞里萨地区是柬埔寨畜牧业和内陆渔业的主要分布区，洞里萨地区饲养牲畜及家禽的农业家庭占该地区总家庭数量的比例约为 73%，其中约有 10.8 万户农户分布于暹粒省（图 6-5）。

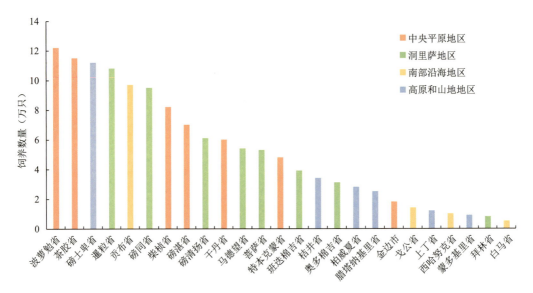

图 6-5　2019 年柬埔寨各省（直辖市）家庭饲养牲畜及家禽数量

资料来源：引自 NIS *et al.*（2019）。

（一）家畜和家禽饲养业

柬埔寨农户饲养的大型牲畜主要为奶牛和水牛，其中奶牛的数量约为水牛的 8 倍。据柬埔寨人口普查期间开展的农业调查统计，柬埔寨全国约有 240 万头牛，平均每个牧场的牛数量为 3.8 头。洞里萨地区拥有的牛数量占柬埔寨总数的 34%（83 万头），农业家庭的牛群规模各不相同，大多数农业家庭有牛 1—4 头。水牛的养殖多分布于洞里萨湖区的布法罗（13.8 万头）。

从小型牲畜来看，柬埔寨家庭农场饲养的生猪总数为 91.5 万头。洞里萨湖区农户饲养的生猪数量最多，占总量的 39%（36 万头）。

鸡和鸭是柬埔寨农户最常饲养的家禽，据柬埔寨农业调查统计，至 2019 年，柬埔寨共有 2 360 万只鸡和 700 万只鸭（图 6-6）。洞里萨湖区养殖包括鸡、鸭、鹌鹑、火鸡和鹅等超过 1 300 万只家禽。多数家庭饲养家禽的数量为 1—49 只。

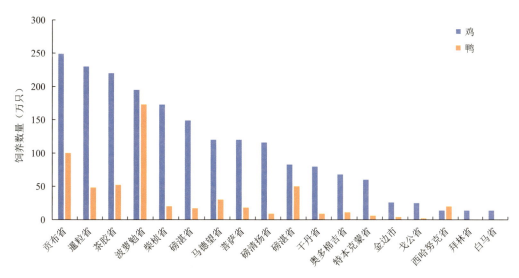

图 6-6　柬埔寨各省（直辖市）饲养鸡鸭数量

资料来源：引自 NIS *et al.*（2019）。

（二）内陆渔业

柬埔寨的内陆渔业集中分布于湄公河及其支流和洞里萨地区。由于湄公河上游及其支流为限制性水域，不允许发展大型渔业或商业渔业，洞里萨湖区的几个部分也被列为保护区栖息地，故柬埔寨主要的渔场位于洞里萨河和洞里萨湖沿岸区域，每年捕获超过 20 万 t 鱼（Chea and McKenney，2003）。由于雨季不允许进行商业和大规模捕捞，因此每年 10 月至次年 5 月是进行商业和大规模捕捞活动的时间。在柬埔寨，内陆渔业比沿海和海洋渔业发挥着更重要的作用，淡水鱼提供了约 75％ 的居民膳食蛋白质，是仅次于水稻的第二大主食（Fisheries Administration，2009）。洞里萨河和洞里萨湖区域是世界上最丰富的湿地生态系统区（Neou，2001），独特的水文状况在鱼类、野生动物和森林等生物多样性的维持方面具有重要作用（表 6-12）。

表 6-12　对柬埔寨内陆渔业状况的一般性评估

区位	评价
湄公河上游及其支流、桑河和塞公河区域	淡水渔业资源的保护繁殖地。 • 深水鱼类，特别是全球濒危物种的重要栖息地； • 不允许进行大规模捕捞或商业捕捞； • 水电站大坝开发可能对可持续渔业管理构成挑战，特别是稀有的深潭物种和大鱼； • 水文变化可能导致生态系统和水质变化； • 破坏性渔具使用使鱼类数量锐减，栖息地退化，并对当地生计造成影响； • 湄公河流域的土地利用变化可能对渔业产生不利影响
洞里萨河区域、洞里萨湖和湄公河下游区域	• 扩大的农用地使林地面积下降，水生物种的栖息地和繁殖空间也变少； • 生活垃圾、船舶发动机油和农业废水引起水质变化，累积的废物可能导致富营养化，进而影响水生生物； • 由于渔民人数增加，捕鱼活动加剧，小鱼捕获量的增加导致大鱼数量下降； • 由于栖息地退化，具有商业价值的鱼类数量减少； • 水位波动影响洞里萨河和湄公河下游及洞里萨湖周围地区，部分林地被淹没

资料来源：引自 Bansok *et al.*（2011）。

三、南部沿海地区为海洋渔业主产区

柬埔寨拥有丰富的海洋资源，绵长的海岸线为海洋捕捞及海产养殖提供了良好的自然条件，柬埔寨沿海岸线分布着许多近海岛屿，有利于发展海水网箱养殖，海洋捕捞业和养殖业的发展为海洋渔业提供了重要基础（钟纯怡等，2023）。柬埔寨的海洋渔业主要分布于南部沿海地区。从沿海各省海洋鱼类捕获量来看，白马省最少，戈公省最多。南部沿海地区是柬埔寨主要的海洋经济圈，每年产生约 20 亿美元的国民收入，该地区的海洋渔业对柬埔寨经济有着显著的贡献（旭飞，2024）。

柬埔寨近海渔业表现为小规模捕捞特征，多数中小型船只停泊在村庄前的码头，也有船只停泊在河流和小溪的水道上。渔民使用的渔具包括围网、长线等，小规模捕捞通常在 20 m 深的水域进行，若离岛也可一天往返，这是小规模渔业群体和较贫穷渔民的收入来源。渔民在雨季捕鱼可能有风险，但也能带来丰厚的收入（MAFF，2008）。较富裕的渔业群体或渔民拥有机动推网或拖网渔船等大型船只，大型船只可在远离村庄的地方航行，作业时间可以为几天或一周。

　　柬埔寨的近海捕捞主要在浅水、红树林、河口、小溪或生物多样性丰富的潮间带地区进行，从滩涂、海滩和红树林手工采集渔业产品。经济贫穷的渔民从事如软体动物（蜗牛、蛤蜊、海螺）、螃蟹和虾等捕捞活动。近海捕鱼是渔民维持日常生活的重要食物来源，依靠渔船在近海和沿平均水深不到 10 m 的海岸线航行，常见的捕鱼设备包括诱捕器（捕获螃蟹和鱿鱼）、推网、延绳钓和吊绳（表 6-13）。自 20 世纪 90 年代以来，渔民的捕获量有所下降。柬埔寨多数贫困人口在雨季面临困难，因为在捕捞旺季几乎没有机会让他们购买设备。过滤设备的落后导致捕获量小、收益少。

表 6-13　柬埔寨不同种类渔业捕捞方式

捕捞方式	具体捕捞活动
捕蟹	· 从业者多为男性。近海地区的捕捞全年进行，在雨季时活动减少。多数船只在村庄附近的码头停泊。妇女、幼儿和老年家庭成员多准备鱼产品以出售或自己食用。妇女主要参与蟹肉加工和渔业设备准备，还管理家庭资产，负责家庭购买和支出； · 使用捕蟹器和渔网。多数离岸渔民使用渔网捕捉蓝梭子蟹。近海捕捞包括各种螃蟹。捕获螃蟹的数量在逐渐减少，体型也在逐渐减小； · 螃蟹市场价格分为不同等级。大型泥蟹的售价约为 10 美元/kg。渔民将优质螃蟹以 3—4.5 美元/kg 的价格卖给村里的中间商。大型蓝梭子蟹的价格低于泥蟹，售价在 5—7.5 美元/kg
捕虾	· 雨季是捕虾高峰期。高峰期也是渔民的高收入时段，捕获量最多时段集中于每个月的几天或一周内。每艘船每天可捕获 10—17 kg，最多时可达 35 kg。近海渔获物每天至少 3 kg，最多 15 kg
乌鱼捕捞	· 海上捕捞，依靠中型或大型有发动机的船只完成。市场价格因每日或季节的捕获量而产生很大波动
乌贼捕捞	· 常用网捕器。船只可装载 80—100 个净捕集器或 200 多个用于海上捕捞的捕集器，或 500—1 000 个贝壳捕集器（也被用来捕捉鱿鱼，尤其是蜘蛛鱿鱼）
手工收集	· 主要在潮间带退潮期间用手捕捉软体动物或螃蟹。多数沿海贫困渔民都参与这项活动。晚上可以在红树林中捕获海沙蟹。这种螃蟹可加工成咸螃蟹，售价约为 1 美元/kg

续表

捕捞方式	具体捕捞活动
沿海袋网	·沿海袋式蚊帐仅在戈公地区使用，铺设在河流、河口和小溪上。袋网用于捕捉各种鱼类，如虾、鲻鱼和垃圾鱼。袋式蚊帐每隔几天甚至一周清空一次。每次运输的数量可以是 35 kg、50 kg 甚至 100 kg。由于袋网的小网眼而捕获了大量的软体动物和无脊椎动物，对沿海渔业群落具有破坏性

资料来源：引自 Bansok *et al*.（2011）。

四、高原和山地地区为林业主产区

柬埔寨高原和山地地区林地资源丰富，因此林木业发展较好。

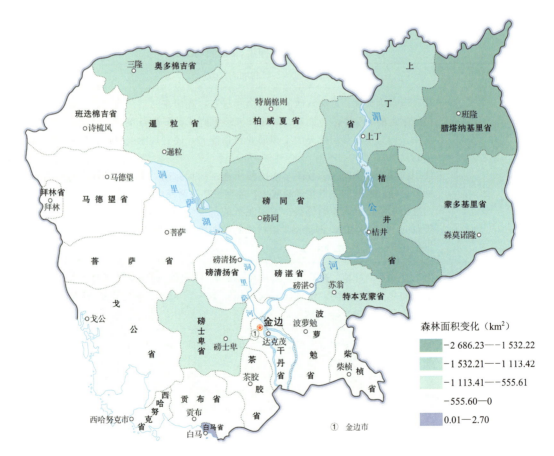

图 6-7　2000—2020 年柬埔寨各省森林面积变化

资料来源：根据 GlobeLand 30 卫星遥感数据（http://www.globallandcover.com/）计算绘制。

在柬埔寨各省份中，只有白马省森林面积从 2000 年的 19 km² 增长到 2020 年的 22 km²，其余省份的森林面积均有所减少。其中，腊塔纳基里省、桔井省、奥多棉吉省、磅同省、上丁省、蒙多基里省、暹粒省等的森林面积减少均超过了 800 km²（图 6-7）（UNDP，2019）。

在柬埔寨约 170 万户农业家庭中，11％的家庭参与了收集能源木材（用于能源加热、烹饪的生物质木材）的林业相关活动。少数农户从事其他林业活动，包括制木炭，收集木材和收集藤条、绳子、扫帚、棕榈茅草等非木材森林产品。柬埔寨林地被转换后，社区居民面临不确定的生计选择。当地村民非常清楚森林消失后他们将面临生计困难，还意识到森林砍伐对环境的影响，即降雨不规律（降雨开始晚，降雨量少）、异常高温以及土壤侵蚀。森林资源相关部门在促进环境保护和社会经济发展方面发挥着重要作用。

除发展林木业外，高原和山地地区也发展畜牧业和内陆渔业。①有从事畜牧业的家庭占该地区农业家庭的 83％左右，其中磅士卑省有 11.2 万户。②湄公河上游地区及其主要支流地区修建水电站会对水资源、水流和生态系统产生重大影响。该区域重要鱼类栖息地包括深池、急流、漫滩和相关湿地。深池比周围河床深很多，在旱季与主要河流隔离时可以蓄水，在保护鱼类多样性方面具有重要意义（Chan et al.，2003）。但在旱季，深池的水位不可避免地变浅，鱼类容易暴露于可捕获的范围内，以至于会被一次性捕获。

参 考 文 献

[1] 毕世鸿等：《柬埔寨经济社会地理》，世界图书出版公司，2014 年。
[2] 顾佳赟："柬美关系趋冷对'一带一路'倡议的影响及应对"，《云南大学学报》（社会科学版），2018 年第 2 期。
[3] 顾佳赟："新时代打造中柬命运共同体的机遇、挑战与建议"，《当代世界》，2019 年第 4 期。
[4] 梁薇："柬埔寨：2017 年回顾与 2018 年展望"，《东南亚纵横》，2018 年第 1 期。
[5] 梁薇："柬埔寨：2018 年回顾与 2019 年展望"，《东南亚纵横》，2019a 年第 1 期。
[6] 梁薇："'一带一路'战略下中柬基建合作探析"，《当代经济》，2019b 年第 3 期。
[7] 农业农村部对外经济合作中心："柬埔寨农业发展与澜湄农业合作进展简报"，中国产业海外发展协会，http://www.ciodpa.org.cn/index.php? m＝content&c＝index&a＝show&catid＝41&id＝2160，2020 年 2 月 17 日。
[8] 欧阳开宇："柬埔寨制定农业发展路线图 设定年增长率目标"，中国新闻网，https://baijiahao.baidu.com/s? id＝1722232162375846723&wfr＝spider&for＝pc，2022 年 1 月 18 日。
[9] 田原、王志芳、孔维升等："柬埔寨外向型经济发展与中柬经贸合作"，《国际经济合作》，2017 年

第 6 期。

[10] 王文、刘典："柬埔寨：'一带一路'国际合作的新样板——关于柬埔寨经济与未来发展的实地调研报告"，《当代世界》，2018 年第 1 期。

[11] 旭飞："沿海地区为柬埔寨主要经济圈"，《柬华日报》，2024 年 10 月。

[12] 越通社："2017 年柬埔寨水稻产量增长 5.7%"，https：//zh. vietnamplus. vn/2017%E5%B9%B4%E6%9F%AC%E5%9F%94%E5%AF%A8%E6%B0%B4%E7%A8%BB%E4%BA%A7%E9%87%8F%E5%A2%9E%E9%95%BF57-post79829. vnp. 2018 年 5 月 4 日。

[13] 郑国富："中柬双边经贸合作对柬埔寨国内经济增长效应的实证研究"，《湖南商学院学报》，2013 年第 3 期。

[14] 郑国富："柬埔寨与美国双边经贸合作关系论析"，《长春理工大学学报》（社会科学版），2013 年第 11 期。

[15] 郑国富："'澜湄合作'背景下中柬经贸合作的成效、问题与前景"，《国际关系研究》，2018 年第 5 期。

[16] 钟纯怡、敬小军、王佳迪等："柬埔寨渔业发展现状及'鱼米走廊'建设合作思考"，《科学养鱼》，2023 年第 12 期。

[17] ADB（Asia Development Bank），2008. Issues and Options in Agriculture and Natural Resources Sector in Cambodia.

[18] ADB，2021. Cambodia Agriculture，Natural Resources，and Rural Development Sector Assessment，Strategy，and Road Map. https://www. cd-center. org/wp-content/uploads/2022/10/Cambodia-Agriculture-Rural-development-roadmap. pdf.

[19] Agrawal，A.，Lemos，M. C.，2015. Commentary：Adaptive development. *Nature Climate Change*，Vol. 5.

[20] APFNet（Asia-Pacific Network for Sustainable Forest Management and Rehabilitation），2021. Forestry Distribution and Management in Cambodia. APFNet Reports.

[21] Ayers，J.，D. Dodman，2010. Climate change adaptation and development I：the state of the debate. *Progress in Development Studies*. Vol. 10，Iss. 2.

[22] Bansok，R.，N. Phirun，C. Chhun，2011. Agricultural Development and Climate Change：The Case of Cambodia. Cambodia Development Resource Institute（CDRI）Working Paper.

[23] Barange，M.，G. Merino，J. L. Blanchard，*et al.*，2014. Impacts of climate change on marine ecosystem production in societies dependent on fisheries. *Nature Climate Change*. Vol. 4.

[24] Barran，E.，2005. Cambodian Inland Fisheries：Facts，Figures and Context. WorldFish Center Report.

[25] Bonheur，N.，2001. Tonle Sap Ecosystem and Value. Technical Coordination Unit for Tonle Sap，Ministry of Environment.

[26] Bowen，K. J.，F. Miller，V. Dany，*et al.*，2013. Enabling Environments? Insights into the policy context for climate change and health adaptation decision-making in Cambodia. *Climate and Development*. Vol. 5，Iss. 4.

[27] Chan，S.，S. Putrea，K. Sean，*et al.*，2003. Using Local Knowledge to Inventory Deep Pools，Important Fish Habitats in Cambodia. In Burnhill，T. J.，M. M. Hewitt（eds.），2005. *Proceedings of the 6th Technical Symposium on Mekong Fisheries*. MRC Conference Series No. 5. Mekong River Commission. pp. 57-76.

[28] Chann，S.，2002. Investment in Land and Water in Cambodia. http://www. fao. org/docrep/005/

ac623e/ac623e0c. htm.

[29] Chea. Y. , B. McKenney, 2003. Fish Exports from the Great Lake to Thailand: An Analysis of Trade Constraints, Governance, and the Climate for Growth. CDRI Working Paper 27. CDRI.

[30] Chhun, C. , B. Bora, E. Sothy, 2015. Effect of Labour Movement on Agricultural Mechanization in Cambodia. CDRI Working paper series, No. 107.

[31] Eakin, H. , M. C. Lemos, D. Nelson, 2014. Differentiating capacities as a means to sustainable climate change adaptation. *Global Environmental Change*. Vol. 27, No. 1.

[32] Fisheries Administration, 2009. Overall Annual Report on Fisheries to 2009 and Targeting for 2010.

[33] Gustafson, S. , A. J. Cadena, P. Hartman, 2016. Adaptation planning in the Lower Mekong Basin: Merging scientific data with local perspective to improve community resilience to climate change. *Climate and Development*. Vol. 10, Iss. 2.

[34] Hallegatte, S. , M. Bangalore, L. Bonzanigo, *et al.* , 2015. Shock Waves: Managing the Impacts of Climate Change on Poverty. World Bank Group Report.

[35] Hallegatte, S. , Rozenberg, J. , 2018. Poor People on the Front Line: The Impacts of Climate Change on Poverty in 2030. In Kanbur, R. , H. Shue (eds.), *Climate Justice: Integrating Philosophy and Economics*, Oxford University Press.

[36] Hershey, C. , R. H. Howeler, 2000. Cassava in Asia: designing crop research for competitive markets. Paper presented at the Cassava's Potential in Asia in the 21st Century: Present Situation and Future Research and Development Needs. Proceedings 6th Regional Workshop, held in Ho Chi Minh, Vietnam. Feb 21-25.

[37] Hoegh-Guldberg, O. , D. Jacob, M. Taylor, *et al.* , 2018. Impacts of 1.5℃ global warming on natural and human systems. In Global Warming of 1.5℃: An IPCC Special Report on the impacts of global warming of 1.5°C above pre-industrial levels and related global greenhouse gas emission pathways, in the context of strengthening the global response to the threat of climate change, sustainable development, and efforts to eradicate poverty IPCC. https://www. ipcc. ch/sr15/chapter/chapter-3/.

[38] Horlings, J. , M. Marschke, 2020. Fishing, farming and factories: adaptive development in coastal Cambodia. *Climate and Development*. Vol. 12, Iss. 6.

[39] Käkönen, M. , L. Lebel, K. Karhunmaa, *et al.* , 2014. Rendering climate change governable in the least-developed countries: Policy narratives and expert technologies in Cambodia. *Forum for Development Studies*. Vol. 41, Iss. 3.

[40] Kampong Cham Provincial Department of Agriculture, 2014. Annual Report 2014.

[41] Kaplinsky, R. , A. Terheggen, J. Tijaja, 2010. What Happens When the Market Shifts to China? The Gabon Timber and Thai Cassava Value Chains. The World Bank Policy Research Working Paper 5206.

[42] Kem, S. , 2017. Commercialization of smallholder agriculture in Cambodia: Impact of the cassava boom on rural livelihoods and agrarian change. The University of Queensland PhD thesis.

[43] Kreft, S. , D. Eckstein, I. Melchior, 2016. Global Climate Risk Index 2017: Who Suffers Most from Extreme Weather Events? Weather-related Loss Events in 2015 and 1996 to 2015. Germanwatch e. V. https://www. germanwatch. org/sites/default/files/publication/16411. pdf.

[44] Lamb, V. , M. Marschke, J. Rigg, 2019. Trading sand, undermining lives: Omitted livelihoods in

the global trade in sand. *Annals of the Association of American Geographers*, Vol. 109, Iss. 5.

[45] Lemos, M. C., A. Agrawal, H. Eakin, *et al.*, 2013. Building Adaptive Capacity to Climate Change in Less Developed Countries. In Asrar, G. R., J. W. Hurrell (eds.), *Climate Science for Serving Society: Research, Modeling and Prediction Priorities*. Springer Dordrecht.

[46] Ly, S., Sanchez Martin, M. E., Phim, M. *et al.*, 2019. Cambodia Economic Update: Recent Economic Developments and Outlook. World Bank Group. http://documents.worldbank.org/curated/en/270201563337168314/Cambodia-Economic-Update-Recent-Economic-Developments-and-Outlook.

[47] MAFF (Ministry of Agriculture, Forestry and Fishery, Kingdom of Cambodia), 2008. Annual Conference on Agriculture, Fisheries and Forestry.

[48] MAFF, 2010. Annual Report of Ministry of Agriculture, Fishery and Forestry for 2009-2010 and Direction for 2010-2011.

[49] MAFF, 2011. Annual Development Report for 2010-2011 and Target for 2011-2012.

[50] MAFF, 2013. Annual Report 2012. Ministry of Agriculture, Forestry and Fisheries.

[51] MAFF, 2016. Annual Report 2016. Ministry of Agriculture, Forestry and Fisheries.

[52] MAFF, 2017. Annual Report 2017. Ministry of Agriculture, Forestry and Fisheries.

[53] MAFF, 2021. Annual Report 2021. Ministry of Agriculture, Forestry and Fisheries.

[54] MAFF, MOWRAM (Ministry of Water, Resources and Meteorology, Kingdom of Cambodia), 2007. Strategy for Agriculture and Water 2006-2010. https://faolex.fao.org/docs/pdf/cam192779.pdf.

[55] Marschke, M., P. Vandergeest, 2016. Slavery scandals: Unpacking labour challenges and policy responses within the offshore fisheries sector. *Marine Policy*. Vol. 68.

[56] MOC (Ministry of Commerce, Kingdom of Cambodia), 2013. Cambodia Trade Integration Strategy 2013-2018. Ministry of Commerce.

[57] MOC, 2014. Cambodia's Diagnostic Trade Integration Strategy and Trade SWAp Roadmap 2014-2018. Ministry of Commerce.

[58] MOE (Ministry of Environment, Kingdom of Cambodia), 2006. Cambodia Shoreline Management Strategy (2006-2010).

[59] MOE, Danida, 2005. State of Coastal Environment and Socio-economic Report.

[60] MOE, Danida, 2007. State of Coastal Environment and Socio-economic Report.

[61] MOP (Ministry of Planning, Kingdom of Cambodia), 2009. Poverty and Selected CMDGs Maps and Charts 2003-2008. Ministry of Planning.

[62] MOWRAM, 2010. Strategic Framework for Water Resource and Meteorology 2009-2013. Ministry of Water Resource and Meteorology.

[63] Neou, B., 2001. Tonle Sap ecosystem and value. Ministry of Environment.

[64] NIS (National Institute of Statistics, Kingdom of Cambodia), MOP, 2008. Statistical Yearbook of Cambodia 2008.

[65] NIS, MOP, 2021. Statistical Yearbook of Cambodia 2021. https://data.laos.opendevelopmentmekong.net/library_record/statistical-yearbook-of-cambodia-2021/resource/71785f60-208c-4053-a856-a689c5d0eb1f.

[66] NIS, MOP, MAFF, 2020. Cambodia Inter-Censal Agriculture Survey 2019 (CIAS19) Final Report.

[67] Nith, K., S. Ly, 2018. Reinvigorating Cambodian agriculture: Transforming from extensive to intensive agriculture. Munich Personal RePEc Archive. https://mpra.ub.uni-muenchen.de/93086/.

September 28.

[68] Nuroteva, P. , M. Keskinen, O. Varis, 2010. Water, livelihoods and climate change adaptation in Tonle Sap Lake area, Cambodia: Learning from the past to understand the future. *Journal of Water and Climate Change*. Vol. 1, No. 1.

[69] Pörtner, H. O. , D. M. Karl, P. W. Boyd, *et al.*, 2014. Ocean Systems. In IPCC (Intergovernmental Panel on Climate Change) . *Climate Change 2014: Impacts, Adaptation, and Vulnerability. Part A: Global and Sectoral Aspects*. Cambridge University Press.

[70] PPCR (Pilot Program for Climate Resiliemce), 2014. Climate Change Impact Modeling and Vulnerability Assessments for Koh Kong and Mondulkiri Provinces in Cambodia.

[71] RGC (Royal Government of Cambodia), 2004. The 73 Point Political Platform of the Royal Goverment of Cambodia.

[72] RGC, 2010. National Strategic Development Plan Update 2009-2013. https://www. ilo. org/sites/default/files/wcmsp5/groups/public/@asia/@ro-bangkok/documents/publication/wcms _ 145085. pdf.

[73] RGC, Council of Ministers, 2015. Cambodia Industrial Development Policy 2015-2025. https://www. eurocham-cambodia. org/uploads/97dae-idp _ 19may15 _ com _ official. pdf.

[74] Saing, C. H. , 2012. Searching for binding constraints on growth using growth diagnostic approach: the case of Cambodia. *Annual Development Review*. Vol. 12, pp. 14-27.

[75] Sherman, M. , L. Berrang-Ford, S. Lwasa, *et al.*, 2016. Drawing the line between adaptation and development: A systematic literature review of planned adaptation in developing countries. *Wiley Interdisciplinary Reviews: Climate Change*. Vol. 7, Iss. 5.

[76] Socheth, H. , 2012. Foreign Investment in Agriculture in Cambodia: A Survey of Recent Trends. TKN Report, International Institute for Sustainable Development.

[77] Solieng, M. , 2013. World Geographical Dictionary on Cambodia. World Geographical Dictionary. May 31.

[78] Sopheap, U. , A. Patanothai, T. M. Aye, 2012. Unveiling constraints to cassava production in Cambodia: An analysis from farmers' yield variations. *International Journal of Plant Production*. Vol. 6.

[79] Sothath, N. , S. Chan, 2010a. Does Large Scale Agricultural Investment Benefit the Poor? Cambodia Economic Association. https://landmatrix. org/media/uploads/opendevelopmentcambodianetreferences2nds _ cea _ research _ report_02072010. pdf.

[80] Sothath, N. , S. Chan, 2010b. More Vulnerable: The Impact of Economic Downturn on Women in Cambodia. Oxfam GB Research Report: http://oxfam. intelli-direct. com/e/d. dll? m=234&url= http://www. oxfam. org. uk/resources/policy/economic _ crisis/downloads/rr _ gec _ impact _ on _ cambodia _ 170210. pdf.

[81] Statistia Cambodia, 2020. Share of economic sectors in the gross domestic product (GDP) from 2010 to 2020. https://www. statista. com/statistics/438728/share-of-economic-sectors-in-the-gdp-in-cambodia/.

[82] Suy, R. , C. Choun, L. Chhay, 2018. Review of Agriculture and Rural Development to Poverty Reduction in Cambodia: SWOT Analysis. *Asian Themes in Social Sciences Research*. Vol. 1, No. 1.

[83] The World Bank. 2014. Where Have All the Poor Gone? Cambodia Poverty Assessment 2013. A World Bank Country Study. https://documents1. worldbank. org/curated/en/824341468017405577/pdf/ACS45450RE-VISE00English0260May02014. pdf.

［84］Theng，V.，2012. Fertiliser value chains in Cambodia：a case study in Takeo province. Cambodia Development Review.

［85］Theng，V.，2013. What Does Recent Research Tell Us About Challenges and Policy Priorities for Agricultural Development and Food Security. Paper presented at the Cambodia Outlook Conference.

［86］Theng，V.，S. Kem，C. Chhim，2009. The impact assessment of the global financial crisis on the poor and vulnerable people. Cambodia Development Review.

［87］Thoeun，H. C.，2015. Observed and projected changes in temperature and rainfall in Cambodia. *Weather and Climate Extremes*，Vol. 7

［88］TWGFE（Technical Working Group on Forestry and Environment），2007. Forest cover changes in Cambodia 2002-2006. Paper prepared by the TWGFE for the Cambodia Development Cooperation Forum，June 19-20.

［89］UNDP（United Nations Development Pragramme），2007. Insights for Action-Raising Rural Incomes in Cambodia：Beyond Sectoral Policy，Toward a Framework for Growth. http://www. slideshare. net/WERI/unep-climate-change-programme.

［90］US Library of Congress. 2021. Industry. http://countrystudies. us/cambodia/66. htm.

［91］USAID（U. S. Agency for International Development），2006. Cambodia：The Human Impact of Forest Conflict. United States Agency for International Development. https://pdf. usaid. gov/pdf _ docs/Pnadg548. pdf.

［92］USAID，2019. Cambodia Agriculture Competitiveness Opportunity Assessment. https://agrilinks. org/sites/default/files/2018 _ cambodia _ opportunity _ identification. pdf.

［93］Warr，P.，J. Menon，2015. Cambodia's special economic zones. *Journal of Southeast Asian Economies*，Vol. 33.

第七章 工业兴起及空间集聚

柬埔寨工业起步晚、基础弱。为提高工业竞争力，促进产业结构升级，推动经济多样化，2015 年柬埔寨发布《2015—2025 年柬埔寨工业发展政策》，将工业作为中长期经济增长的驱动力，提出包含技能发展、技术、融资、贸易便利化和投资等 100 项具体措施，以改善工业发展环境，创造就业机会，增加经济附加值，为经济增长注入新的活力（RGC，2015）。

第一节 工业经济明显增长

柬埔寨第二产业主要包括采矿业、制造业和建筑业，其中采矿业和制造业统称为工业。柬埔寨的制造业包括了成衣制造业（即服装、鞋和旅行用品制造业）等行业门类。需要说明的是，柬埔寨有关各省（直辖市）第二产业、工业、制造业的统计数据尚未发布，本章以柬埔寨经济普查数据为基础，概述工业基本情况，侧重制造业分析。

1993 年以来，柬埔寨工业经济明显增长。2021 年发布的《2015—2025 年柬埔寨工业发展政策中期评价报告》显示，2015 年柬埔寨第二产业增加值占 GDP 的比例为 27.68%，2019 年该比例为 34.23%，已提前实现 2025 年第二产业增加值占 GDP 比例至少 30% 的目标。然而，柬埔寨第二产业主要靠建筑业驱动，制造业增长未达预期。2021 年，柬埔寨制造业增加值占 GDP 的比例为 17.86%，距离 2025 年占 GDP 的 20% 的目标仍有一定的差距。

一、工业经济规模逐渐扩大

1993 年以来，柬埔寨经济发展迎来新的契机。从 1994 年到 2021 年，柬埔寨第二产业增加值从 4.57 亿美元增长为 81.19 亿美元，增长了 17 倍多，第二产业增加值占 GDP 的比例也从 13.72％上升为 36.83％。2010 年以来，除了 2020 年受全球新冠疫情影响外，柬埔寨第二产业增加值年增长率均超过 9％（表 7-1）。

从 1994 年到 2021 年，柬埔寨制造业增加值从 2.18 亿美元上升为 42.18 亿美元，增长了 19.35 倍，制造业增加值占 GDP 的比例也从 8.85％上升为 17.86％（表 7-2），制造业已成为牵引柬埔寨经济成长的支柱产业。

表 7-1　1994—2021 年柬埔寨第二产业增加值及占 GDP 比例

年份	第二产业增加值（亿美元）	第二产业增加值占 GDP 比例（％）	第二产业增加值年增长率（％）
1994	4.57	13.72	
1995	5.43	14.26	18.91
1996	5.67	14.99	4.39
1997	6.62	16.39	16.81
1998	7.03	16.71	6.21
1999	8.52	18.04	21.19
2000	11.18	21.86	31.19
2001	12.43	22.29	11.20
2002	14.55	24.25	17.07
2003	16.30	24.99	12.05
2004	19.01	25.65	16.60
2005	21.42	24.99	12.69
2006	25.34	26.18	18.27
2007	27.46	24.94	8.40
2008	28.58	22.37	4.04
2009	25.86	21.66	−9.49
2010	29.37	21.87	13.56

年份	第二产业增加值 （亿美元）	第二产业增加值 占 GDP 比例（％）	第二产业增加值 年增长率（％）
2011	33.62	22.14	14.48
2012	36.76	22.98	9.34
2013	40.70	24.07	10.73
2014	44.81	25.61	10.09
2015	49.96	27.68	11.50
2016	55.24	29.45	10.56
2017	60.62	30.85	9.75
2018	67.66	32.29	11.60
2019	75.29	34.23	11.28
2020	74.24	34.56	−1.40
2021	81.19	36.83	9.37

注：GDP 按照 2015 年美元不变价换算。

资料来源：根据 NIS（2021）计算。

《2015—2025 年柬埔寨工业发展计划》提出要改变以劳动密集型为主的经济发展模式，围绕向技术驱动型和知识型现代产业发展的目标（RGC，2015），列出工业发展路径，明确优先发展的领域：①具备开拓新市场能力的新兴产业或制造企业，其产品具有高附加值、创新性强且极具竞争力，不仅关注消费品，还涉及生产设备，如机械装配、机电电气设备装配、交通运输工具装配及自然资源加工等；②各行业中的中小企业，特别是涉及药品和医疗设备、建筑材料、出口包装设备、家具制造及工业设备生产等领域的企业；③面向国内外市场的农产品加工业；④为农业、旅游业和纺织业提供支持的各类产业，以及服务于区域生产链并与全球市场或全球价值链形成前向联系的产业，以及与原材料供应网络形成后向联系的产业，特别是在服装行业中，为生产备件和组装其他半成品提供支持的产业；⑤服务于区域生产线的产业，以及具有未来战略重要性的产业，如信息技术与通信（Information and Communications Technology，ICT）、能源、重工业、绿色技术等领域的产业（RGC，2015）。

表 7-2　1994—2021 年柬埔寨制造业增加值及占 GDP 比例

年份	制造业增加值 （亿美元）	制造业增加值占 第二产业增加值比例（%）	制造业增加值 占 GDP 比例（%）
1994	2.18	47.73	8.85
1995	2.56	47.17	9.15
1996	2.88	50.85	10.10
1997	3.67	55.51	11.64
1998	4.23	60.18	12.66
1999	5.07	59.46	13.20
2000	6.60	59.05	16.01
2001	7.60	61.17	16.77
2002	8.70	59.78	17.61
2003	9.77	59.92	18.20
2004	11.49	60.46	18.78
2005	12.61	58.87	17.80
2006	14.81	58.45	18.56
2007	16.13	58.71	17.33
2008	16.63	58.19	15.35
2009	14.05	54.32	14.42
2010	18.20	61.98	14.69
2011	21.14	62.89	15.17
2012	22.60	61.47	15.09
2013	24.81	60.96	15.49
2014	26.46	59.06	15.40
2015	28.90	57.85	16.01
2016	30.94	56.01	16.00
2017	32.94	54.33	16.19
2018	35.93	53.11	16.35
2019	38.35	50.93	16.28
2020	37.30	50.24	16.20
2021	42.18	51.95	17.86

注：GDP 按照 2015 年美元不变价换算。

资料来源：根据 NIS（2021）计算。

2012 年以来，柬埔寨建筑业也实现了较大的增长（表 7-3），建筑业增加值占 GDP 比例从 6.5％上升为 15.3％。2012—2019 年，制造业增加值占 GDP 比例保持在 15.1％—16.3％，与建筑业之间产值的差距在缩小。在建筑业快速发展的背景下，制造业增加值占第二产业增加值的比例从 2012 年的 61.47％下降为 2021 年的 51.95％。据此，柬埔寨还需加大制造业发展的力度（WBG，2015）。

表 7-3 **2012—2019 年柬埔寨各产业增加值占比变化** （单位：％）

	2012 年	2013 年	2014 年	2015 年	2016 年	2017 年	2018 年	2019 年
农业、渔业和林业	33.6	31.1	28.7	26.6	24.7	23.4	22	20.7
采矿业	0.8	0.9	1.1	1.3	1.5	1.7	1.8	2.1
制造业	15.1	15.3	15.3	16	16	16	16.3	16.3
电、气、水	0.5	0.5	0.6	0.5	0.6	0.6	0.6	0.6
建筑业	6.5	7.2	6.5	9.8	11.4	12.4	13.6	15.3
服务业	37.8	38	39.6	39.8	39.9	39.7	39.5	38.8

资料来源：引自 NIS and MOP（2021）。

二、工业就业人数不断上升

柬埔寨工业化加速推进，工业企业数量不断增加，就业人数不断上升。据柬埔寨工业、科技和创新部统计数据，2022 年柬埔寨在运营的大型企业共 1 879 家，与 2021 年相比增长 0.8％，主要涉及纺织制衣，食品、饮料、烟草、木材加工，橡胶、塑料制造和矿产加工等行业。2022 年新成立的大型企业 163 家，同比减少 30.64％；关闭的大型企业 148 家，与 2021 年相比增长 46.53％。截至 2022 年底，柬埔寨共有工业、手工业企业 43 997 家，创造 451 024 个就业岗位（中华人民共和国驻柬埔寨王国大使馆经济商务处，2022）。全年工业领域投资额 166.91 亿美元，同比增长 20.84％，投资地主要集中于金边市、西哈努克省、干丹省、磅士卑省、柴桢省和贡布省等。

2019 年柬埔寨 15—64 岁从业人员总数为 880.5 万人，其中第二产业从业人员占比达到了 26.1％（表 7-4）。

表7-4　2019年柬埔寨三次产业15—64岁从业人员数量及占比

从业人员类别	男性	女性	总和
从业人员数量（万人）	448.7	431.8	880.5
第一产业从业人员占比（%）	33	38	35.5
第二产业从业人员占比（%）	27.9	24.2	26.1
第三产业从业人员占比（%）	39.1	37.8	38.4

资料来源：引自 NIS and MOP（2021）。

2021年柬埔寨经济普查数据显示，该国制造业从业人员有110.71万人，其中男性和女性制造业从业人员分别为34.36万人、76.35万人，占制造业从业人员的比例分别为31.04%、68.96%。截至2022年7月，柬埔寨工业部门劳动力为104.52万人，其中女性占75.94%；与2017年的98.2万名从业人员数相比，增加了6.31%。

第二节　工业经济基本特征

柬埔寨工业近年来发展迅速，但产业结构单一、产业基础薄弱等情况尚未改观。国内供应链发展不完善、工业企业规模小、技术水平低和缺乏创新活力等，仍然是制约柬埔寨工业发展的关键因素。

一、产业部门结构单一

柬埔寨的工业结构较为单一，主要集中在成衣制造业等劳动力密集型产业领域。2021年，柬埔寨出口的前五强产品分别为针织或钩针服饰、非针织或钩针编织服饰、皮革/动物肠道制品、鞋类、电机设备，上述五强产品出口额占全国出口总额的68.7%。柬埔寨劳动力资源丰富，人口年龄结构趋于年轻化，劳动力成本低使其在发展成衣制造业等劳动密集型产业上具有比较优势。2019年，柬埔寨工业和手工业领域产值为148.75亿美元，与2018年相比增长13%，其中成衣制造业产值为93.25亿美元，同比增长11%；其他出口产品如大米、白糖、饲料、轮胎、啤酒、饮料、烟草等的产值为 18.6 亿美元，同比增长 27%。成衣制造业出口产值约是其他产业出口产值的 5 倍，成衣制造业是柬埔寨对外出口的主要部门（中华人民共和国驻柬埔寨王国大使馆经济商务处，2022）。

二、企业规模总体偏小

柬埔寨将全国企业分为微型企业、小型企业、中型企业和大型企业四种类型（OpenDevelopment Cambodia，2020）。根据柬埔寨企业注册署的定义，微型企业是指具有少于等于 10 名雇员，资产小于 5 万美元的企业。这类企业通常是由个人或家庭拥有和经营的规模较小的企业。小型企业是指有超过 10 名但少于 50 名雇员，资产在 5 万—25 万美元的企业。小型企业相对微型企业而言规模略大。中型企业是指雇员在 51—100 人，资产在 25 万—50 万美元的企业。大型企业是指雇员超过 100 人，资产超过 50 万美元的企业。这类企业规模大且拥有资源多。

柬埔寨具有代表性的大型企业包括：①柬埔寨皇家集团（The Royal Group），其业务范围较广，涉及电信、运输、能源、媒体、金融、保险、建筑、酒店、旅游、教育、房地产、贸易等多个行业。②加华投资控股（Canadian Investment Holding），主要业务涉及金融、基础设施和房地产等行业。③集贸集团（Chip Mong Group），主要业务涉及金融、房地产、建材、零售和食品等行业。④安达投资集团（Vattanac Investment），主要业务涉及房地产、工业园区、金融和贸易等行业（商务部国际贸易经济合作研究院等，2022）。

从企业登记注册情况来看，柬埔寨 98.64% 的微型企业未进行正式登记。2020 年只有 18.53% 的小型企业拥有合规会计记录，低于原计划 2020 年"30% 的小型企业拥有合规会计记录"的目标。而拥有资产平衡表的中型企业只占 38.69%，低于原计划 2020 年"50% 的中型企业拥有资产平衡表记录"的目标。2020 年大型企业中拥有资产平衡表的比例也只有 80%，还有 20% 的大型企业未拥有资产平衡表（图 7-1）。

从注册率来看，2019 年柬埔寨小型、中型和大型企业的注册率分别为

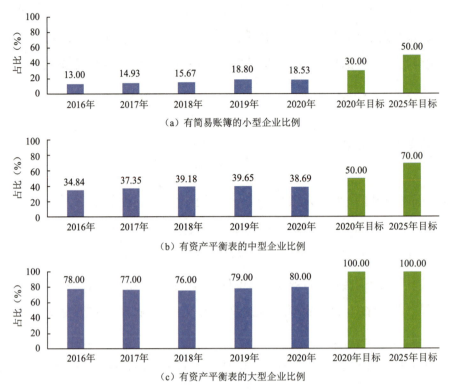

图 7-1　2016—2020 年柬埔寨企业财务报表登记情况以及 2025 年预期目标

资料来源：引自 RGC（2021）。

49.7%、87.0%、98.0%（图 7-2）。由于缺乏适当的注册制度，未注册的中小企业无法实现业务扩张或获取新技术收购所需的资金。缺乏融资渠道导致中小企业、具有竞争力的企业发展受阻（RGC，2021）。

三、技术创新活力不足

柬埔寨工业发展受制于工业技术水平较低、技术创新活力不足，具体表现在以下方面：第一，熟练劳动力、专业技术人员数量较少；第二，柬埔寨培养高素质的技术工人、技术人员和工程师的能力有限（RGC，2021）；第三，由工人、技术人员、工程师和科学家组成的技术创新体系尚未形成。以发明专利申请和授权为例，柬埔寨境内申请和授权发明专利数量少，其中归属于柬埔寨本国居民的专利数量更少（图 7-3、图 7-4）。

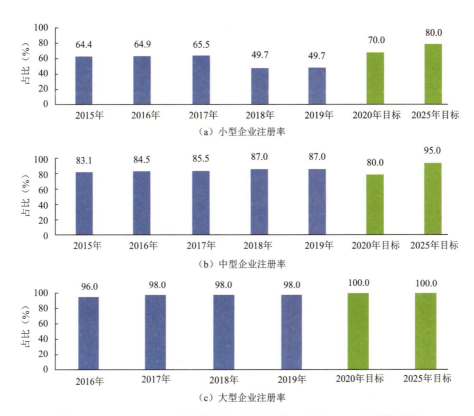

（a）小型企业注册率

（b）中型企业注册率

（c）大型企业注册率

图 7-2　2016—2020 年柬埔寨企业注册情况以及 2025 年预期目标

资料来源：引自 RGC（2021）。

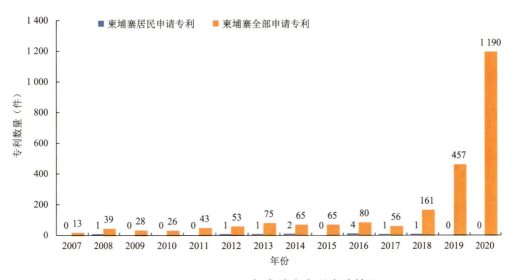

图 7-3　2007—2020 年柬埔寨专利申请情况

资料来源：引自 RGC（2021）。

图 7-4   2007—2020 年柬埔寨专利授权情况

资料来源：引自 RGC（2021）。

从 2015 年到 2019 年，柬埔寨人均制造业增加值从 163.8 美元增长为 202.6 美元，仍处于国际较低水平。从 2015 年到 2019 年，柬埔寨熟练工人数量从 4 094人增长为 10 179 人，年均复合增长率为 25.6％，但由于工业基础薄弱，柬埔寨熟练工人数量总数偏少（图 7-5）。C1、C2 和 C3 职业证书是柬埔寨国家职业教育培训委员会发行的证书，用于认定个人在特定职业领域接受了相应培训并具备相关技能（RGC，2021）。C1 职业证书针对初级职业岗位，包括一些基础技能的培训和认证。C2 职业证书针对中级职业岗位，适用于那些需要一定工作经验和更高级别技能的职业。C3 职业证书则是用于高级职业岗位，要求候

图 7-5   2008—2019 年柬埔寨熟练工人数量变化

资料来源：引自 RGC（2021）。

选人具备较高级别的专业知识和技能。这些证书可以增强个人在就业市场上的竞争力，并向雇主证明其在相关职业领域拥有必要的技能和经验。至 2019 年，柬埔寨获得 C1、C2 或 C3 职业证书的毕业生数量仍然较低（图 7-6）。柬埔寨科学、科技、工程及数学教育（Science，Technology，Engineering and Mathematics，STEM）欠发达，制约了柬埔寨吸收和利用世界现代科学技术以促进本国工业发展。2019 年柬埔寨科学、科技、工程及数学教育专业的学生比例仅为 23.5%。柬埔寨工业较长时间处于劳动力廉价、以劳动力密集型工业为主、生产率低下的状态。

图 7-6　2008—2019 年柬埔寨毕业生技术证明获得情况

资料来源：引自 RGC（2021）。

以纺织业和服装业为例，柬埔寨约 60% 的工厂从事制造和裁剪，只有 25% 的工厂从事如刺绣、洗涤、包装等有技术标准、附加值较高的生产活动，在编织纤维或挤纱等环节还要从亚洲其他国家进口原材料。此外，柬埔寨尚不能完全保障这类生产线需要的低廉且充足的电力资源。

在制造业的另一重要领域食品制造中，柬埔寨多数企业只能进行食品加工和半成品加工，技术利用水平普遍较低。比如，在《2010 年促进稻米生产和精米出口政策文件》发布之前，柬埔寨只有少数达到国际标准的碾米厂。同样，其他食品制造部门生产率技术水平低下，技术知识匮乏，产品竞争力受限。

四、吸引外资初步见效

根据柬埔寨国家银行发布的数据，截至 2021 年，柬埔寨累计吸收外国直接投资 410 亿美元，与 2020 年相比，累计外国直接投资额增加了 11.2%。其中，中国（包括港澳台地区）是最大的投资者，累计投资 180 亿美元，占外国直接投资总额的 43.9%。其次为韩国，累计投资 49 亿美元，占外国直接投资总额的 11.9%（RGC，2021）。中国在柬埔寨投资的领域以制造业为主，占比 30.7%；以下依次为能源（13%）、金融（10.9%）、房地产（10.7%）、酒店和餐饮（9.6%）、农业（6.4%）、建筑（5.2%）和其他行业（13.3%）。柬埔寨制造业吸引外资金额从 2008 年的 1.63 亿美元，增长到 2019 年的 6.31 亿美元（图 7-7）。

图 7-7　2008—2019 年柬埔寨制造业吸引外资金额和增速

资料来源：引自 RGC（2021）。

2021 年 10 月 15 日，新版《柬埔寨王国投资法》正式生效，该法旨在进一步改善柬埔寨的投资环境，吸引外国直接投资，推动柬埔寨制造业等的发展。由于国内缺乏配套产业，随着生产活动的增加，柬埔寨对各种工业原料、零部件的需求进一步上升。从 2005 年到 2019 年，柬埔寨制造业进口货物价值占增加值比例从 226% 上升为 568%（RGC，2021），对进口货物的依赖程度依然较高（图 7-8）。

图 7-8　2005—2019 年柬埔寨制造业进口货物价值占增加值比例

资料来源：引自 RGC（2021）。

柬埔寨大量进口工业原材料，进口贸易增长速度明显高于出口增长速度，贸易逆差不断扩大。2015 年贸易逆差为 12 亿美元，2019 年激增至 47 亿美元。2005—2019 年，柬埔寨制造业增加值占制造业出口总额的比例从 45.3％下降为 23.7％（图 7-9），制造业技术含量不高、附加值低等短板进一步显现。

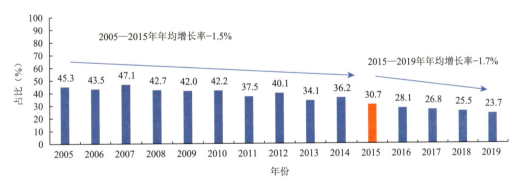

图 7-9　2005—2019 年柬埔寨制造业增加值占制造业出口总额比例

资料来源：引自 RGC（2021）。

第三节　主要工业部门

顺应自然资源条件、社会经济发展基础以及充裕且廉价的劳动力市场，柬埔寨对社会经济发展贡献较大的主要工业部门包括成衣制造业、农产品加工业、电子和电气制造业以及汽车及零配件制造业。

依靠廉价劳动力承接世界各地的产业转移，成衣制造业迅速成为柬埔寨增长最快的工业部门和最重要的经济支柱。2022年柬埔寨发布《成衣业新发展战略（2022—2027年）》，以提升附加值、打造"东南亚服装业卓越中心"为目标。与此同时，伴随国内消费市场成长、区位优势再现等，汽车、电子、农产品加工业等成为新的投资热点。

一、成衣制造业领跑工业

（一）成衣制衣业的发展简史

柬埔寨成衣制造大致经历了4个阶段，即初期发展阶段、《多种纤维协定》（Multi-Fiber Agreement，MFA）取消阶段、2008—2009年全球金融危机阶段、金融危机后阶段。

1. 发展初期

20世纪90年代中期，柬埔寨经济从计划经济转向自由市场经济。为了应对欧盟、美国等的出口限制以及降低劳动力成本，东亚国家的一些公司将成衣制造业工厂从本国转移到越南、老挝和柬埔寨等签署了《多种纤维协定》的东南亚国家。柬埔寨成衣制造业迎来第一次重大发展。这期间，来自中国、马来西亚和新加坡的外国投资者在柬埔寨经营以出口为导向的服务加工工厂（Lee，2011）。得益于优惠待遇的贸易协定，成衣制造业作为柬埔寨新兴的行业，表现良好（表7-5），出口额从1995年的0.63亿美元跃升至2004年的20.26亿美元。

2.《多种纤维协定》取消后阶段

柬埔寨于2004年10月13日加入世贸组织，多哈贸易谈判后达成协议，《多种纤维协定》被完全取消。这对作为成衣产品主要出口国的柬埔寨来说，机遇与挑战并存。一方面，《多种纤维协定》取消始于2005年1月1日，企业不得不面对与其他发展中国家进行更激烈的竞争。同时，柬埔寨与欧美贸易的配

表 7-5 柬埔寨 1995—2014 年成衣出口和总出口情况

阶段	年份	成衣出口 （亿美元）	总出口 （亿美元）	成衣出口占 总出口比例（%）
初期发展阶段	1995	0.63	10.73	5.9
	1998	5.79	9.75	59.4
	2000	12.07	23.74	50.8
	2001	11.85	20.93	56.6
	2002	11.96	23.74	50.4
	2003	16.44	26.33	62.4
	2004	20.26	33.95	59.7
后 MFA 阶段	2005	22.28	40.33	55.2
	2006	27.11	49.90	54.3
	2007	29.50	56.44	52.3
全球金融危机阶段	2008	30.69	67.85	45.6
	2009	25.29	51.20	52.4
	2010	31.85	60.80	52.4
全球金融危机后阶段	2011	47.09	88.25	53.4
	2012	47.56	88.25	53.9
	2013	53.20	100.16	53.1
	2014	57.84	114.25	50.6

资料来源：引自 Tang（2016）。

额存在不确定性。另一方面，生产和出口没有出现预期的显著下降（Natsuda et al.,2009）。2004 年柬埔寨成衣产品出口总额为 20.26 亿美元，2005 年增加至 22.28 亿美元，2008 年达到 30.69 亿美元。这与加入世贸组织后柬埔寨成衣制造商承诺遵守国际劳工组织规定的标准工作条件有关。2001 年成立"柬埔寨更好的工厂"（Better Factories Cambodia，BFC）组织监测柬埔寨成衣制造商。这是国际劳工组织发起的监测工厂、培训管理团队和工人的项目之一。"柬埔寨更好的工厂"提供工厂改进的指导和建议，帮助企业实现利润最大化，同时维护工人权利和监督工厂遵守法规。"柬埔寨更好的工厂"有两项重要的政策创新（Polaski，2009），一是向遵守劳动和环境标准的制造商提供市场准入激励；二是根据国际劳工组织提供的清单对工厂进行评估，并有效对待评估，数据信息的电子化为买方和供应商访问这些电子化数据信息提供了便捷。由于国际劳工组织对柬埔寨的劳工标准总体评价良好，柬埔寨向美国和欧盟出口的配额大幅增加。

3. 全球金融危机阶段

柬埔寨成衣制造业出口市场主要依赖美国和欧盟。2008 年全球金融危机使柬埔寨的出口订单减少，成衣制造业的就业人数从 2007 年 41.48 万人减少到 2008 年 40.79 万人，2009 年再降到 40.52 万人。2008—2009 年，柬埔寨的成衣出口金额从 30.69 亿美元下降到 25.29 亿美元。其中，对美国的成衣出口额从 23 亿美元下降到 19 亿美元。中国、越南、孟加拉国等国成衣出口也分流了柬埔寨成衣出口总量。

4. 全球金融危机后阶段

经历全球金融危机后，2010 年柬埔寨成衣制造业再次呈现增长。柬埔寨高度重视成衣制造业的发展。《2015—2025 年柬埔寨工业发展计划》要求，到 2025 年成衣制造业增加值占柬埔寨 GDP 的比例由 15.5% 提高到 20%，并将发展成衣制造业等纺织产业链上下游配套环节列为制造业重点发展方向之一，围绕"提升工人技能、提供福利政策""更新生产设备及技术端口，提高优质及高附加值产品的产量""重点增加国内投资者的数量"三个方向开展重要支柱产业攻坚行动，以期提升产业国际竞争力，实现企业动态化管理、产品多元化发展、向高价值和高产能方向迈进。根据柬埔寨海关总局数据，2021 年柬埔寨成衣制造业出口额占全国商品出口总值的六成以上。成衣制造业注册工厂数目已增加至 1 200 家，为近 100 万工人提供就业机会。

（二）成衣制造业发展特征

1. 劳动力密集型为主，产品附加值不高

柬埔寨纺织和成衣制造业尚未构成完整产业链。柬埔寨成衣制造业以中小企业为主，属于劳动力密集型产业，对劳动力素质要求不高，吸引了大量乡村地区的妇女。成衣制造业工人，特别是妇女，从小就把缝纫技术作为一种传统的生活方式和谋生手艺，因此柬埔寨 CMT（Cutting，Making and Trimming，裁剪、制作和修饰）生产极少需要对从业人员进行成衣加工培训。

柬埔寨成衣制造业从业人员收入在东南亚地区相对较低，成为吸引外国直接投资者投资成衣制造业的最大动机。较低的工资可以产生较高的利润并降低生产成本。据国际劳工组织 2015 年 10 月 8 日发布的声明，承诺将柬埔寨成衣制造业从业人员的月最低工资提高至 140 美元。尽管工资增长迅速，但仍低于东盟其他以成衣制造业见长的国家水平。

2. 以出口为导向

柬埔寨成衣制造业延续原料加工的出口导向模式，主要从事"裁剪、制作和修饰"活动。双边贸易协定促进出口和外国直接投资的高增长率。1996 年，柬埔寨从欧盟获得最惠国待遇和普惠制（Polaski，2009）。1999 年，按照为期三年半的《欧盟-柬埔寨纺织品协定》和 2001 年起生效的《除武器外的一切商品援助最不发达国家倡议》，在遵守双重原产地规则下，柬埔寨获得了成衣出口欧盟市场的配额和免税准入（RGC，2021）。2017 年，在全球需求复苏的背景下，成衣制造业回暖，2017 年下半年柬埔寨成衣出口出现反弹。2017 年柬埔寨对欧盟市场的出口激增，从 5 月份的 −1.0％（同比）上升到 12 月份的 7.4％。同期对美出口从 −3.5％升至 3.7％。2017 年，运往这两个主要市场的出口份额保持在 70％，并保持高位运行。成衣制造业降低了柬埔寨国家贫困率，缩小了男女性别间的工资差距，这也有助于减少柬埔寨本国年轻从业人员向泰国、韩国和马来西亚等邻国迁移流动（Hossain，2010）。

柬埔寨成衣制造业产业链尚不完善，在原材料上对进口有很高的依赖度。柬埔寨成衣制造业的订单一般由 CMT 制造商完成。为避免订单多导致不能按时完成的风险，CMT 制造商一般多与小型工厂、加工点建立合作，将部分订单分包，接受分包的公司负责按照指令进行切割和缝纫、清洗、喷砂，不必承担财务风险，但经济衰退对它们的影响很大。如果分包公司善于营销自己，直接与国际中介机构或全球买家建立生产、销售网络，则有可能升级为新的 CMT 制造商。

2022 年，柬埔寨经济和财政部启动"2022—2027 年柬埔寨服装、鞋类和旅游商品部门发展战略"，旨在建立成衣制造业发展的独立性、可持续性和包容性。该战略致力于加强人力资源的整合，提高生产力，改善工作条件和从业人员的职业生涯规划福利，优化国内外投资，重点开发高附加值和高端产品，促进出口的市场多样化。

（三）成衣制造业区位特征

柬埔寨成衣制造业空间分布呈现规律性特征，主要表现为：

第一，集中在城市地区，集聚效应明显。柬埔寨的大多数成衣制造工厂位于金边市及其周边地区的城市。这归因于城市可以便捷地通达港口、机场、公路等交通网络，促进原材料的进口和成品的出口。此外，同类行业由于共享资源、竞争优势和知识溢出集中在特定地理区域形成的集聚效应，进一步促进成衣制造业发展。

第二，集中在工业园区和经济特区。为了促进外国投资和发展出口导向型产业，柬埔寨建立了各种工业园区和经济特区。这些区域提供基础设施支持、税收优惠并简化行政程序，成为成衣工厂的理想目的地。

第三，趋向人口密集的地区布局。柬埔寨拥有充裕且相对廉价的劳动力，这是其成衣制造业发展的重要推动因素。许多工厂位于人口密集地区，以获取稳定的劳动力供应。

二、热带农产品加工业独具优势

农产品加工业主要指以谷物、果蔬和畜产品为主要原料进行的工业生产活动，主要产品包括果汁、果脯、香肠、腊肉、乳制品和豆制品等日常消费的食品（张超等，2020）。《2015—2025 年柬埔寨制造业发展规划》中指出农产品加工业、中小微企业、运输及物流业和技能培训是主要发展领域，政府计划通过订单农业和金融服务等多种形式促进农产品加工业的发展，计划在 2025 年将农产品加工比例提高至 12%。

（一）农产品加工业企业规模情况

柬埔寨农产品加工企业涵盖微型企业、小型企业、中型企业、大型企业四种类型，其中，大型企业、微型企业对农产品加工业直接贡献大，尤其是大型企业虽数量少，拥有员工规模和总产值数却占绝对优势（表 7-6）。

表 7-6　柬埔寨农产品加工企业类型及其员工和产值分布 （单位：%）

项目	微型企业	小型企业	中型企业	大型企业
企业数量占比	97.3	1.9	0.2	0.6
员工数量占比	29.3	5.2	2.2	63.3
产值占比	12.0	9.1	2.9	76.0

资料来源：引自张超等（2020）。

农产品加工业由大型企业主导，但国内市场供应不足。大型企业数量占比为 0.6%，使用了 63.3% 的劳动力，并贡献总产值的 76%，而微型企业数量占比为 97.3%，使用了 29.3% 的劳动力，仅贡献总产值的 12%，所以大型企业是农产品加工业的生产主体（表 7-6）。但是，大型企业主要源于日本、韩国、法国或中国等的直接投资，产品也主要是面对国际市场，因而真正服务于柬埔寨国内市场的是微型企业和小型企业，这些企业生产能力有限，产品品质不稳定，存在一定的食品质量安全隐患，若国内市场供应不足，则需要进口补充（张超等，2020）。

农产品加工业企业的目标市场划分明确，大企业主要面向国际市场。63% 的大型企业和 37.1% 的中型企业是外国直接投资，而大多数微型和小型企业是柬埔寨本地或私营所有，分别占微型、小型企业总数的 99% 和 94%。大部分的微型和小型企业的目标就是满足国内市场需求（张超等，2020），这些企业从事农产品的初加工或半成品生产，产业效益较低。例如在稻谷行业，主要产品即为大米，鲜有深加工产品。仅有少数碾米厂产品符合国际标准，大部分碾米厂的设备和技术落后，使生产率低、碎米率高；从事米糠油、谷维素、大米蛋白和多肽等高附加值产品生产的企业极少（张超等，2020）。

（二）农产品加工业企业空间分布

柬埔寨农产品加工业企业的空间区位特征是主要靠近农产品产地、接近港口或交通便利的地区，以及有政策支持和人力资源丰富的地区。具有这些特征的地区使得企业能够更有效地获取原料、降低运输成本、扩大市场份额和确保劳动力供应。

第一，靠近农产品产地。柬埔寨是一个农业资源丰富的国家，农产品加工企业通常选择靠近农田或农产品产地的区位。这样可以降低农产品的运输成本，并保证原料的新鲜度和质量。

第二，接近港口或交通便利的地区。考虑到出口市场的需求，许多农产品加工企业倾向于选择靠近港口的地理位置，以便进出口。柬埔寨的主要港口城市有金边和西哈努克市，因此在这些地区集中了一些农产品加工企业。此外，交通便利的地区也会吸引企业的投资，因为它们可以更容易地获取原材料并发展分销网络。2022年3月，金边港冷库（柬埔寨最大的冷库项目）在干丹省集装箱码头开工。冷链物流是农产品流通的重要环节，金边港冷库有利于提高农产品价值，提高货物进口和配送的运营效率，扩大农产品直接出口到国际市场规模，提高为农业企业、食品加工企业、制药企业、食品零售、酒店及餐饮等企业提供的服务质量，提升金边发展农产品加工业的区位优势。

第三，分布在政策支持的经济特区。政府的政策支持对农产品加工业的发展起到积极作用。政府为该行业提供税收减免、土地使用便利、物流支持等优惠政策，并提供培训和技术支持。因此，在政府政策支持力度较大的地区，农产品加工企业可能更有动力进行投资和发展。

第四，邻近人力资源丰富的地区。柬埔寨拥有丰富的劳动力资源，特别是在农业领域有大量的劳动力可供利用。农产品加工企业倾向于选择人力资源丰富的地区，以确保劳动力的供应和成本的控制。

（三）农产品加工业发展机遇

柬埔寨地处热带，自然条件优越，这为发展热带农产品加工业提供了良好的条件。农业及其农产品加工业发展也是柬埔寨国家战略从"三角战略"到"四角战略"演进过程中始终坚持的重点领域。

第一，政策扶持对农产品加工业发展的主导作用。柬埔寨政府对农产品加工业的发展给予了重视，通过制定有利于农产品加工业发展的法规、政策来吸引投资和促进市场竞争（张超等，2020）。柬埔寨积极推动农产品加工业的发展，并提供一系列的支持和鼓励政策，例如提供土地、税收优惠和贷款担保等，以吸引更多的投资者选择在柬埔寨发展农产品加工业。

柬埔寨农林渔业部作为农产品加工业发展的牵头部门，从以下四方面促进农产品加工业发展，包括：建立农产品加工业园区，促进加工企业的集群式发展；建立出口农产品加工企业的专项扶持基金；建立部门之间的联动机制以促进产品出口，例如，解决物流问题、废除隐性收费和建立贸易平台等；进一步确定优先发展的产品，制定发展规划（张超等，2020）。

東埔寨建立了较为便捷的商业注册和许可程序，并为外国投资者提供税收优惠，鼓励其落户设立加工厂。同时，提供培训和技术支持，帮助企业提升员工技能，以提高农产品加工企业的生产能力和质量。再者，积极推动农产品加工企业参加国内外展会和贸易活动，为其提供推广业务的机会。此外，東埔寨还与其他国家签署了贸易协议，以扩大农产品和加工产品的出口市场。

第二，原材料市场充足是农产品加工业发展的基础条件。東埔寨是一个农业大国，水稻、棉花、橡胶、鲜果、蔬菜等农产品不仅在国内市场有很高的需求，出口潜力也很大。农产品加工业的发展可以提升农产品附加值，创造更多就业机会，并为国家带来更多的外汇收入。胡椒、腰果、香蕉和杧果等特色农产品供应充足，目前这些农产品均以生鲜农产品形式出口为主（张超等，2020）。随着农产品加工业发展，充分利用国内原料，开展农产品加工，将生鲜农产品转化为最终加工产品出口，将更有利于产业的可持续发展。充足的农产品供应为农产品加工业提供了稳定的原料来源。这样的供应可以保证加工企业持续地获得所需的原材料，无需依赖进口，或面临供应短缺的风险。当农产品市场供应充足时，加工企业可以更方便地选择高质量的原料，确保其产品的品质和竞争力。此外，在本土市场上获取原材料可以降低成本，避免过多的运输、进口税等费用，从而提高生产效率和盈利能力。充足的原料市场可以促进农业价值链的发展。随着农产品供应的增加，加工企业将有更多机会通过加工、包装和市场推广等环节增加产品的附加值，这将带来更多的就业机会，并促进农业和农村经济的发展。充足的原料市场为東埔寨的农产品加工企业提供了更大的出口潜力。

以腰果产业为例，2017年，東埔寨全国腰果产量约为4.9万t，8％的腰果在国内加工，80％的腰果出口至越南加工，剩余腰果出口至欧洲和中东等地。因此，仅腰果加工产业就还有92％的充足原料可以进一步释放。并且，随着腰果加工产业发展，农业种植领域也会调整种植结构，提高农产品加工领域的活力（张超等，2020）。

第三，具有丰富农作经验的劳动力是农产品加工业发展的独特优势。柬埔寨农村地区人口多、劳动力资源丰富、就业意愿高、农业活动经验足，这为满足农产品加工生产的需求提供了人力保障。许多柬埔寨人从小在农村长大，接触农活早，具有从祖辈处传承的丰富的农业技能和经验，这些在农产品加工过程具有独特优势，有利于提高生产效率和产品质量。相比其他发达国家或地区，企业在柬埔寨建设工厂和雇佣工人的成本相对较低，从而增加了农产品加工业的竞争力。

总之，随着全球对健康食品、有机农产品、热带农产品的需求增加，柬埔寨农产品加工业也迎来了更多的机遇。柬埔寨农民在种植过程中很少使用农药或化肥，这使其农产品具有天然、绿色、有机的优势，赋予柬埔寨农产品在国际市场上的竞争力。

（四）农产品加工业面临的挑战

柬埔寨农产品加工业机遇与挑战并存。伴随国内外市场对热带农产品需求的增加，柬埔寨面临的挑战有：

第一，柬埔寨农产品加工行业缺乏国家统一标准。缺乏国家标准直接影响农产品加工企业的标准化管理和生产，直接影响农产品的质量，可能导致企业在生产和销售过程中可能出现不当的处理方式，对食品安全和产品质量监管造成潜在风险，损害柬埔寨农产品加工行业的整体声誉以及在国际市场上的竞争力。

第二，柬埔寨农产品加工业的技术水平不高，且在创新研发方面不足。相比一些发达国家或地区，柬埔寨的农产品加工企业往往缺乏资金、人才和研究机构等的投入。同时，农产品加工企业的技术、设备落后于国际先进水平，无法满足高质量、高效率的生产需求，加工效率不高及存在的一些质量问题，影响企业、行业的竞争力和可持续发展。再者，与其他制造业联动、系统化集成不够，机械制造业、电气自动化等领域的技术和经验通过转移、共享于农产品加工业的还不多，另一方面，制造业通常需要的众多原料和辅助材料，其中一部分来自农产品，通过不同制造业与农产品加工业的协作，可以实现供应链的整合和优化，柬埔寨在提高农产品的利用率尚有发展空间。

第三，柬埔寨的基础设施薄弱制约农产品加工业。柬埔寨交通运输网络不发达，公路、铁路、港口等交通基础设施建设相对滞后，运输能力和效率较低，这使得农产品加工企业在原材料供应、产品销售和物流配送方面成本增加，竞争力降低。柬埔寨的电力供应不足和不稳定问题，影响农产品加工企业的生产。柬埔寨水资源有效管理不足、供需失衡、水质受污染等，影响农产品质量和安全。柬埔寨信息和通信技术基础设施还不完善，覆盖区域不全面，不同程度地抑制农产品加工企业获取信息、开拓市场和进行跨境贸易（张超等，2020）。

三、电子和电气制造业方兴未艾

柬埔寨第一家机电公司成立于 2005 年，生产建筑电线、电力电缆、电信电缆和架空导线用铝导体。自 2011 年以来，机电公司的投资和生产蓬勃发展，到 2018 年，柬埔寨有 26 家机电公司在运营，主要是从事组装业务。根据联合国国际贸易统计数据库，2016 年柬埔寨机电部件出口额为 4.342 亿美元（Seyhah and Vutha，2019），较 2012 年的 3 730 万美元大幅增长；虽然仅占出口总额的 4%，但不断增长的电子和电气制造业对柬埔寨工业发展具有重要意义。

（一）电子和电气制造业吸引外资流入

根据柬埔寨发展委员会的投资项目统计，截至 2017 年 12 月，机电投资总额为 2.267 亿美元。其中，电子零部件组装投资最大，为 1.028 亿美元，占投资总额的 18.1%。对小型电机组装的投资占机电投资总额第二位，为 5 490 万美元，相当于总资本的 9.7%。2017 年，柬埔寨电子和电气产业的投资者主要来自东亚和东南亚。日本的企业居主导地位，投资额占投资总额的 65.6%，其次是泰国（17.3%）、中国（12%）、新加坡（4.4%）和越南（0.7%）（Seyhah and Vutha，2019）。

（二）电子和电气制造业创造就业机会与出口收入

2017 年，柬埔寨电子和电气制造业创造了 3.7 万个就业岗位。柬埔寨的机电出口已从 2010 年的 500 万美元大幅增长到 2012 年的 1 520 万美元、2016 年的 4.58 亿美元。最终电子产品是柬埔寨第二大出口产品，出口额为 1.92 亿美元，其次是电子元件（出口额 3 004 万美元）和电器（出口额 1 807 万美元）。在最终电子产品和特定零部件的出口中，消费电子产品的出口占比最大，2012—2016 年出口占比平均为 89.2%；同期，出口价值从 2012 年的 1 480 万美元增加到 2016 年的 1.69 亿美元。柬埔寨出口最多的电气产品是电话机和麦克风（Seyhah and Vutha，2019）。

（三）电子和电气制造业对进出口有较大依赖

柬埔寨发展资源研究所的研究小组采访了 18 家电子和电气制造业企业（表 7-7），研究发现大多数公司使用的是外国原材料，主要是来自中国、日本和泰国，很少有公司从国内供应商那里采购材料。从国内采购缺乏的主要原因是国内原材料难以满足买方所要求的产品质量。柬埔寨国内企业在电子和电气制造业价值链中的联系有限，国内生产和供应能力仍十分薄弱（Seyhah and Vutha，2019）。

表 7-7　材料输入或供应品的来源

公司数量（家）	国内来源的材料投入或供应的百分比（%）	外国来源的材料输入或供应的百分比（%）
13	0	100
1	1	99
1	10	90
1	20	80
2	50	50

资料来源：引自 Ven and Hing（2019）。

（四）发展电子和电气制造业的优势

第一，柬埔寨的低工资成本是吸引劳动力密集型机电企业的重要因素。从成本效益的角度来看，劳动力密集型机电企业的生产过程通常依赖大量的人工操作，如组装、检验和包装等。这些工作往往不需要高技能，但需要大量的劳动力。因此，企业在全球范围内寻找成本最低的劳动力市场，以保持其产品的价格竞争力。柬埔寨的低工资水平意味着投资企业可以较低的成本雇用大量工人，从而降低单位产品的劳动力成本，提高利润率。

第二，柬埔寨政策优惠措施的引导作用。例如，合格投资项目（Qualified Investment Project，QIP）是指获得柬埔寨发展理事会或省（直辖市）投资委员会颁发的最终注册证书的税收优惠投资项目。合格投资项目是企业（尤其是加工出口型企业）在柬投资必申请的优惠证书，无论是外资企业还是柬埔寨本地企业均可申请。获得合格投资项目认证的企业可以免税、生产或加工中有形财产价值的40％的特殊折旧津贴，以及生产设备和建筑材料的免税进口。

第三，外国投资企业同源集聚的空间效应。柬埔寨在全国推行的经济特区政策，吸引全球的企业落户不同的经济特区。来自同一国家的上下游或配套企业集群往往落户同一经济特区，有利于这些外资企业沟通、信息交流以及共同解决问题，有利于企业业务运作。比如，许多日本公司趋向在金边经济特区集聚；泰国企业往往倾向在柬泰边境的经济特区集聚。

第四，柬越、柬泰边境电子和电气制造业企业的集聚效应。柬埔寨毗邻越南和泰国边境的经济特区，其电子和电气制造业外资企业集群已初具规模，各生产集团可以便捷地获取所需的零部件。加之柬埔寨逐步加强和改善基础设施建设，企业及产品的连通性和运输物流得以优化。这些都有助于增加电子和电气制造业零部件的跨境贸易，进一步扩大电子和电气制造业的发展。

第五，柬埔寨具有宜居宜业的居住环境和投资环境。柬埔寨政局稳定，当地人热情友善，尽管各主要城市的生活环境和设施差异显著，比如，金边提供的城市便利设施、学校和医疗设施水平高于柬埔寨其他地区，但不影响多数外国人给予柬埔寨宜居宜业的评价。

（五）发展电子和电气制造业的劣势

柬埔寨的电子和电气制造业尚属起步阶段，还面临诸多方面的挑战。

第一，缺乏专业人才。柬埔寨的教育系统和技术培训机构建设还相对薄弱，缺乏吸引和培养电子和电气制造领域专业人才的能力，技术和管理方面的瓶颈制约了电子和电气制造业的发展。

第二，缺乏完善的基础设施。柬埔寨的基础设施水平相对落后，电力供应、交通网络和物流系统等还不能适应电子和电气制造业所需的稳定的电力供应和高效的物流、运输系统。

第三，缺乏完整的供应链网络。电子和电气制造业通常需要完善的供应链网络，以实现原材料和零部件的及时供应和交付。柬埔寨未能形成完善的供应链网络，加大了电子和电气制造业生产成本以及影响新兴领域的拓展。

为此，柬埔寨将其定位为综合电子制造节点（Integrated Electronics Production Hub），推出一些措施培育人才、加固基础设施、构建供应链网络。比如，柬埔寨出台促进投资和提供激励措施的政策，吸引外国投资与技术转移，同时，加强人才教育和技术培训等。

四、汽车制造业悄然兴起

汽车产业链长、附加值高、对劳动技能要求高，经济发展的辐射带动效应强。近年来，柬埔寨加大汽车制造业发展。2015—2019 年，柬埔寨汽车零部件出口额从 6 000 万美元增至 2 亿美元。

2023 年 1 月，为了促进产业结构多样化（图 7-10），改善全球劳动分工中的地位，柬埔寨政府发布《发展和吸引汽车业投资路线图》，将汽车制造业作为"柬埔寨参与全球价值链的优先领域"，提出短、中、长期发展战略目标，力争成为全球汽车价值链的一部分，特别是成为零部件制造节点（Components Manufacturing Hub）。柬埔寨规划汽车制造业集群点或经济特区，与主要汽车出口市场签订自由贸易协定，吸引更多跨国企业到柬埔寨投资兴业；设立"汽车发展基金"，为相关企业培训技术工人，培养更多技术型从业人员。柬埔寨规划 2023—2027 年汽车产业为国家创收 5 亿美元外汇，创造约 2.2 万个就业岗位的发展目标。

为此，柬埔寨推出涵盖跨部门协调、人力资源、基础设施、贸易便利化、投资和经商环境 5 个领域、20 多项具体举措的"全面的跨部门行动计划"。比如，进一步降低电价，并通过协调跨境运输以降低物流成本，为汽车制造业相关企业创造更加便利的投资环境。

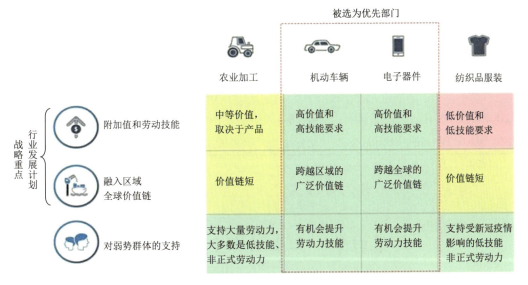

图 7-10　柬埔寨制造业主要门类发展特征比较分析

资料来源：引自 Amarthalingam（2022）。

截至 2023 年 3 月，柬埔寨的汽车组装厂已增至 10 家，其中 3 家已经投入运营。已经开业的组装厂分别是位于金边市的徐州徐工汽车制造厂，位于戈公省的韩国现代汽车组装厂，柴桢省巴域的韩国大韩汽车组装厂，以及位于菩萨省的福特汽车组装厂。其他 6 家汽车组装厂分别是日本五十铃汽车组装厂、HGB Motor Assembly 公司、EM Automotive 公司、GTV Motor 公司、日本丰田汽车公司以及中国 Matrix Technology Group 公司（表 7-8）。柬埔寨汽车组装厂产能提高，将带动其汽车零部件和配件企业发展能级提升。

表 7-8　柬埔寨汽车制造业整车项目情况

汽车制造企业	所在地	项目
韩国现代汽车组装厂	戈公省	起亚汽车组装厂
韩国大韩汽车组装厂	柴桢省	组装 Ssangyong、Daehan、Sino 汽车
福特汽车组装厂	菩萨省	每年组装 9 000 辆两种车型汽车，包括皮卡车和 SUV 汽车
徐州徐工汽车制造厂	金边市	主要进行中国重汽集团旗下各类汽车组装
日本五十铃汽车组装厂	磅士卑省	五十铃汽车组装项目
HGB Motor Assembly 公司	班迭棉吉省	汽车零部件和组装厂

续表

汽车制造企业	所在地	项目
EM Automotive 公司	戈公省	机械、拖车和各种重型货车的组装
GTV Motor 公司	磅士卑省	组装东风品牌汽车、东南品牌汽车和一汽品牌汽车
日本丰田汽车公司	金边市	丰田汽车组装厂
中国 Matrix Technology Group 公司	戈公省	电动汽车组装项目

资料来源：引自熊猫出海（2023）。

第四节　工业经济空间集聚

为助推经济持续稳步发展，使工业成为经济支柱产业，柬埔寨将金边、西哈努克市、巴域、波贝、拜林、暹粒定位为国家工业基地，逐步形成了中央平原地区功能导向型集聚、洞里萨地区热带农业资源导向型集聚、南部沿海地区市场导向型集聚。上述初具雏形的工业经济集聚区域，人力资源充足，基础设施完备，各种生产要素集中，发展潜力良好。

一、中央平原地区功能导向型集聚

中央平原地区凭借首都金边的综合功能优势，各种生产要素集聚程度高，逐渐在金边及其周围地区集聚起一定规模的制造业，覆盖成衣制造业、农产品加工业、电子和电气制造业等主要工业领域，尤其以纺织品、服装和鞋类产品制造业为主（CDC，2023）。

中央平原地区工业空间集聚表现为趋向以金边市为核心的城市地区。金边市集中了较多的成衣制造业企业（表7-9）。其次，金边首都圈周边食品和饮料加工企业较多，这些企业生产面粉制品、果汁、奶制品等。得益于全国交通枢纽的区位优势，便于全国各地农产品资源的运输。再者，金边及其周边地区逐渐发展了一些电子和电气制造企业，生产手机、电视、计算机以及电器设备和零部件等。此外，电子组装、塑料注塑等工艺、包装和印刷企业也分布于此

（CDC，2023），为其他制造业提供包装设计、包装材料制作、印刷服务等业务。另外，金边首都圈周边地区还有一些建材和家具制造企业，生产各种建筑材料（如砖块、水泥等）和家具产品（如家具、木制品等），满足市场的需求。

表 7-9　金边市主要成衣制造业企业

公司	股份占比	地址	投资资本（万美元）
永胜制衣有限公司	中国 100％	堆谷区	101.81
拉纳新娘 TM 有限公司（服装）	柬埔寨 70％，泰国 30％	雷西郊区	113.55
E-Yuan 国际集团（服装）	中国台湾 100％	棉芷区	128.56
Sunman 工业企业（柬埔寨）有限公司（服装）	孟加拉国 80％，德国 20％	朗哥区	137.67
（柬埔寨）宝兰服装有限公司家纺有限公司	中国 100％	堆谷区	161.90
美嘉包装有限公司	马来西亚 100％	朗哥区	101
NPC（柬埔寨）有限公司（服装）	中国 77％，澳大利亚 23％	雷西郊区	120
Hourtextile 有限公司（服装）	柬埔寨 100％	朗哥区	50.40
大师服装纺织有限公司	泰国 100％	菩森芷区	140.75

资料来源：引自 CDC（2013）。

数据显示，2022 年柬埔寨约 30％的合格投资项目选择在金边设立，其中又以制衣、制鞋和箱包制造企业为主，其次是电子和汽车制造企业，以及大型酒店、医院和商超等。约 25％的合格投资项目落户金边经济特区内，以电子和电气、汽车、光伏等产业为主；其余制衣制鞋厂项目，分布在水净华、棉芷、雷西郊、铁桥头、贡武、朗哥区等二环外圈、三环（在建）地区（CDC，2023）。

中央平原地区工业集聚还表现为趋向邻近金边的交通干线分布。比如，干丹省环绕首都金边，地理的邻近性以及发达的交通基础设施的作用，集聚了大量的纺织业、成衣制造业企业，以及罐头水果、鲜榨果汁、碾米、包装等食品加工企业（CDC，2013）。据《柬埔寨能源展望》报告，柬埔寨吸引的光伏组件投资中，近一半项目在干丹省落户，其中最大一项投资落在安厝符县（GDE et al.，2019）。又如，波萝勉省邻近金边，1 号国道贯穿其中并连接金边市和胡志明市。该省集中了服装业、建筑制砖业、建筑用砂石生产等企业，也具有工业发展的重要潜力（CDC，2013）。再如，茶胶省距离金边约 78 km，距西哈努克市约 140 km，国道 2 号、3 号、21 号、31 号、41 号穿过该省，良好的运输基础设施为集中发展成衣和鞋类制造业、食品加工工业等提供了条件（CDC，2013）。

二、洞里萨地区热带农业资源导向型集聚

柬埔寨洞里萨地区自然条件优越，热带农业资源丰富，作为农业发展重点地区，其农产品加工业具有天然的发展优势。这一地区产业集聚主要趋向农产品盛产区以及主要城市。洞里萨湖周边的暹粒、马德望、菩萨、磅同等多座主要城市，以充沛的能源、农业和水产资源，集聚了水产养殖、农业种植及其各类农产品加工企业。主要归因于以下 4 个方面：

第一，丰富的农产品资源。洞里萨地区拥有广阔的农田和丰富的自然资源，适宜种植稻米、水果、蔬菜等多种农产品。这为发展农产品加工业提供了丰富的原材料，使得该地区能够在加工农产品方面具备竞争优势。

第二，优越的地理位置优势。洞里萨地区位于柬埔寨西部和北部，毗邻泰国和老挝，而且与西哈努克港等海港的距离也相对适中。这使得洞里萨地区的农产品加工企业进出口更便捷，并与周边国家进行贸易往来，扩大市场份额。

第三，政府扶持和优惠政策。柬埔寨积极鼓励发展农产品加工业，并提供减税、土地使用权和投资奖励等各种优惠政策。

第四，发展潜力大。洞里萨地区的农产品加工业还处于相对初级阶段，通过引进现代化的生产设备与技术，提高产品质量和附加值，可创造更多就业机会并促进经济增长。

三、南部沿海地区市场导向型集聚

南部沿海地区依托港口连接国内外市场的优势，逐步形成了市场导向型的产业集聚。西哈努克省公路、铁路、航空、海运四通八达，是重要的交通枢纽，也是柬埔寨的对外贸易枢纽。

　　2023 年 2 月，中国与柬埔寨在北京发布《中柬联合声明》（全称《中华人民共和国和柬埔寨王国关于构建新时代中柬命运共同体的联合声明》），提出在产能上重点建设"工业发展走廊"。中方将鼓励更多中国企业赴柬投资兴业，助力西哈努克省多功能经济示范区建设，支持柬方建设交通基础设施，早日实现柬埔寨境内铁路同中老泰铁路对接。中柬两国关系友好为西哈努克省制造业发展奠定了良好的基础。

　　西哈努克省集聚了包括纺织、服装、鞋类、家具等在内的制造业企业（CDC，2013）。随着柬埔寨在全球供应链中的地位日益提升，西哈努克省作为交通枢纽的区位优势越发凸显，将逐步吸引电子产品组装、电子零部件生产等企业的集中。此外，西哈努克省滨海，拥有丰富的渔业资源，海鲜加工、食品包装等相关的食品加工业在制造业集聚中扮演着重要角色。再者，西哈努克省顺应柬埔寨基础设施的建设，建筑材料的需求量不断增长（CDC，2013），泥、砖块等建筑材料制造企业也逐渐增多（表 7-10）。

表 7-10　西哈努克省代表性工业企业

企业	股份占比	投资资本（万美元）
DTD（柬埔寨）	泰国 60%，柬埔寨 40%	140.93
Eurogate 服装有限公司	中国香港 100%	106.69
萨里有限公司	美国 49%，柬埔寨 51%	122
吉森纺织有限公司	柬埔寨 100%	110.69
标枪有限公司工业钢材加工	加拿大 100%	30

　　资料来源：引自 CDC（2013）。

参 考 文 献

[1] 熊猫出海："又一家轮胎厂投产，柬埔寨汽车产业或成下一个投资热点"，http://www.pdaexsea.com/web/article/news_detail.html?id=779，2023 年 3 月 25 日。

[2] 商务部国际贸易经济合作研究院、中国驻柬埔寨大使馆经济商务处、商务部对外投资和经济合作司：《对外投资合作国别（地区）指南：柬埔寨（2022 年版）》，http://www.asean-china-center.org/resources/file/%E6%9F%AC%E5%9F%94%E5%AF%A8%E6%8A%95%E8%B5%84%E5%90%88%E4%BD%9C%E6%8C%87%E5%8D%97%EF%BC%882022%EF%BC%89.pdf，2022 年。

[3] 张超、H. Phann、K. Pheach："柬埔寨农产品加工业的发展现状与机遇"，《农产品加工》，2020 年

第 2 期。

［4］ 中华人民共和国驻柬埔寨王国大使馆经济商务处："2019 年柬埔寨工业领域增长显著"，http://www. mofcom. gov. cn/article/i/jyjl/j/202003/20200302944707. shtml，2020 年 3 月 13 日。

［5］ 中华人民共和国驻柬埔寨王国大使馆经济商务处："2021 年柬埔寨宏观经济形势及 2022 年预测"，http://cb. mofcom. gov. cn/article/zwrenkou/202204/20220403304266. shtml，2022 年 4 月 12 日。

［6］ Amarthalingam, S., 2022. Cambodia eyes key role in electronics, auto hubs in SEA. *The Phnom Penh Post*, May 5.

［7］ Asuyama, Y., D. Chhun, T. Fukunishi, *et al.*, 2012. Firm dynamics in the Cambodia garment industry: firm turnover, productivity growth and wage profile under trade liberalization. *Journal of the Asia Pacific Economy*, Vol. 18.

［8］ Bargawai, O., 2005. Cambodia's garment industry: Origins and future prospects. ESAU Working Paper 13, Overseas Development Institute.

［9］ Chea, H., 2022. Cambodia Garment, Footwear and Travel Goods: Sector Brief. EuroCham Cambodia. https://asiagarmenthub. net/resources/2022/cambodia-garment-footwear-and-travel-goods-sector-brief _ en. pdf.

［10］ CDC (Council for the Development of Cambodia), 2013. Municipality and Province Investment Information. https://data. opendevelopmentcambodia. net/en/dataset/27c5eda9-091d-4203-9b9d-7b73 eef49b1a/resource/f53cdfb1-278e-4846-8394-72f4ab43e864/download/cambodia _ municipality _ and _ province _ investment _ information _ _ 2013. pdf.

［11］ Fukunishi, T., T. Yamagata, 2014. *The Garment Industry in Low-Income Countries: An Entry Point of Industrialization*. Palgrave Macmillan.

［12］ GDE (The General Department of Energy), GDP (The General Department of Petroleoum), MME (Ministry of Mines, Kingdom of Cambodia), 2019. Cambodia Basic Energy Plan. Economic Research Institute for ASEAN and East Asia. https://www. eria. org/uploads/media/CAMBODIA _ BEP _ Fullreport _ 1. pdf.

［13］ Hossain, M. Z., 2010. Report on Cambodia Textile and Garment Industry. African Cotton and Textiles Industries Federation Report. https://www. ids. trade/files/actif _ report _ on _ cambodia _ textile _ and _ garment _ industry. pdf.

［14］ Lee, J. J., 2011. An outlook for Cambodia's garment industry in the Post-Safeguard Policy Era. *Asian Survey*, Vol. 51, No. 3.

［15］ NIS (National Institute of Statistics, Kingdom of Cambodia), MOP (Ministry of Planning, Kingdom of Cambodia), 2021. Statistical yearbook of Cambodia 2021. https://data. opendevelopmentcambodia. net/en/dataset/fc687db9-ec25-4518-ae58-f32d61544bfd/resource/71785f60-208c-4053-a856-a689c5d0eb1f/download/statistical _ ycarbook _ _ 00. 12. 2021. pdf.

［16］ Natsuda, K., K. Goto, J. Thobur, 2009. Challenges to the Cambodian Garment Industry in the Global Garment Value Chain. RCAPS Working paper No. 09-3. https://www. apu. ac. jp/rcaps/uploads/fckeditor/publications/workingPapers/RCAPS _ WP09-3. pdf.

［17］ OpenDevelopment Cambodia, 2020. Small and medium enterprises SME. https://opendevelopmentcambodia. net/topics/small-and-medium-enterprises-sme/, 2020-06-03.

［18］ Polaski, S., 2009. Harnessing Global Forces to Create Decent Work in Cambodia. International Labour Organization Research Series 119.

［19］ RGC (Royal Government of Cambodia), 2010. Policy Document on Promotion of Paddy Rice Production and Export of Milled Rice. https://data. opendevelopmentmekong. net/library _ record/policy-document-on-promotion-of-paddy-rice-production-and-export-of-milled-rice-cambodia/resource/9b10dc4b-8d38-4e97-a339-be6c0b50a22f.

[20] RGC，2015. Cambodia Industrial Development Policy 2015-2025. https://cdc. gov. kh/wp-content/uploads/2022/04/IDP-English. pdf.

[21] RGC，2021. Mid-term Review Report of the Cambodia Industrial Development Policy 2015-2025. https://cdc. gov. kh/wp-content/uploads/2022/04/REV310322ENG _ IDP _ MTR. pdf.

[22] Robertson，R.，S. Neak，2009. Globalization and Working Conditions: Evidence from Cambodia. In Robertson，R.，D. Brown，G. Pierre，*et al.*，*Globalization*，*Wages*，*and the Quality of Jobs: Five Country Studies*. World Bank.

[23] Staritz，C.，2011. Making the Cut? Low-Income Countries and the Global Clothing Value Chain in a Post-Quota and Post-Crisis World. World Bank.

[24] Tang，U.，2016. The recent development of the Cambodian garment industry: Global firms，government policies，and exports to the US. Ohio University Master Dissertation.

[25] Ven，S.，V. Hing，2019. Cambodia in the electronic and electrical global value chains. CDRI Working Paper Series No. 119. CDRI.

[26] WBG (World Bank Group)，2015. Cambodia Social Data. https://data. worldbank. org/country/cambodia.

第八章 旅游开发及空间嬗变

柬埔寨旅游资源丰富,不仅拥有沙滩、海岸、热带雨林等自然景观,也具有丰富的历史文化景观。20 世纪 60 年代,凭借千年文明的古寺庙群、法国风格建筑和自然态海滩的吸引力,成为东南亚最著名和世界上最受欢迎的旅游目的地之一。1970—1993 年,受国内动荡局势的影响,柬埔寨旅游业发展停滞。1993 年后,旅游业方再度蓬勃发展,成为与成衣制造业、农业和建筑业并重的支柱产业(EuroCHAM Cambodia,2019),为拉动经济、提供就业、改善民生、减少贫困等做出了重大贡献。但因基础设施相对薄弱、旅游资源保护力度不足、旅游产品比较单一等,柬埔寨旅游业的高质量发展受到制约。

第一节 旅游业的重要地位

柬埔寨旅游业因世界文化遗产吴哥窟而闻名,东北部高原、湄公河流域与洞里萨湖、西南部海滩等地丰富的自然景观,与分布在 14 个省的 1 080 座寺庙及其他古代文化遗址共同支撑起柬埔寨"奇迹王国"的旅游形象定位(MOT,2021)。柬埔寨积极开发旅游产品,大力促进旅游宣传,广泛吸纳国际游客,推行"清洁城市、清洁度假村、优质服务"等竞赛活动,发展绿色旅游,促进旅游业蓬勃和可持续发展。

一、旅游业发展态势向好

柬埔寨将旅游业纳入"增长、就业、公平、效率和扶贫"国家发展计划。根据柬埔寨发展委员会的数据，1994—2017 年，政府批准的投资项目有 2 541 个，投资金额为 581.8 亿美元。其中旅游业及其相关活动项目共 185 个，投资额总计 227.7 亿美元，占投资总额的 39%，旅游业投资的发展前景良好。

柬埔寨重视与周边国家合作发展旅游业，实行促进旅游业发展的优惠政策，减少入境旅游手续，开展多项旅游交流活动。2000 年来，柬埔寨大力推行"开放天空"政策，支持、鼓励外国航空公司开辟直飞金边和吴哥窟所在的暹粒的航线。截至 2018 年，柬埔寨旅游部共制定了包括《2019—2030 年国家旅游和生态旅游政策》《旅游发展战略规划》《旅游人力资源发展战略》等 70 个规范性文件以促进旅游业发展。在上述政策推动下，柬埔寨的国际游客从 1991 年的 6 万人次飙升至 2019 年的 661 万人次。

非典疫情以及新冠疫情均对柬埔寨旅游业造成了负面的影响（图 8-1）。2020 年柬埔寨共接待国际游客约 130.61 万人次，比 2019 年的 661.06 万人次下降 80.2%。柬埔寨 2021 年全年接待国际游客近 20 万人次，与 2020 年相比下降 85%。

为了应对新冠疫情，2021 年柬埔寨在对旅游业发展进行 SWOT 分析的基础上（表 8-1），制订了《2021—2025 年三阶段国家旅游路线》，共包括 44 项战略，136 项短期、中期和长期执行行动，以及 20 项优先行动计划，促进旅游业复苏。在 2021 年的第一阶段（恢复和重启），采用复兴计划解决风险管理问题。2022—2023 年的第二阶段（复苏）致力于新冠疫情后的旅游业复苏，将危机影响最小化。在这两年期间，柬埔寨制定了一系列财政激励措施，支持旅游业的优先项目，鼓励创新商业模式以提高旅游业在区域和全球的竞争力。柬埔寨继续为旅游业提供专业培训，重点是数字传播和技能提升，以适应新冠疫情后的市场需求，并将柬埔寨打造为安全的旅游目的地。2024—2025 年的最后阶段将为柬埔寨旅游业的新未来奠定基础。该路线图和总体规划为恢复并促进新冠疫情后柬埔寨的旅游业勾勒了一个"清晰的愿景"（Amarthalingam，2020）。

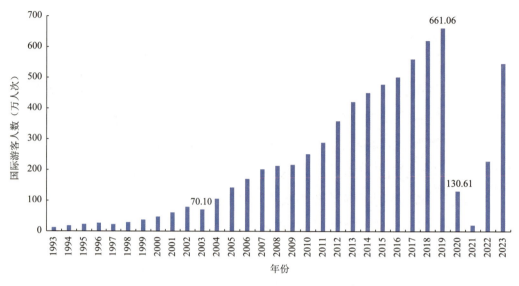

图 8-1　1993—2023 年柬埔寨国际游客数量变化

资料来源：根据 MOT（2023）绘制。

表 8-1　柬埔寨旅游业发展 SWOT 分析

优势	劣势
· 公共和私营部门对恢复旅游业的承诺 · 国际市场上强大的高质量、高价值旅游产品 · 实施《2020—2035 年暹粒旅游发展总体规划》 · 开发新生态旅游产品 · 开发非常规路线（软冒险目的地和产品） · 吴哥窟寺庙闻名 · 高棉美食的独特性 · 高水平社交活动、负责任的旅游产品 · 世界级豪华海岛度假村 · 充满活力的都市旅游目的地金边 · 强有力的抗击新冠疫情措施 · 热情友好的高棉东道主 · 与中国和其他东盟国家保持密切的关系 · 良好的地区联系 · 电子签证和落地签证 · 长期深受游客喜爱 · 根据德国图兰的数据，柬埔寨被列为十大最安全的旅游目的地之一	· 在实施旅游安全措施方面缺乏利益相关者的有力参与 · 与其他国家相比，旅游营销投资不足 · 大多数旅游企业利用银行贷款开设或扩大业务；员工还从小额信贷中贷款 · 旅游业工作岗位供应和劳动力生产率仍然薄弱 · 缺乏基于国际惯例的营销促销活动 · 新冠疫情发生之后，与主要客源市场的空中联系恶化，缺乏长途航班 · 对吴哥窟过于依赖、过度营销且吴哥窟寺庙过度拥挤 · 各种国际媒体对西哈努克市和暹粒的负面报道 · 与竞争对手相比，柬埔寨机场费用高，长途飞行成本高 · 对部分国家或地区入境的临时签证限制，可能妨碍未来的旅行

续表

机遇	挑战
· 开发"超越寺庙"的新型旅游活动和进行品牌建设 · 加速推进探险旅游等旅游新产品 · 建立包括客户注册数据的系统,促进旅游产业数字化转型 · 采用公私合作伙伴关系为旅游营销促销注入活力 · 运用社交媒体助推"旅游忠诚大使" · 改善吴哥窟体验 · 针对欧美、东盟和华语市场开展专门的活动	· 旅游安全措施不完善,增加疾病传播的风险 · 游客人数下降影响旅游投资

资料来源:根据 RGC(2021)整理。

在全球新冠疫情趋缓的背景下,柬埔寨多措并举,旅游业逐步复苏。2022 年共接待国际游客 227.66 万人次,同比增长 1 058.6%;金边、暹粒和西哈努克三大国际机场入境国际游客数量与 2021 年相比,分别增长 575.6%、15 124% 和 97.1%。2022 年,柬埔寨接待的本地游客约 1 400 万人次,比 2021 年增长 199%。2023 年,柬埔寨旅游业进一步恢复,接待国际游客达 545.32 万人次,已达 2019 年水平的八成。

二、国际旅游收入保持高位

旅游业为柬埔寨带来了可观的国际旅游收入。从 1995 年到 2019 年,柬埔寨国际旅游收入从 0.71 亿美元增长为 53.12 亿美元,占柬埔寨 GDP 的比例从 2.06% 增长为 19.61%(图 8-2)。柬埔寨国际旅游收入占 GDP 的比例要高于邻国越南、泰国、老挝(图 8-3)。

但新冠疫情对柬埔寨旅游业产生深刻的负面影响(图 8-4)。2020 年国际旅游收入仅为 11.19 亿美元,比 2019 年的 53.12 亿美元相比,下降了 42.03 亿美元,对 GDP 的贡献率仅为 4.33%。2021 年柬埔寨国际旅游业收入仅为 1.84 亿美元。随着疫情趋缓,柬埔寨国际旅游收入有所恢复。2022 年国际游客给柬埔寨带来的旅游收入为 14.15 亿美元,比 2021 年增长 669%。2023 年,柬埔寨国际旅游业创收 30.40 亿美元,同比增长 115%。

图 8-2　1995—2021 年柬埔寨国际旅游收入及其占 GDP 比例变化

资料来源：根据世界银行数据（https://data.worldbank.org/indicator/NY.GDP.MKTP.CD?

locations＝KH）统计。

图 8-3　2009—2020 年柬埔寨、老挝、泰国、越南国际旅游收入占 GDP 比例

资料来源：根据国家统计局统计信息中心等（2023）数据统计。

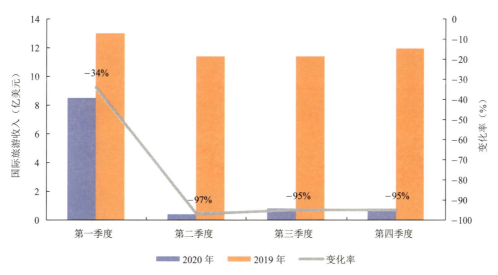

图 8-4　2019—2020 年柬埔寨国际旅游收入变化

资料来源：引自 Delux（2021）。

三、旅游业就业数量排名靠前

旅游业产业链涉及提供旅游及相关服务的国民经济多个门类（图 8-5）。柬埔寨旅游产业链由旅游服务链、旅游服务提供商以及其他服务提供商三部分组成。

旅游服务链是指把旅游活动关键节点串联起来的链条，包括旅行计划和预订、到站、住宿、饮食、当地交通、自然和文化旅游、休闲活动、离开的八个旅游活动关键节点。每个旅游活动的关键节点还包括旅游服务提供商和其他服务提供商在垂直链条上提供的若干相关配套服务。以旅游活动起始的"旅行计划和预订"这一环节为例，垂直链条包括旅行社、在线代理机构、零售业、出版商等直接支撑这一环节的旅游服务商，以及房地产行业、营销和广告机构、印刷业和 IT 行业等间接支撑旅游的其他服务提供商。又如"自然和文化旅游"环节，保护区、博物馆、展览设施、剧院、景点、历史遗迹、宗教场所等为直接提供旅游服务，苗圃园艺服务、培训发展机构、营销和广告机构、纪念品制作商、贸易商、安全服务提供商、洗衣服务提供商、家具制造业等支撑上述直

房地产行业	建筑师和工程师	批发商和分销商	废物管理	贸易商	苗圃园艺服务	金融和银行业
营销和广告机构	建筑业	农业产业	电信	安全服务提供商	培训发展机构	律师和公证人
印刷业	建筑材料制造	食品生产商	电力公司	洗衣服务提供商	营销和广告机构	纺织工业
IT行业	房地产部门	饮料制造业	供水	家具制造业	纪念品制作商	社会和生态产品

旅行计划和预定	到站	住宿	饮食	当地交通	自然和文化旅游	休闲活动	离开
旅行社	航空	酒店	餐馆	公共汽车公司	保护区	零售业	航空公司
在线代理机构	船东	度假村	咖啡馆	公共汽车和出租车公司	博物馆	纪念品供应商	船东
零售业	公共汽车公司	度假村提供商	快餐供应商	汽车租赁公司	展览设施	休闲运动提供商	公共汽车公司
出版商		公寓供应商	杂货店	自行车和轻便摩托车	剧院	主题公园	
		住宿经营者	公共市场	嘟嘟车驾驶员	景点	游客中心	
		住宿和早餐	面包糕点	船舶租赁	历史遗迹		
		寄宿家庭	街头摊贩		宗教场所		
		餐饮服务提供商	餐饮服务提供商				

旅行社和境内机构

其他服务提供商　　旅游服务链　　旅游服务提供商

图 8-5　柬埔寨旅游产业链

资料来源：引自 Rawlins *et al*.（2020）。

接提供旅游服务。再以"休闲活动"环节为例，零售业、纪念品供应商、休闲运动提供商、主题公园、游客中心等直接提供旅游服务，而金融和银行业、律师和公证人、纺织工业、社会和生态产品等为上述旅游服务商提供必要的其他服务。旅游服务提供商泛指直接提供旅游服务方，其他服务提供商包括为直接旅游服务提供支撑的各方面，可支持旅游服务链八个关键环节的其中一个或若干个（图 8-5）。

根据世界旅游组织的测算，2019 年，柬埔寨旅游业直接创造 98.8 万个就业岗位，占柬埔寨从业人员总数的比例为 11.4%，加上间接的岗位数量，旅游业创造的全部就业岗位达到 222.25 万个，占柬埔寨从业人员总数的 25.9%（表8-2），即柬埔寨每四名从业人员中有一人直接或者间接从事与旅游业相关的工作。与老挝、越南、泰国、中国等国家相比，柬埔寨的劳动力市场高度依赖旅游业的发展。

表 8-2　2019 年柬埔寨与部分邻国旅游业创造就业岗位数

国家	旅游业直接创造就业岗位数（万个）	旅游直接创造就业岗位数占比（%）	旅游业创造全部就业岗位数（万个）	旅游业创造全部就业岗位数占比（%）
柬埔寨	98.80	11.4	225.25	25.9
老挝	11.80	3.7	39.75	12.4
越南	195.95	3.6	400.30	7.3
泰国	210.00	5.5	573.90	15.1
中国	2 368.05	3.1	6 952.75	9.0

资料来源：引自 Rawlins *et al*.（2020）。

旅游业除了直接创造就业岗位之外，还能够通过产业链的溢出效应，间接创造就业岗位。柬埔寨在《2021—2035 年暹粒旅游总体规划》中对暹粒省的国内游客和国际游客带来的经济溢出效应做了测算。就国内旅游而言，2019 年，柬埔寨暹粒省吸引约 205.67 万名国内游客，游客支出 1.65 亿美元，直接创造了 12.8 万个旅游业工作岗位，延伸拓展 10.3 万个其他行业就业岗位，即共创造 23.1 万个就业岗位，产生 0.97 亿美元的 GDP（图 8-6）。就国际游客入境旅游而言，2019 年，柬埔寨暹粒省吸引 220.57 万名国际游客，游客支出 11.86 亿美元，直接创造 13.8 万个旅游业工作岗位，衍生 11 万个其他行业就业岗位，总共创造 24.8 万个就业岗位，产生 6.97 亿美元的 GDP（图 8-7）。

受新冠疫情影响，柬埔寨国际入境客流大幅减少（图 8-8）。2020 年柬埔寨全国包括酒店、餐厅等在内的 3 000 家旅游服务公司关闭。柬埔寨最为重要的

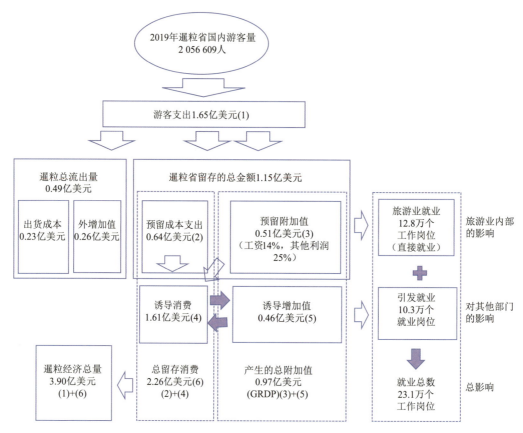

图 8-6　柬埔寨暹粒省国内游客旅游支出的溢出效应

资料来源：引自 RGC（2021）。

旅游目的地暹粒省受到疫情的重创最为明显。2020 年全年仅 40 万人次国际游客购买吴哥古迹门票，门票收入 1 865 万美元，同比下降 81%。2021 年暹粒省旅游直接跌入谷底，据柬埔寨旅游部统计，截至 2021 年 2 月底，柬埔寨已有 3 000 多家酒店倒闭，其中大部分位于吴哥窟所在的暹粒省，同时导致旅游业岗位缩减 75 万个。2021 年 1—9 月，参观吴哥古迹的国际游客只有 6 167 人次，同比下降 98.4%，门票收入跌到约 25.38 万美元，同比下降 98.6%。伴随疫情形势好转，2022 年参观吴哥古迹的国际游客有 28.7 万人次，同比增长 21 倍；门票收入达 1 152 万美元，同比增长 20 倍。

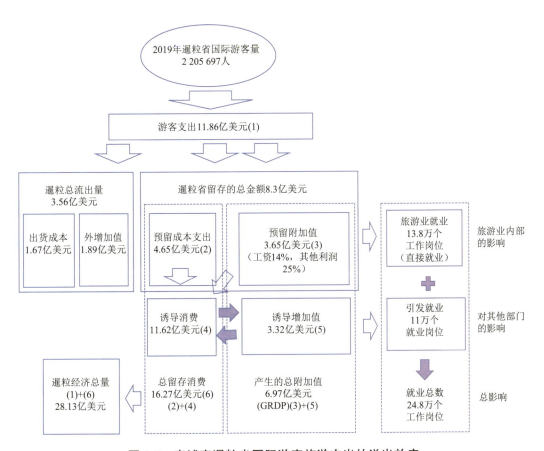

图 8-7 柬埔寨暹粒省国际游客旅游支出的溢出效应

资料来源：引自 RGC（2021）。

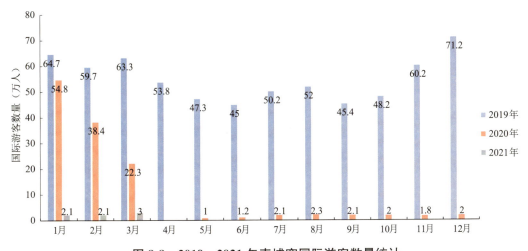

图 8-8 2019—2021 年柬埔寨国际游客数量统计

资料来源：引自 Delux（2021）。

四、旅游业区域竞争优势不足

根据世界旅游组织发布的《2019年国际旅游竞争力报告》，柬埔寨旅游业在价格竞争力、国际开放度、自然资源、文化旅游及商业旅游等领域分别位于国际第49名、66名、66名、76名。

柬埔寨在航空运输基础设施、旅游服务基础设施以及人力资源和劳动力市场等领域排名分别为第91名、93名、95名。在地面和港口基础设施、商业环境、环境可持续性方面分别位于第111名、122名、139名。该调查结果表明，相对滞后的交通基础设施、医疗配套以及其他旅游配套设施降低了柬埔寨旅游业的竞争力。与邻国马来西亚和泰国相比，柬埔寨旅游业竞争力排名相对落后（图8-9）。

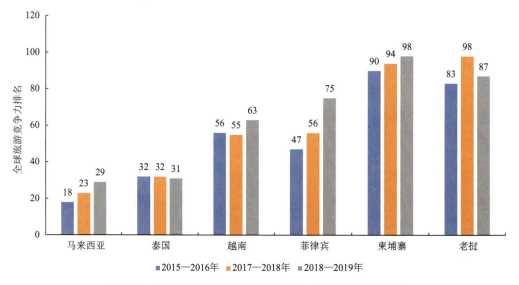

图8-9　柬埔寨与东南亚部分国家全球旅游竞争力排名

资料来源：数据来自 Rawlins *et al.*（2020）。

第二节　入境旅游的时空嬗变

2019年，柬埔寨成功入选国际权威旅行指南《孤独星球》发布的"2019亚太地区最佳旅行目的地"榜单，成为亚太地区十大最佳旅游目的地之一。中国、泰国、越南等是柬埔寨主要的客源国，金边机场和暹粒机场是柬埔寨主要的入境门户。2019 年到金边的国际游客，出于商务目的和旅游目的者占比分别为 33.67%、59.71%；到暹粒的国际游客，商务目的和旅游目的比例分别为 4.88%、94.39%，体现出了金边和暹粒城市功能的差异。首都金边不仅是柬埔寨国际交往门户，还是旅游城市；而暹粒则是典型的以旅游产业为主导的旅游目的地。大量国际游客涌入，促进了柬埔寨的酒店等旅游相关行业的发展。

一、国际客源的时空变化

柬埔寨的国际客源主要集中于亚洲与大洋洲以及东盟国家（图 8-10）。2019 年，上述两个区域分别提供了 50.57% 和 35.35% 的柬埔寨国际游客数量。值得注意的是，2009 年柬埔寨吸引的东盟国家游客数量仅占柬埔寨国际游客数量的 15.26%，到 2019 年，柬埔寨加强了与东盟国家的旅游合作，东盟国家客源占比增加至 35.35%。

从客源国来看，2019 年抵柬游客数量前十强国家的游客共占柬埔寨国际旅客数量的 82.95%。入境的国际游客主要来自中国、泰国、越南和老挝等国家（表 8-3）。

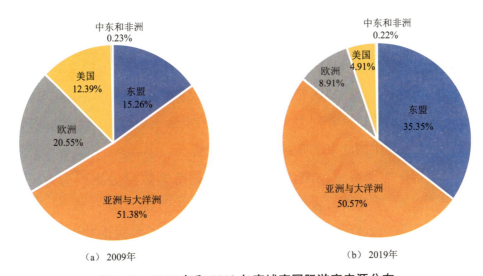

（a）2009 年　　　　　　　　　　（b）2019 年

图 8-10　2009 年和 2019 年柬埔寨国际游客来源分布

资料来源：根据 MOT（2019）绘制。

表 8-3　2019 年抵柬游客数量排名前十的国家

国家	游客数量（人次）	占当年抵柬游客数量比例（％）
中国	2 502 661	37.86
越南	908 803	13.75
泰国	466 493	7.06
老挝	363 951	5.51
韩国	254 874	3.86
美国	248 863	3.76
日本	207 636	3.14
马来西亚	203 008	3.07
法国	164 117	2.48
英国	163 177	2.47
前十强国家	5 483 583	82.95

资料来源：引自 MOT（2019）。

2019 年，共有约 250.27 万人次中国游客访问柬埔寨，占柬埔寨国际游客总数的 37.86％，中国成为柬埔寨最大的入境客源国。中柬两国之间牢固的友谊以及柬埔寨对中国的友好态度，吸引着越来越多的中国游客。2016 年，柬埔寨旅游部推出了"吸引中国游客战略计划（2016—2020 年）"，包括推出《"为中国准备好"白皮书》。2019 中柬文化旅游年的举办为进一步促进两国之间的人员往来打下良好基础。在"一带一路"倡议推动下，中国各大航空公司纷纷开通赴柬埔寨新航线以增强旅客运力。2019 年每周往返于中柬之间的航班约有500 架次。2019 年，金边、暹粒、西哈努克三大机场的中国始发航班数量占这三个机场国际航班的比例分别为 27％、45％、28％。两国航线数量与航班密集度的提升，也带动中国赴柬游客数量的快速增长。

2019 年，柬埔寨吸引的越南、泰国、老挝游客数量分别约为 90.88 万、46.65 万、36.40 万人次，占柬埔寨国际游客总数的比例分别为 13.75％、7.06％、5.51％。与 2018 年相比，2019 年柬埔寨吸引的越南和泰国游客分别增长了 13.6％、22％，而来自老挝的游客数量则下降了 14.5％。

由于东南亚其他旅游目的地的分流效应以及柬埔寨过于依赖吴哥窟等庙宇的观光旅游，柬埔寨旅游景点对韩国、日本等国家的游客的吸引力下降。2019

年，到访的韩国、美国、日本、法国游客分别为 25.49 万、24.89 万、20.76 万、16.41 万人次，同比分别下降了 15.5%、0.8%、1.3%、3.9%（表 8-3）。

二、入境旅游目的地时空变化

金边机场是位于金边的市中心以西 10 km 处的军民合用机场。2019 年，金边机场航空客流量达 600 万人次，比 2018 年增长 11.2%，其中国际游客数量为 207.19 万人次（图 8-11）。

图 8-11 金边机场国际游客数量统计

资料来源：根据 MOT（2019）绘制。

金边机场国际游客的目的依次是旅游度假、商务、其他。2019 年，到金边的游客中，以旅游为目的者占 59.71%，比 2018 年下降 10.12%，到金边进行商务活动的游客占 33.67%，比 2018 年提高 8.54%（表 8-4）。分析 2009—2019 年从金边入境的国际游客的目的，以旅游为目的者占比有所下降，商务目的的占比上升 1 倍多，侧面反映出金边作为经济中心的功能日趋完善。

表8-4　金边机场的国际游客目的分析

年份	旅游目的（人次）	占比（%）	商务目的（人次）	占比（%）	其他（人次）	占比（%）	总和（人次）
2007	423 668	79.15	86 751	16.21	24 843	4.64	535 262
2008	459 340	80.46	90 282	15.81	21 281	3.73	570 903
2009	422 896	80.13	81 881	15.52	22 968	4.35	527 745
2010	477 466	80.70	90 302	15.26	23 860	4.03	591 628
2011	533 776	82.73	91 223	14.14	20 234	3.14	645 233
2012	532 426	74.30	107 422	14.99	76 736	10.71	716 584
2013	693 535	82.92	122 773	14.68	20 069	2.40	836 377
2014	754 026	82.16	153 332	16.71	10 442	1.14	917 800
2015	856 181	80.69	181 170	17.07	23 683	2.23	1 061 034
2016	853 704	73.33	207 144	17.79	103 392	8.88	1 164 240
2017	1 078 041	76.47	239 814	17.01	91 978	6.52	1 409 833
2018	1 343 310	69.83	483 424	25.13	97 039	5.04	1 923 773
2019	1 237 082	59.71	697 642	33.67	137 183	6.62	2 071 907

资料来源：引自MOT（2019）。

暹粒机场是接待柬埔寨国际游客的重要机场之一，2019年有94.39%的游客是出于旅游目的落地暹粒机场，相比2018年降幅为3.37%，只有4.88%的游客是出于商务目的来此（表8-5）。暹粒省的吴哥景区是吸引国内外游客的热门景点之一，但暹粒省的旅游产品单一，多次回访的国际游客有限，对国际游客吸引力有所降低（图8-12、图8-13）。2019年从暹粒机场入境的国际游客数量有所下降。

表8-5　抵达暹粒机场的游客目的分析

年份	旅游目的（人次）	占比（%）	商务目的（人次）	占比（%）	其他（人次）	占比（%）	总和（人次）
2009	574 571	98.39	4 720	0.81	4 693	0.80	583 984
2010	704 254	98.82	4 658	0.65	3 760	0.53	712 672
2011	826 441	98.95	5 316	0.64	3 415	0.41	835 172
2012	983 389	97.80	6 929	0.69	15 181	1.51	1 005 499
2013	1 170 158	99.06	7 385	0.63	3 738	0.32	1 181 281
2014	1 332 689	98.30	13 840	1.02	9 164	0.68	1 355 693

续表

年份	旅游目的（人次）	占比（％）	商务目的（人次）	占比（％）	其他（人次）	占比（％）	总和（人次）
2015	1 375 949	97.24	12 624	0.89	26 394	1.87	1 414 967
2016	1 477 697	98.05	15 801	1.05	13 541	0.90	1 507 039
2017	1 781 749	97.86	21 404	1.18	17 534	0.96	1 820 687
2018	1 896 171	97.76	32 886	1.70	10 493	0.54	1 939 550
2019	1 571 978	94.39	81 271	4.88	12 116	0.73	1 665 365

资料来源：引自 MOT（2019）。

图 8-12　2007—2019 年暹粒机场国际游客数量统计

资料来源：根据 MOT（2019）绘制。

图 8-13　2007—2019 年暹粒省游客数量统计

资料来源：根据 MOT（2019）绘制。

第三节　旅游设施建设及效应

交通基础设施、医疗设施以及其他旅游配套设施相对滞后，抑制了柬埔寨旅游业竞争力的提升。为此，柬埔寨通过加大公路、铁路、机场等基础设施建设，提升旅游景点的可达性；加大暹粒省、西哈努克省等旅游资源丰富地区的开发力度，提升旅游景点的吸引力。

一、交通基础设施快速发展

（一）陆路运输

公路运输是柬埔寨最主要的运输方式，占客运总量的 65%、货运总量的 69%。截至 2020 年年底，柬埔寨路网总长度 66 045 km，其中 4 万多 km 为农村公路（约 90% 没有铺设沥青）；1 级国道（主要是以首都金边为中心的 8 条公路，连通柬越、柬泰、柬老边境）约 2 254 km，基本达到中国三级公路标准（主要供汽车行驶的双车道公路），实现 100% 沥青路面铺设。

柬埔寨国内主要交通线集中于人口集聚的中央平原地区以及洞里萨地区。最主要的公路有：1 号公路（金边至越南胡志明市）、4 号公路（金边至西哈努克港）、5 号公路（金边经马德望至泰国边境）、6 号公路（金边经磅同至暹粒吴哥古迹）等。北部和南部山区交通闭塞，远离主要交通枢纽，主要城市间有长途汽车运营。当地道路狭窄，路况较差，民众交通安全意识淡薄，交通事故较频繁。尤其是在雨季（5 月至 10 月），许多道路无法通行，加剧区内的交通困难。

柬埔寨的统计年鉴根据路面建设情况，将道路划分为铺设的道路、混凝土道路、非铺设的道路、崎岖道路等类型。铺设的道路指经过沥青、石块等材料铺设的道路。混凝土道路指使用混凝土作为道路建设材料的道路。非铺设道路指未经过道路材料铺设的原始道路或未经加工的土路等。崎岖道路指地面不平坦，有颠簸、坑洼等不良路况的道路。从 2014 年到 2018 年，柬埔寨各类型道路逐年增加，其中，崎岖道路长度增量较大，其次为铺设的道路，混凝土道路长度增量最小（表8-6）。

表8-6　2014—2018年柬埔寨新增各类型道路长度

	2014年	2015年	2016年	2017年	2018年
道路长度	—	—	—	16 292	16 292
铺设的道路长度	261.76	230.79	268.36	—	—
混凝土道路长度	12.55	8.81	10.05	—	—
非铺设的道路长度	—	—	—	—	—
崎岖道路长度	352.32	314.14	313.12		

资料来源：引自MOP（2021）；Statistical Yearbook of Cambodia 2021。

柬埔寨在《2019—2023年国家发展战略计划》中提出加强城际公路建设的目标，后又制定了《柬埔寨高速公路总体规划》，规划到2040年，在柬埔寨建设2 230 km的高速公路网，预计总投资约260亿美元。2022年10月，耗资近19亿美元的金边-西港高速公路通车。这是柬埔寨首条高速公路，全长190.63 km，连接金边、干丹、磅士卑、戈公、西哈努克市5个人口稠密的城市，沿线覆盖柬埔寨1/4的人口，为当地经济社会发展注入了活力。金边-西港高速公路通车后，两座城市的车程缩短为2 h，较以往整整缩短一半时间，进一步促进了金边市和西哈努克省旅游、贸易等经济活动的发展。该规划还设计有城市与郊区、主要旅游景点和国家公路网基础设施的互联互通。规划建设35条道路，以减少城市交通拥堵，提高交通可达性，吸引投资者和国际游客。

（二）铁路运输

柬埔寨现有2条铁路线路：一条是金边以南至西哈努克市，总长266 km；另一条是金边以北至班迭棉吉省的波贝市，总长386 km。2021年，柬埔寨在原有的两条铁路线路基础上，建设新的铁路。从波贝市延伸到暹粒省、磅同省。同时，还规划将金边与柬越边境柴桢省巴域县的铁路连接。2023年1月，柬埔寨财政部、公共工程和运输部完成可行性研究工作，规划升级上述铁路线路、金边至西哈努克省铁路线路，以及兴建至越南的木牌和胡志明市的高速铁路。铁路网络建设有利于进一步增强柬埔寨旅游景点的可达性，促进柬埔寨旅游业发展（嘉豪，2023）。

（三）水路运输

金边港和西哈努克港是柬埔寨主要的国际港口。金边港是柬埔寨最重要的内河港口，也是远洋运输港；西哈努克港是柬埔寨最大的海运港口，距金边市中心约 223 km。此外，柬埔寨还有贡布港和戈公港 2 个沿海港口，以及在磅湛、桔井、上丁、磅清扬和暹粒等省的若干内河港口。包括湄公河、洞里萨湖以及众多的支流在内的内河水运是柬埔寨历史上重要的国内贸易通道。

水路运输方面，柬埔寨政府计划复兴水路运输系统，包括加深内陆水道，衔接海港和河港，从而提升水路运输系统和降低物流成本。其中最重要的项目就是"百色河物流系统和水路运输发展项目"。根据该项目柬埔寨计划兴建长约 180 km 的内陆水道系统，打造金边港与白马省海港相连的内陆运河。该项目横跨白马、贡布、茶胶和干丹 4 个省份，投入使用后预计将使运输成本降低约 16%。随着 2023 年 6 月戈公省七星海国际港口客服中心建成启用，七星海国际港口和中国连云港实现直航，中柬农产品贸易将拥有海运新通道（王涛，2023）。

（四）航空运输

柬埔寨主要有金边国际机场、暹粒-吴哥国际机场与西哈努克国际机场 3 个国际机场。三个机场之间每天都有航班往来，仅金边和暹粒-吴哥两个国际机场每天就有数个航班往返。柬埔寨已先后开通了金边至上海、成都、昆明、武汉、广州、香港等中国城市的航线。外国航空公司在柬埔寨开辟的主要航线有：金边—曼谷、暹粒—曼谷、金边—新加坡、金边—科伦坡、金边—万象、金边—普吉等。

航空运输是交通运输业的重要组成部分，有效提升了游客中远程出行的效率，对旅游业发展影响显著。柬埔寨《2019—2023 年国家发展战略计划》中，有关通过扩大机场规模、增加机场数量、加大机场建设力度，建设新金边国际机场、暹粒-吴哥新国际机场、七星海国际机场、戈公省新机场、马德望省机场等重要空中门户（Vireak，2021）以促进旅游业发展，并进一步带动相关产业发展的目标，正在逐步实现。在上述规划的机场中，2023 年 10 月 16 日，"一带一路"重点工程、柬中产能合作重点项目——柬埔寨暹粒-吴哥国际机场率先正式通航运营，进一步带动了暹粒旅游业发展。柬埔寨有很多生态旅游景点、历史悠久的寺庙、野生动物保护区和其他旅游景点，先前因交通不便无法吸引大量的游客（Nak，2014），相关航空通道开通有望带动这些城市及周边旅游资源的开发开放。

二、旅游配套设施持续增长

国际游客在柬埔寨平均的停留时间为 6—7 天。入境客流增长带动了柬埔寨酒店、民宿数量和房间数的稳步增长。

酒店一般规模较大，设备齐全，拥有多个楼层和不同类型的客房供游客选择，有专业的管理团队，提供包括前台接待、客房服务、餐饮、游泳池、健身房、商务中心等各种服务和设施，且服务和环境具有标准化的特征。酒店一般位于市区或主要旅游景点附近，以便游客方便前往各个地方。2002—2019 年，柬埔寨酒店入住率保持在 50％以上（表 8-7）。2018 年该指标达到 72.2％的峰值，2019 年有所回落，为 63.5％。2006 年柬埔寨入境旅游收入突破 10 亿美元，2012 年突破 20 亿美元，2015 年、2018 年分别突破 30 亿、40 亿美元。

民宿则一般规模较小，甚至仅有几间客房，设施和服务相对简单，通常是由私人经营，民宿的价格相对较低。民宿较多分布在距离中心区域更偏远或更本地化的区域，为旅客提供更为亲密、独特、贴近当地风俗和文化的体验。2000—2019 年，柬埔寨民宿数量增加明显（表 8-8）。

表 8-7 1993—2019 年柬埔寨国际游客数量、平均停留时间和酒店入住率统计

年份	游客数量（人次）	年均增长率（％）	平均停留时间（天）	旅游收入（亿美元）	酒店入住率（％）
1993	118 183	—	—	—	—
1994	176 617	49.4	—	—	—
1995	219 680	24.4	8	1	37
1996	260 489	18.6	7.5	1.18	40
1997	218 843	−16	6.4	1.03	30
1998	289 524	32.3	5.2	1.66	40

续表

年份	游客数量（人次）	年均增长率（%）	平均停留时间（天）	旅游收入（亿美元）	酒店入住率（%）
1999	367 743	27	5.5	1.9	44
2000	466 365	26.8	5.5	2.28	45
2001	604 919	29.7	5.5	3.04	48
2002	786 524	30	5.8	3.79	50
2003	701 014	−10.9	5.5	3.47	50
2004	1 055 202	50.5	6.3	5.78	52
2005	1 421 615	34.7	6.3	8.32	52
2006	1 700 041	19.6	6.5	10.49	54.8
2007	2 015 128	18.5	6.5	14.03	54.8
2008	2 125 465	5.5	6.7	15.95	62.7
2009	2 161 577	7.3	6.5	15.61	63.6
2010	2 508 289	16	6.45	17.86	65.7
2011	2 881 862	14.9	6.5	19.12	66.15
2012	3 584 307	24.4	6.3	22.1	68.49
2013	4 210 165	17.5	6.75	25.47	69.53
2014	4 502 775	7	6.5	27.36	67.55
2015	4 775 231	6.1	6.8	30.12	70.2
2016	5 011 712	5	6.3	32.12	68.9
2017	5 602 157	11.8	6.6	36.38	71.3
2018	6 201 077	10.7	7	43.75	72.2
2019	6 610 592	6.6	6.2	49.19	63.5

资料来源：引自 MOT（2019）。

表 8-8　2000—2019 年柬埔寨酒店和民宿住房统计

年份	酒店			民宿		
	数量（个）	房间数（间）	平均房间数（间/个）	数量（个）	房间数（间）	平均房间数（间/个）
2000	240	9 673	40	292	3 233	11
2001	247	10 881	44	370	3 899	11
2002	267	11 426	43	489	5 748	11

续表

年份	酒店			民宿		
	数量 （个）	房间数 （间）	平均房间数 （间/个）	数量 （个）	房间数 （间）	平均房间数 （间/个）
2003	292	13 201	45	549	6 497	12
2004	299	14 271	48	615	7 684	12
2005	317	15 471	49	684	9 000	12
2006	351	17 914	51	742	9 166	13
2007	395	20 470	52	891	11 563	12
2008	398	20 678	52	925	12 180	13
2009	451	23 010	51	1 018	14 512	13
2010	440	24 393	55	1 087	15 321	14
2011	476	26 484	56	1 142	16 752	14
2012	490	27 117	55	1 296	19 329	15
2013	545	29 937	55	1 462	21 286	15
2014	554	29 729	54	1 563	22 256	15
2015	668	34 619	52	2 229	28 660	14
2016	760	40 160	53	2 170	32 463	13
2017	731	39 328	54	2 405	35 228	15
2018	846	46 696	55	2 313	33 819	15
2019	1 050	49 185	47	2 705	35 343	15

资料来源：引自 MOT（2019）。

三、旅游功能设施逐步拓展

2017—2019 年柬埔寨旅游建设项目增长迅猛，2019 年旅游建设项目总面积是 84.89 万 m²，比 2017 年增加 70.08 万 m²，增加 4.73 倍。从空间分布来看，这些建设项目遍布全国各省份。2017 年和 2018 年主要集中在北部的暹粒省和班迭棉吉省以及南部的西哈努克省和白马省，2018 年政府投入的旅游功能项目布局在西南地区的较多，2019 年则重点向东北部省份扩展布局（MOT，2019）。

暹粒省是柬埔寨的旅游大省，也是旅游开发的热点地区。2017 年和 2018 年，暹粒省旅游建设项目面积占全国旅游建设项目总面积的比例分别为 46.61%、36.65%。暹粒省旅游发展倚重吴哥窟，旅游资源较单一，游客逗留时间短、消费项目少等。在新冠疫情前，赴暹粒省旅游的国际游客已有所下降。2021 年 10 月，暹粒省颁布《2021—2035 年暹粒省旅游业发展总体规划》，以重振旅游业发展。

第四节　旅游功能区际差异

柬埔寨首都金边所在的中央平原地区是全国的经济和政治中心，旅游类型以都市旅游为主。洞里萨地区拥有世界文化遗产吴哥窟等历史遗迹和文化景点，这些寺庙是柬埔寨古代文明的见证，吸引了众多对历史和文化感兴趣的国内外游客。位于暹粒省的洞里萨湖是柬埔寨最大的淡水湖，良好的湿地生态系统呈现的自然景观，以及散布其间的传统村庄，组成独特又丰富的旅游资源。南部沿海地区有海滩等景观以及东南亚最大的红树林湿地。高原和山地地区有壮丽的森林、瀑布和山峰，加之特色的少数民族风情，适合开展徒步、探险和生态旅游。

一、中央平原地区的都市商务旅游

中央平原地区的旅游发展以金边市及周边都市构成旅游圈。金边市是柬埔寨国际交往门户。2017 年、2018 年、2019 年，金边市分别吸引了 314.49 万、361.03 万、440.49 万人次的国际游客入境，伴随首都功能而凸显的经济、文化活动繁荣，带动旅游业蓬勃发展，吸引了越来越多的国内外游客，中央平原地区迅速发展成为有影响力的柬埔寨旅游目的地。

金边都市旅游包括商务旅游、历史文化遗存观光、都市消费等旅游活动。金边拥有丰富的文化和历史遗产。金边皇宫也称四臂湾大王宫，因位于湄公河、洞里萨河与巴萨河的交汇处而得名，建于 1866—1870 年的诺罗敦国王时期。金殿、银殿、舞乐殿、宝物殿等大小宫殿 20 多座错落有致，具有高棉传统建筑风格和宗教色彩。金边还拥有不同历史时期建造的庄严肃穆的佛寺庙宇，其中，乌那隆寺是金边规模最大、最负盛名的寺院。此外，塔山寺、柬埔寨国家博物馆、独立纪念碑等构成金边的历史文化景观。

金边都市旅游消费离不开柬埔寨传统的菜肴、国际美食和街头小吃。众多酒吧、娱乐场所丰富了金边的夜生活。分布于城市间的许多传统手工艺品市场，特别是中央市场和俄罗斯市场，让世界各地的游客体验各种纪念品、衣物、饰品等柬埔寨传统手艺。

总之，金边旅游业从以服务商务旅客为主，拓宽至服务休闲度假、都市消费等更广的人群。日趋完善的旅游设施和逐步提升的服务质量，不断吸引更多的游客。

表 8-9　柬埔寨各地区国际入境客流数量统计

四大旅游功能区	2017 年入境客流到达人次（万人次）	占比（%）	2018 年入境客流到达人次（万人次）	占比（%）	2019 年入境客流到达人次（万人次）	占比（%）
金边及周边地区	314.49	49	361.03	50	440.49	56
洞里萨地区	245.73	38	259.08	36	220.57	28
南部沿海地区	73.99	12	87.72	12	120.44	15
高原和山地地区	7.17	1	7.51	1	8.16	1
合计	641.37	100	715.34	100	789.66	100

资料来源：引自 MOT（2019）。

二、洞里萨地区的吴哥窟名胜古迹旅游

洞里萨地区以众多的文化历史遗存，尤其是暹粒省的吴哥窟举世闻名，并以此带动该地区人文和自然资源的开发、转化为旅游产品。暹粒省旅游资源丰富，拥有 292 座古寺庙等文物古迹，其中，吴哥古迹被联合国教科文组织列为世界七大奇迹之一。暹粒省南端的洞里萨湖是中南半岛最大的淡水湖，风景旖旎，是洞里萨地区代表性的旅游资源。2017 年、2018 年、2019 年，洞里萨地区吸引的国际游客数量分别为 245.73 万、259.08 万、220.57 万人次，占柬埔寨国际入境客流的比例分别为 38%、36%、28%。

吴哥窟占地 400 多 km^2，由热带森林、耕地、农村聚落以及迄今为止规模最大、最精致的古寺庙建筑群四大要素组成。

柬埔寨旅游业的兴旺与吴哥窟密切相关，大部分入境游客都会到访吴哥窟。除了吴哥窟，柬埔寨还有柏威夏寺、三波坡雷古寺庙区两处世界文化遗产，但它们的旅游热度略低。早在 2011 年，柬埔寨官方的研究指出 90% 的国际游客并不会重复旅游某一目的地，换言之，游客到过吴哥窟之后，很少会重复性访问，这种情况延续至今。《2021—2035 年暹粒省旅游业发展总体规划》SWOT 分析也印证了暹粒旅游产品缺乏多样性、尚不能满足多种需求的情况（表 8-10）。

表 8-10　暹粒旅游业发展 SWOT 分析

优势	劣势
· 拥有 1992 年被列入世界文化遗产名录的吴哥窟 · 拥有洞里萨湖、荔枝山等丰富的自然资源	· 游客流量管理 　—游客统计数据不准确； 　—没有在线票务系统可以帮助管理游客流量并收集游客访问期间的具体数据和选择的访问路线； 　—游客数量季节性波动； 　—旅游产品缺乏多样性，不能满足多种需求 · 环境 　—街头摊贩、交通拥堵等问题突出； 　—污染以及固体和液体废物管理的不足，对遗产地和自然环境产生负面影响 · 管理 　—与利益相关者的沟通对话与合作有限； 　—有关遗产价值的信息传播和教育不够充分； 　—旅游部门人力资源的限制

机遇	挑战
· 国家政策和战略明确将暹粒省发展为文化和自然旅游目的地	· 执法面临挑战（尤其是在保护区） · 不同利益相关者之间的沟通与合作 · 不一致的建筑风格影响景观美观度 · 遗产管理的认知和能力有限

资料来源：引自 RGC（2021）。

普洛格旅游心理类型曲线将目的地游客数量的演变与访问同一目的地的游客类型联系起来（保继刚等，2012）。到访柬埔寨的大多数游客都是寻求一种可靠的、安全的旅游形式。这种旅游形式源于现有的吴哥窟旅游线路相对成熟，安逸、舒适、稳定、安全的旅游也适合大众旅游。但对喜欢新奇、以冒险主导的游客而言，再度回访的概率极低。

1992 年，联合国教科文组织将吴哥-暹粒地区列入世界文化遗产名录时，明确这一地区的可持续发展包括历史文化遗存的保护和社会经济发展两个方面。为防止旅游业过度开发，1996 年联合国教科文组织警告，旅游业对高棉文化遗产的破坏和威胁要比任何古代侵略者以及当代的秘密破坏者要迅速得多（Amarthalingam，2020）。比如，每年旅游者的数量超过 200 万人次给暹粒本就稀缺的地下水带来重大挑战（Amarthalingam，2020）。由于旅游业的快速发展，暹粒的常住人口在十年间里翻了一番，达到 20 万人。城市中随处可见的地下水抽取和开发情况，也加剧了水资源压力，而地下水资源过度利用，又影响到寺庙的地基稳定性和结构完整性，甚至有观点认为，吴哥窟会因为地下水过度抽取而出现开裂甚至倒塌（Amarthalingam，2020）。由此，有关吴哥窟的保护与旅游过度开发的话题引发热议。

洞里萨湖是柬埔寨最大的湖泊，也是东南亚最重要的湖泊之一，被誉为"柬埔寨的心脏"。洞里萨湖渔业、生物和生态旅游资源丰富，周边分布着马德望、暹粒、菩萨、磅同等多座主要城市。

洞里萨湖在旱季面积约 2 500 km²，雨季面积会扩大至 16 000 km²，形成大片湿地和沼泽、森林带。有超过 225 种鸟类、500 种鱼类、200 种植物和爬行动物在此栖息，1997 年被联合国教科文组织指定为生物圈保护区。其中，位于洞里萨湖西北部的普列托尔鸟类保护区是世界上最重要的鸟类栖息地之一，有斑嘴鹈鹕、彩鹳、黑头朱鹮、灰头鱼鹰等 20 000 多只筑巢水鸟。为此，2020—2025 年，柬埔寨在洞里萨湖和豆蔻山脉周围的 7 个省实施"可持续景观和生态旅游"项目。在保护环境的前提下，挖掘更多可持续性景观和生态旅游的潜力，促进生态旅游，让柬埔寨旅游产品更加多样化。游客可以选择参加生态旅游活动，比如可以乘船观鸟、游湖、观赏美景；可以钓鱼、徒步旅行等，与大自然亲近；还可以体验当地居民的水上生活，了解他们的生活方式和文化传统，或拜访当地村庄、品尝传统美食、学习手工艺制作等。

2021 年，柬埔寨制定《2021—2035 年暹粒省旅游业发展总体规划》，通过开发旅游目的地、开发新旅游产品、提升旅游质量和可持续性、加强环境管理、大力完善基础设施等诸多措施，大力发展暹粒省旅游业，加快建设旅游经济强省。在旅游目的地布局的基础上，考虑吴哥窟遗址可持续发展，还拓展了荔枝山国家公园、女王宫古寺保护区周围的旅游区、暹粒市区、洞里萨河等新的旅游目的地，致力于发展高质量旅游、智慧旅游、兼顾文化资源与自然环境开发和保护的旅游产业。规划到 2035 年，暹粒省实现旅游收入 60 亿美元、直接创造约 94 万个就业岗位的目标。

三、南部沿海地区的滨海旅游

南部沿海地区的旅游资源综合了 440 km 的漫长海岸线，分布在西哈努克省、贡布省、戈公省、白马省 4 个沿海省近 500 km² 的红树林，以及港口城市的异域风格建筑群等丰富多彩的自然和人文资源，使其成为金边和暹粒之外的第三大重要旅游目的地。

从 2017 年到 2019 年，柬埔寨沿海地区入境客流从 73.99 万人次增长为 120.44 万人次，增长 46.45 万人次，增幅 62.78%。2019 年，柬埔寨沿海地区入境客流占全国入境客流的比例达到 15%。

西哈努克省的西哈努克市作为柬埔寨海景度假胜地，凭借天然海岸线、"奶粉沙滩""玻璃海水"在国际上享有盛名。在美国《纽约时报》2018 年公布的"最值得旅游的 52 个景点"中，西哈努克市海滩列第 13 位。西哈努克市不仅是最美海滩旅行目的地，还因博彩娱乐业而闻名。

贡布省拥有法国占领时期的城镇、丰富的自然景观和便利的区域交通，因出产的胡椒粉而闻名。柬埔寨把贡布省定位为农业旅游及文化遗产旅游区。2022 年 3 月竣工的贡布国际旅游港被列入大湄公河合作项目，也是柬埔寨南部海岸连接世界其他地区的重要港口，每年可承载约 100 万名游客，可停靠 300—400 艘载客船舶（Trove，2021）。贡布省是柬埔寨最受国内外游客欢迎的旅游省份之一。

白马省是柬埔寨著名的避暑胜地。柬埔寨旅游部制定了《白马省旅游发展总体规划》，规划建设白马省、鸿高区、藤山区、群岛区（13 个海岛）四个大型旅游圈，重点开发白马省的螃蟹市场和沙滩、高山、海底资源等，通过提高旅游产品质量，创新旅游产品，促进旅游市场更加多样化，逐步建成柬埔寨豪华生态旅游目的地（Trove，2021）。

戈公省得名于该省内岛屿戈公岛。南部沿海地区以东南亚最大的红树林湿地公园闻名。戈公省红树林地区和热带雨林地区与泰国西南部的热带雨林和珊瑚礁地区的海岸和山脉接壤，并与泰国南部、马来西亚半岛以及更远的海域共有泰国湾的海岸生态系统，同属季风气候，共构生态旅游景观。生态旅游项目不仅包括雨林徒步、山地骑行、野生动物观赏，还包括沿海红树林的船上游览体验。其中，豆蔻山和象山、4 000 km² 的中央戈公生态保护廊道，人烟稀少，是东南亚现存第二大完整的原始雨林。在海拔高至 1 800 m 的偏远山峰和河谷中栖息着云豹、亚洲黑熊、长臂猿和暹罗鳄鱼等多种全球濒危物种，有兰花、猪笼草和苏铁等 1 000 多种稀有物种。近年来，中国企业投资数亿美元于国际深水港口和知名度假区建设，在戈公省基里沙哥县打造的七星海旅游度假区项目，面积 3.6 万 km²，已建成的高尔夫球场、酒店、4F 级机场等（Trove，2021）带来溢出效应，将促进戈公省乃至柬埔寨旅游、经济和商贸的发展。

四、高原和山地地区的生态旅游

柬埔寨是东南亚森林资源最丰富的地区之一，生物多样性构成了稳定的生态系统。世界银行关于柬埔寨菩萨河流域森林提供的生态系统服务的评估报告提出，原始状态的森林所带来的经济效益，是小规模农业和木炭生产而砍伐森林所得收益的 5 倍。然而，在柬埔寨旅游景区开发过程中，森林严重破坏问题逐渐凸显（Amarthalingam，2020）。

罗林斯等人认为生态旅游是柬埔寨最具社会和环境责任感的旅游形式（Rowlins *et al*.，2020）。联合国将生态旅游定义为"所有以自然为基础的旅游形式，其中游客的主要动机是观察和欣赏自然以及传统文化"。基于社区的生态旅游（Community Based Eco-Toursim）关注社区和周围环境的福祉，既支持当地社区改善生计，也保护该地区的自然和文化资源（Trove，2021），旅游业对社区和环境的负面影响可以最小化。当地人可依靠生态旅游谋生，而不是依靠狩猎或砍伐森林来获得收入。生态旅游在减贫、包容性增长以及保护环境和人类文化方面也发挥着至关重要的作用（Rowlins *et al*.，2020）。

柬埔寨生态旅游资源丰富，在发展生态旅游方面有相当大的潜力。在 20 世纪 90 年代末，柬埔寨就有意发展生态旅游。柬埔寨发布的《2014—2018 年国家战略发展规划》就明确加强国家资源保护，促进生态保护，发展生态旅游。

柬埔寨旅游部设立生态旅游部门，发展经济的"绿色黄金"，强调生态旅游将是提高柬埔寨游客数量、旅游产品质量和服务质量的关键（Raksmey，2021）。柬埔寨提出"负责任的旅游业"发展定位（Pisei，2021），通过发展生态旅游，一方面保护自然和文化资源，另一方面创造就业机会，改进当地生产生活模式，提高经济收益和稳固社会基础。比如，在生态旅游中游客可以体验当地人的日常生活，感受当地人的热情好客，了解当地人的文化习俗（Pisei，2021）；又如，柬埔寨约有 2 300 个农村，其中大部分从事农业、渔业和林业生产活动，只有 123 个农村作为旅游服务提供者。柬埔寨旅游部、环境部、农业部共同管辖这些农村，把这些农村发展成旅游景点，通过赋予当地人管理权力，为当地人创造新的收入来源，同时尽量减少对人、动物和环境的负面影响，实现旅游业多元化和长期可持续发展（RGC，2021）。

柬埔寨生态旅游潜力大，然而生态旅游的发展仍然缓慢。柬埔寨在国际游客印象中更大程度上是文化遗产资源丰富，而非生态旅游资源丰富。2013 年，柬埔寨旅游部开始在月度统计报告中发布生态旅游数据。2016 年有国际游客6.1 万人次参观生态旅游景点，2016 年增至 6.6 万人次。2017 年、2018 年、2019 年分别有 7.17 万、7.51 万、8.16 万人次国际游客参观生态旅游景点。2019 年参观生态旅游景点的外国游客数量占柬埔寨国际入境客流的比例仅为 1.3%。

柬埔寨将东北部上丁省、腊塔纳基里省、蒙多基里省、桔井省 4 省定为高原徒步旅行地区。从自然资源来看，东北部是柬埔寨人口最少、交通最不便的地区，拥有大片的干龙脑香林、半常绿林、草原和淡水湿地；有 260 多种鸟类，其中巨型朱鹮为柬埔寨国鸟；也有大象、亚洲狗、绿孔雀、野猪、豹猫、猕猴等。从人文资源来看，东北部 60%—70% 的人口由大约 17 个少数民族组成（Rowlins et al.，2020）。这些人口大多在北部腊塔纳基里省茂密的山林和更南部的蒙多基里省低海拔草原上过着刀耕火种的农耕生活。土著文化对游客具有吸引力，游客表示希望有机会徒步穿越荒野地区，与高原土著人见面，住宿在当地人家中，品尝地方食物，了解土著文化、习俗和信仰（Walter and Sen，2016）。

　　柬埔寨东北部蒙多基里省因热带原野丛林密布、野生动物种类繁多、瀑布壮观而被誉为"柬埔寨的狂野东部"。普农族等少数民族聚居于此，其服饰、居住方式和文化、风俗颇具神秘感，富有魅力。柬埔寨有意将蒙多基里省建设成为继首都金边市、暹粒省和西哈努克港之后第四个旅游大省，规划建成的旅游功能区包括覆盖野生动物保护区的生态旅游走廊、少数民族普农族和达当族文化和生态旅游走廊、森莫诺隆市多元旅游区、奥良县新机场区、国玉县旅游潜能区和边界旅游区等。规划到 2035 年，到蒙多基里省观光的国外和国内游客将分别增至 90 万人次和 300 万人次，直接创造 5 亿美元、间接创造 10 亿美元的收入，并提供 8 万个就业机会。柬埔寨还将蒙多基里指定为国际生态旅游目的地与花卉、蔬菜、水果和肉类的主要供应地，以满足国内需求，拓展出口市场（MOT，2019）。

参 考 文 献

［1］毕世鸿等：《柬埔寨经济社会地理》，世界图书出版公司，2014 年。

［2］保继刚、楚义芳：《旅游地理学》（第三版），高等教育出版社，2012 年。

［3］丹妮尔·奇顿-奥尔森："工业开发威胁柬埔寨最大国家公园"，对话地球，https://dialogue.earth/zh/2/71921/，2021 年 6 月 1 日。

［4］嘉豪："中国宣布支持柬埔寨铁路建设"，《柬中时报》，https://cc-times.com/posts/22621，2023 年 9 月 16 日。

［5］王涛："柬埔寨大力发展物流业"，《经济日报》，http://paper.ce.cn/pc/content/202306/15/content_275778.html，2023 年 6 月 15 日。

［6］国家统计局统计信息中心、广西壮族自治区统计局、国家统计局广西调查总队：《中国—东盟统计年鉴 2023》，中国统计出版社，2023 年。

［7］Amarthalingam，S.，2020. Wither tourism? Can Cambodia resuscitate the sector post-Covid-19? *The Ponh Penh Post*. July 23.

［8］Amarthalingam，S.，2021. With herd immunity likely in 2022，is Cambodia ready to reopen for tourism? *The Ponh Penh Post*. June 1.

［9］Chheng，N.，2020. Mondulkiri tourism plan to go forward. *The Ponh Penh Post*. May 12.

［10］Delux，T.，2021. Cambodia in global tourism prospect：Aspect and Perspective in Recoveries. Asia Regional Integration Center study. https://aric.adb.org/pdf/attn/Session%202.1_Teng%20Delux%20Cambodia%20in%20Global%20Tourism%20Prospect%2016.11.2021.pdf.

［11］EuroCham Cambodia，2019. Tourism：A Pillar of the Economy.

［12］Hor，C. 2021. Assessing the dynamic tourism inter-industry linkages and economic structural changes in Cambodia's economy. *Journal of Economic Structures*，Vol. 10.

［13］MOE（Ministry of Environment，Kingdom of Cambodia），2017. National Protected Area Strategic Management Plan 2017-2031.

[14] MOT（Ministry of Tourism，Kingdom of Cambodia），2018. Ecotourism policy draft approved. *Cambodia Travel News*. November 24.

[15] MOT，2019. Tourism Statistic Report 2019.

[16] MOT，2021. Roadmap for Recovery of Cambodia Tourism During and Post COVID-19.

[17] MOT，2023. Tourism Statistic Report 2023.

[18] Nak，C.，H. Rithy，2014. MICE-A New Paradigm for Tourism 8th UNWTO Asia/Pacific Executive Training Program on Tourism Policy and Strategy. UNWTO Asia/Pacific Executive Training Program report. https：//webunwto. s3. eu-west-1. amazonaws. com/imported _ images/40381/4 _ cambodia _ 0. pdf.

[19] Pisei，H.，2021. Major Mondulkiri tourism plan given the nod. 2021. *The Ponh Penh Post*. August 15.

[20] Raksmey，H.，2021. Will Cambodia's wildlife be saved by eco-tourism? *The Ponh Penh Post*. February 4.

[21] Rawlins，M. W. Kornexl，S. Baral，*et al.*，2020. Enabling Ecotourism Development in Cambodia. The World Bank. https：//openknowledge. worldbank. org/entities/publication/77e2436b-0656-5773-b2f1-b0051d85c43c.

[22] RGC（Royal Government of Cambodia），2021. Tourism Development Master Plan Siem Reap 2021-2035.

[23] Seyhah，V.，H. Vutha，2019. Cambodia in the Electronic and Electrical Global Value Chains. CDRI Working Paper Series No. 19，https：//cdri. org. kh/public/storage/pdf/wp119e _ 1617247939. pdf.

[24] Trove，2021. Cambodia's roadmap and Siem Reap's master plan for tourism approved. https：// www. trovetourism. com/news/cambodias-tourism-roadmap. April 8.

[25] Vireak，T.，2021. Long-term tourism plans okayed. *The Ponh Penh Post*. April 5.

[26] Walter，P，V. Sen，2018. A geography of ecotourism in Cambodia：Regions，patterns，and potentials. *Asia Pacific Journal of Tourism Research*，Vol. 23，Iss. 3.

第九章 对外贸易的空间格局

柬埔寨自 1993 年实施自由市场经济体制改革和对外开放以来，外向型经济获得快速发展。目前，柬埔寨是亚洲最开放的经济体之一。

第一节 迅速发展的对外经贸

一、积极融入国际经济体系

1993 年柬埔寨在联合国的推动下，选举建立了第一届柬埔寨王国政府。柬埔寨开始实行自由的市场经济和对外开放的外交政策，新政府更加务实、开放（顾佳赟，2009）。具体体现为：全面恢复以中南半岛为据点的东盟关系，强化与中国和其他邻国的战略关系，缓解与西欧各国的关系（黄灏，2012）。

1994 年 8 月，柬埔寨通过《柬埔寨王国投资法》，标志着其外商投资规范法律框架的基本形成（陶学兰，2014）。《柬埔寨王国投资法》以"政策优惠"为核心，以鼓励外商投资为重要目标，对外商投资的各种事项与细节做出了基本规定：规定外商投资方以独资、合资、合作与租赁 4 种方式为主，外商独资不可涉及贸易型企业；建立定期磋商与协调机制（骆梅芳，2001）。

此外，柬埔寨鼓励外商对以下重要领域进行投资：①主导国家经济发展的产业；②增加就业的产业；③基础设施建设、能源生产产业；④农业加工业；⑤旅游业；⑥促进外贸的产业；⑦有利于促进各省及农村经济发展的产业；⑧环保产业；⑨在依法建立的特别开发区进行投资。《柬埔寨王国投资法》还对投资做了保障：①除了柬埔寨宪法中所确定的有关土地的所有权以外，所有投资者都将依照投资法享受无差别待遇；②政府不会采取对投资者在柬埔寨境内的私人财产有不利影响的国有化政策；③如果投资者已经得到政府的批准，政府不会对其任何产品或服务施加价格控制；④与柬埔寨国家银行所签署颁布的所有法规相一致，政府允许投资者将其投资收入在清偿了财务义务之后，通过银行系统购买外币并汇出国境。《柬埔寨王国投资法》一直沿用至今。

1993 年以来，柬埔寨积极推行对外开放政策，实行自由的市场经济制度，虽然缺乏完备的经济贸易体系、健全的政策制度与专业的法律支撑，但相比其他不发达国家，柬埔寨经济贸易开放度高、贸易壁垒少、贸易关税低，为经济贸易的发展营造了良好的市场环境与税收环境。柬埔寨实行免税优惠政策的进口项目包括建筑材料、生产性机械设备、直接用于投资企业的各种设备和物资、机械所需替换零件、直接用于生产的原料与半成品、包装用物资（中华人民共和国驻柬埔寨王国大使馆经济商务处，2014）。

柬埔寨还试图融入区域性和世界性的经济体系。1999 年柬埔寨与美国签订《柬埔寨-美国针对纺织品和纺织双边贸易协定》（此协定被延长到 2004 年），同年与欧盟签订《柬埔寨-欧盟针对纺织品和纺织双边贸易协定》（Makara，2018）。2001 年以后，柬埔寨成为欧盟普惠制的受惠国之一。由于柬埔寨于 2016 年被世界银行认定为中等偏下收入国家，退出欠发达国家行列，欧盟于 2020 年 8 月撤销了给予柬埔寨的"除武器外全部免税"的优惠关税待遇[①]。

1992 年，柬埔寨与中国、缅甸、老挝、泰国和越南加入亚洲开发银行发起的大湄公河次区域经济合作机制，希望通过增强加盟国之间的经济关系，达到促进成员国的经济和社会发展的目的。大湄公河次区域国家以其丰富的自然资源、日益开放繁荣的市场和重要的地缘政治属性，逐渐成为许多大国博弈的焦点（梁薇，2020）。大湄公河次区域经济合作机制自发起以来，重点加强了成员国的交通、电力、电信等基础设施建设。在该机制下，大湄公河次区域跨境通道建设取得了一定的进展。

1999 年柬埔寨加入了东盟。柬埔寨签署了包括《东盟全面投资协定》《东

---

　① 资料来源：中华人民共和国驻柬埔寨王国大使馆经济商务处："续报柬脱离世界银行最不发达国家标准事"，http://cb.mofcom.gov.cn/article/jmxw/201607/20160701355646.shtml，2016 年 7 月 8 日。

盟-香港投资协定》《东盟-印度投资协定》《东盟-中国投资协定》和《东盟-韩国投资协定》等一系列区域投资协定。柬埔寨取消了在东盟内的几乎所有出口数量的限制，税收和关税表也根据《东盟自由贸易区共同有效优惠关税计划》，从12类调整为4类（Leng，2015）。柬埔寨加入东盟不仅使外国直接投资增加，带来了贸易的增长，也融入东盟的经济一体化与合作进程，促进了柬埔寨经济快速增长（Capannelli，2014），推动了柬埔寨大量人口脱贫。

2003年，柬埔寨成为世界贸易组织成员。2020年11月15日，东盟十国（新加坡、印度尼西亚、马来西亚、泰国、文莱、柬埔寨、老挝、缅甸、菲律宾和越南）以及中国、日本、韩国、澳大利亚、新西兰共15个国家，正式签署《区域全面经济伙伴关系协定》（Regional Comprehensive Economic Partnership，RCEP）。2019年，RCEP 15个成员国总人口22.7亿人、GDP达26万亿美元、出口总额达5.2万亿美元，各项均占全球总量约30%。由此，柬埔寨经济更深入地融入开放的市场中。

截至2020年，美国、日本等国家和欧盟等地区组织给予柬埔寨普惠制待遇，对柬埔寨出口产品给予普遍的、非歧视的、非互惠的优惠关税。柬埔寨分别与奥地利、孟加拉国、白俄罗斯、中国、克罗地亚、古巴、捷克、朝鲜、法国、德国、匈牙利、印度、日本、科威特、老挝、马来西亚、荷兰、巴基斯坦、菲律宾、韩国、俄罗斯、新加坡、瑞士、泰国、土耳其、阿联酋和越南共27个国家签订了双边投资条约（《企业对外投资国别（地区）营商环境指南》编委会，2021）。

2020年10月，中国和柬埔寨签署自由贸易协定，标志着中柬全面战略合作伙伴关系、面向未来的中柬命运共同体和两国"一带一路"建设进入新时代，这是两国经贸关系发展历程中新的里程碑。该协定惠及两国，特别是对那些直接参与农业价值链的柬埔寨农民、加工商、出口商利好。

二、吸引外国直接投资增速较快

2016—2018年，柬埔寨吸收外国直接投资从21.55亿美元增至30.83亿美元，年均增速在10%以上。根据柬埔寨国家银行发布的报告，2019年，柬埔寨吸收外国直接投资 36 亿美元，同比增长 12%。

根据《2019 年东盟投资报告》，柬埔寨吸收外资最多的行业是服务业和制造业，其中服务业占比 79%、制造业占比 12%。柬埔寨的外资来源地主要有中国、韩国、越南、日本等。中国是最大外资来源地，2019 年投资额为 15.43 亿美元，占柬埔寨吸收外资总额的 43%（图 9-1）。

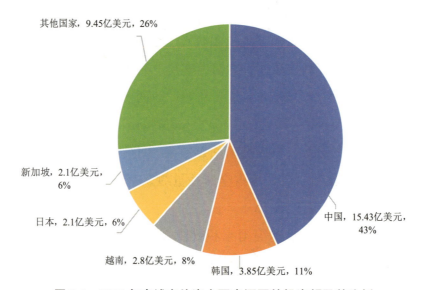

图 9-1　2019 年柬埔寨外资主要来源国的投资额及其比例

资料来源：引自《企业对外投资国别（地区）营商环境指南》编委会（2021）。

根据柬埔寨发展理事会统计，2010—2018 年，柬埔寨吸引外商直接投资势头强劲，外商直接投资占柬埔寨 GDP 的比重保持在 10% 以上（图 9-2），在东盟十国中处于前列。

同时，根据世界银行 2021 年对柬埔寨多样化增长模式战略的调研报告，柬埔寨吸引的外商直接投资与当地供应商之间的联系仍有待加强。跨国公司在柬埔寨当地采购仍然面临着当地无法提供或难以确定潜在供应商等障碍（图 9-3）。

三、外贸进出口总额快速增长

根据中华人民共和国驻柬埔寨王国大使馆经济商务处资料，1990—1994 年，柬埔寨经贸总额仅为 4 亿美元左右。1995 年柬埔寨经贸总额突破 10 亿美元，达

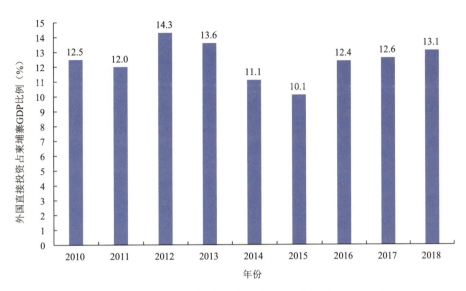

图 9-2 2010—2018 年外国直接投资占柬埔寨 GDP 比例

资料来源：根据中国-东盟中心（2020）整理。

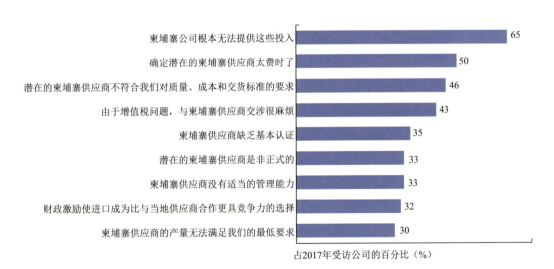

图 9-3 跨国公司在柬埔寨当地采购面临的障碍

资料来源：根据 WBG（2021）整理。

到 13.8 亿美元。其中，出口 3.8 亿美元，同比增长 172%；进口 10.0 亿美元，同比增长 38%。1996 年和 1997 年柬埔寨经贸总额出现下跌，1998 年重新回升，并保持稳定增长。1999 年，柬埔寨经贸总额突破 20 亿美元，达 27.2 亿美元，其中出口 11.3 亿美元，同比增长 41%；进口 15.9 亿美元，同比增长 36%。

进入 21 世纪，柬埔寨经贸总额从 2001 年的 30.06 亿美元增长至 2019 年的 351.04 亿美元，年均增长 14.44%。其中商品出口额从 14.99 亿美元增至 148.25 亿美元，年均增长 13.85%；进口从 15.07 亿美元增至 202.79 亿美元，年均增长 15.39%（图 9-4）。

图 9-4 2001—2019 年柬埔寨经贸金额变化

资料来源：根据柬埔寨商务部统计数据自绘。

从进出口前十强国家来看，2019 年，柬埔寨主要出口国家是美国、中国、日本等，出口前十强国家的出口金额合计达到出口总额的 79.76%。与 2018 年相比，柬埔寨对中国的出口总额增长 4.47 亿美元，占比提高 2.1%（表 9-1）。从主要进口国家来看，柬埔寨对周边国家的进口依赖上升明显，对欧洲等国家进口依赖有所下降（表 9-2）。以中国为例，相比于 2018 年，柬埔寨从中国进口金额从 61.40 亿美元增长到 88.98 亿美元，增长 27.58 亿美元，占比提高 9.01%。

美国是柬埔寨较大的进出口市场。2020 年柬埔寨对美国出口总额达 38 亿美元，其中农产品占 2.73 亿美元，主要为木制品（1.98 亿美元）、活体动物（5 140 万美元）、宠物食品（1 670 万美元）和大米（320 万美元），其他主要出口商品还有成衣和自行车等。柬埔寨从美国主要进口包括成衣制造业原材料、汽车、石油、建筑材料、日用消费品等商品。

表 9-1　2018—2019 年柬埔寨出口前十强国家

国家	2018 年出口金额（亿美元）	2018 年占比（%）	国家	2019 年出口金额（亿美元）	2019 年占比（%）
美国	30.44	23.97	美国	44.02	29.85
英国	10.16	8.00	中国	13.06	8.86
德国	10.98	8.65	日本	11.37	7.71
中国	8.59	6.76	德国	10.79	7.32
加拿大	7.78	6.12	英国	9.78	6.63
日本	10.76	8.47	加拿大	8.37	5.67
西班牙	5.13	4.04	比利时	5.42	3.67
法国	4.21	3.31	西班牙	5.18	3.51
比利时	4.95	3.90	泰国	5.02	3.40
荷兰	4.26	3.36	荷兰	4.63	3.14
前十强国家合计	97.27	76.58	前十强国家合计	117.63	79.76
出口总额	127.00	100.00	出口总额	147.49	100.00

资料来源：根据中国-东盟中心（2020）数据整理。

表 9-2　2018—2019 年柬埔寨进口前十强国家

国家	2018 年进口（亿美元）	2018 年占比（%）	国家	2019 年进口（亿美元）	2019 年占比（%）
美国	2.66	1.52	中国	88.98	44.11
英国	0.60	0.35	泰国	32.22	15.97
德国	1.09	0.62	越南	27.18	13.48
中国	61.40	35.10	日本	8.82	4.37
加拿大	0.98	0.56	印度尼西亚	7.70	3.82
日本	7.36	4.21	韩国	6.70	3.32
西班牙	0.22	0.13	新加坡	6.03	2.99
法国	0.73	0.42	马来西亚	5.82	2.89
比利时	0.28	0.16	美国	3.11	1.54
荷兰	0.48	0.27	丹麦	2.18	1.08
前十强国家合计	75.80	43.34	前十强国家合计	188.74	93.57
出口总额	174.9	100	出口总额	201.72	100

资料来源：根据中国-东盟中心（2020）数据整理。

根据柬埔寨商务部经济贸易进出口数据（表 9-3），2001—2019 年，柬埔寨只有 8 年是处于贸易顺差（出口额大于进口额）的状态，其余年份柬埔寨均处于贸易逆差（进口额大于出口额）状态，尤其是从 2012 年开始，柬埔寨连续 8 年一直是贸易逆差状态。柬埔寨进口商品中最多的是材料类商品，占每年柬埔寨商品进口总额的 40％以上，柬埔寨工业基础薄弱，市场所需的大部分制成品和工业原料都需依靠进口。

表 9-3　2001—2019 年柬埔寨经贸逆差　　（单位：亿美元）

年份	出口	进口	贸易逆差
2001	14.99	15.07	0.08
2002	19.23	16.67	−2.56
2003	21.18	17.75	−3.44
2004	27.98	20.63	−7.35
2005	30.19	25.52	−4.67
2006	35.66	29.89	−5.77
2007	35.31	35.55	0.24
2008	43.58	44.17	0.58
2009	49.92	39.06	−10.86
2010	55.9	49.03	−6.88
2011	67.04	61.43	−5.61
2012	57.96	74.67	16.7
2013	66.66	82.32	15.66
2014	68.46	97.02	28.56
2015	85.42	106.69	21.26
2016	99.83	123.13	23.3
2017	112.69	142.9	30.21
2018	127.08	173.93	46.85
2019	148.25	202.79	54.55

资料来源：根据柬埔寨商务部统计数据整理。

　　贸易逆差的出现通常伴随着外汇储备缩水、汇率波动、商品国际竞争力下降等不利影响，导致柬埔寨在这一时期的贸易平衡中处于不利地位。常年的贸易逆差使政府大量抛售本币购汇以偿还进口债务、缓解债务压力，并通过本币贬值来平衡贸易平衡，变相提高出口竞争力；同时，常年的贸易逆差不利于国与国之间的贸易往来，易造成贸易摩擦，巨额贸易逆差会加速国内资源的消耗及外流，加剧负债，影响经济运转。

根据世界银行数据，2010—2019 年，柬埔寨外贸依存度（外贸进出口总额占全国 GDP 比例）均超过 100%，外贸依存度最高的 2012 年达 136.5%，最低的 2014 年为 105.0%（图 9-5）。柬埔寨经济也更容易受到世界经济风险的影响与冲击。

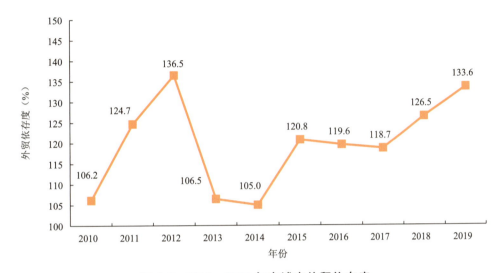

图 9-5　2010—2019 年柬埔寨外贸依存度

资料来源：根据中国-东盟中心（2020）数据整理。

第二节　对外贸易的产品结构

柬埔寨出口最多的是成衣制造业产品。由于柬埔寨在成衣制造业方面还没有形成完整的产业链，产业链前端所需要的纺织原材料，仍需要进口来满足需求；后端的成衣及配饰等自主设计研发环节尚不健全。柬埔寨的成衣制造业仍停留在简单加工阶段，主要是提供廉价劳动力、承接发达国家的再加工订单，增加了柬埔寨经济的对外依赖程度。

一、出口产品结构

根据 2019 年版《中华人民共和国海关进出口商品规范申报目录》（表 9-4）和从国际贸易中心世界贸易发展统计网站上获取的柬埔寨经济贸易进出口商品种类数据，对柬埔寨经济贸易的产品结构进行分析。

根据对 2001—2019 年柬埔寨出口商品种类和数量的分析，柬埔寨经贸出口商品中以第十一类（纺织原料及纺织制品）商品为主（表 9-5），虽然其所占比例处于逐年下降的状态，已由 2001 年的 76.89％下降至 2019 年的 57.27％，但也占了柬埔寨经贸出口商品总额的 50％以上。其次是第八类（主要为皮革制品）和第十二类（主要为鞋、帽、伞、杖、鞭等及饰品）商品，占比在 5％以上。据统计，1993 年以来，柬埔寨在世界纺织出口贸易格局中的地位有了很大的提升，2000 年，柬埔寨排在世界纺织出口贸易中排名第 39 位，2010 年排在第 24 位，2015 年排在第 15 位（裴长洪，2019）。

表 9-4　2019 年中国海关进出口商品分类

类别	序号	二十一大类
基础类	1	活动物；动物产品
	2	活植物产品
	3	动、植物油脂及其分解产品；精制的食用油脂；动、植物蜡
	4	食品；饮料、酒及醋；烟草、烟草及烟草代用品的制品
	5	矿产品
化工类	6	化学工业及其相关工业的产品
	7	塑料及其制品；橡胶及其制品
材料类	8	生皮、皮革、毛皮及其制品；鞍具及挽具；旅行用品、手提包及类似容器；动物肠线（蚕胶丝除外）制品
	9	木及木制品；木炭；软木及软木制品；稻草、秸秆、针茅或其他编结材料制品；篮筐及柳条编结品
	10	木浆及其他纤维状纤维素浆；回收（废碎）纸或纸板；纸、纸板及其制品

类别	序号	二十一大类
材料类	11	纺织原料及纺织制品
	12	鞋、帽、伞、杖、鞭及零件；已加工的羽毛及其制品；人造花；人发制品
	13	石料、石膏、水泥、石棉、云母及类似材料的制品；陶瓷产品；玻璃及其制品
	14	天然或养殖珍珠、宝石或半宝石、贵金属、包贵金属及其制品；仿首饰；硬币
	15	贱金属及其制品
高端类	16	机器、机械器具、电气设备及其零件；录音机及放声机、电视图像、声音的录制和重放设备及其零件、附件
	17	车辆、航空器、船舶及有关运输设备
	18	光学、照相、电影、计量、检验、医疗或外科用仪器及设备、精密仪器及设备；钟表；乐器；上述物品的零件、附件
	19	武器、弹药及其零件、附件
	20	杂项制品
	21	艺术品、收藏品及古物

资料来源：根据中华人民共和国海关总署（2019）分类整理。

表 9-5　2001—2019 年柬埔寨按类别划分的经贸出口商品金额比例 （单位：%）

类别序号	2001 年	2003 年	2005 年	2007 年	2009 年	2011 年	2013 年	2015 年	2017 年	2019 年
1	0.78	0.19	0.34	0.09	0.08	0.05	0.02	0.01	0.02	0.04
2	0.23	0.21	0.31	0.44	0.43	1.77	4.10	3.86	3.59	3.57
3	0.00	0.02	0.03	0.04	0.14	0.26	0.26	0.13	0.22	0.19
4	0.21	0.12	0.29	0.28	0.51	0.61	1.68	0.95	1.29	1.06
5	0.00	0.00	0.00	0.07	0.70	0.01	0.01	0.02	0.06	0.05
6	0.01	0.04	0.04	0.06	0.07	0.07	0.03	0.52	0.89	0.20
7	1.75	1.71	1.27	1.29	1.08	3.03	2.93	2.75	3.60	3.13
8	0.12	0.01	0.01	0.02	0.02	0.05	0.28	3.18	5.09	9.48
9	1.55	0.45	0.32	0.26	0.11	0.78	0.95	0.20	1.04	1.03
10	13.63	16.29	19.26	16.00	40.11	23.57	0.12	0.09	0.13	0.12
11	76.89	76.27	74.12	75.97	49.13	59.88	73.51	70.77	63.89	57.27
12	2.76	1.95	1.53	2.37	2.26	4.14	5.50	7.93	8.18	8.99
13	0.00	0.00	0.00	0.03	0.01	0.02	0.03	0.02	0.02	0.01

续表

类别序号	2001 年	2003 年	2005 年	2007 年	2009 年	2011 年	2013 年	2015 年	2017 年	2019 年
14	0.86	1.12	0.48	0.53	1.56	0.30	0.11	0.63	2.12	2.96
15	0.11	0.13	0.08	0.47	0.26	0.23	0.55	0.37	0.66	0.91
16	0.47	0.58	0.19	0.21	0.34	0.22	3.80	4.41	4.62	4.68
17	0.42	0.41	0.21	1.46	1.91	4.57	5.47	3.35	3.36	2.99
18	0.02	0.24	0.10	0.04	0.09	0.09	0.14	0.24	0.12	0.11
19	0.00	0.00	0.00	0.00	0.00	0.01	0.01	0.01	0.09	0.00
20	0.11	0.17	0.20	0.14	0.32	0.26	0.40	0.51	0.99	3.21
21	0.01	0.01	1.17	0.13	0.63	0.04	0.06	0.01	0.00	0.00

数据来源：据国际贸易中心世界贸易发展统计网站（https://www.trademap.org/）2001—2019 年数据统计。

从出口产品的门类来看，1999 年、2009 年、2019 年，柬埔寨出口产品金额首位均为针织服装（表 9-6）。此外，非针织服装、鞋类等也是柬埔寨制造业的主力出口产品。2019 年柬埔寨纺织业出口占世界纺织业出口的比例为 1.08％，纺织业是柬埔寨在国际市场上最具有出口竞争优势的产业。近年来，柬埔寨努力朝着产业多样化的方向发展，包括纺织服装在内的出口金额前五位产品的集中度从 2014 年的 91.5％下降为 2019 年的 63.3％（图 9-6）。

从 2005 年到 2015 年，柬埔寨出口产品种类从 582 类增加为 1 035 类，年均复合增长率为 6％（图 9-7）。2019 年，柬埔寨出口产品种类为 1 163 类。柬埔寨加大了出口产品多样化的政策支持力度，从 2019 年到 2020 年，柬埔寨制造业出口中新产品种类从 103 类上升为 292 类（图 9-8）。

柬埔寨出口产品类型较为单一，集中于少数产品。如 2018 年制造业出口产品总额中 81％依靠成衣制品，农业产品出口总额中 79％依靠大米和木薯。根据柬埔寨商务部的统计，2022 年其成衣制造业出口金额超 100 亿美元，占出口总额的一半以上。其中，服装出口金额为 90 多亿美元，同比增长 13％；鞋类出口金额为 17.37 亿美元，同比增长 25％；旅游配件出口金额为 17.77 亿美元，同比增长 19％。这表明柬埔寨经贸出口对成衣制造业仍然有较大的依赖。邻国

表 9-6　1999 年、2009 年、2019 年柬埔寨出口金额前二十位产品

1999 年出口额及占比			2009 年出口额及占比			2019 年出口额及占比		
名称	出口额(亿美元)	占比(%)	名称	出口额(亿美元)	占比(%)	名称	出口额(亿美元)	占比(%)
针织服装	3.82	31.55	针织服装	22.47	37.90	针织服装	69.63	25.70
非针织服装	3.45	28.49	旅游和旅游业	13.36	22.54	旅游和旅游业	49.38	18.23
旅游和旅游业	2.12	17.53	非针织服装	6.05	10.20	非针织服装	32.23	11.90
运输	0.65	5.37	鞋类	2.84	4.79	贵金属和宝石	29.91	11.04
木材	0.57	4.67	运输	2.57	4.34	鞋类	20.73	7.65
鞋类	0.50	4.10	信息通信技术	2.12	3.58	皮革制品	11.91	4.40
橡胶	0.37	3.02	贵金属和宝石	1.65	2.78	运输	8.14	3.00
信息通信技术	0.17	1.36	盐、硫、石灰、水泥等	1.61	2.71	电机和设备	5.81	2.15
鱼类	0.16	1.31	印刷业产品	1.54	2.61	家具	4.79	1.77
贵金属和宝石	0.04	0.30	橡胶	0.88	1.48	谷物	4.15	1.53
活的动物	0.03	0.27	车辆	0.63	1.06	车辆	3.54	1.31
船舶	0.03	0.24	木材	0.40	0.68	蔬菜	3.12	1.15
艺术	0.03	0.22	船舶	0.39	0.66	信息通信技术	3.00	1.11
皮革和皮革	0.02	0.18	蔬菜	0.32	0.53	毛皮	2.59	0.95
钢铁	0.02	0.16	艺术	0.22	0.37	塑料	2.50	0.92
含油的种子及果子类	0.02	0.15	水果和坚果	0.19	0.33	橡胶	2.49	0.92
其他纺织制品	0.02	0.14	其他纺织制品	0.19	0.31	水果和坚果	2.18	0.80
头盔	0.02	0.13	含油的种子及果子类	0.18	0.30	木材	1.59	0.59
工业机械	0.02	0.13	谷物	0.17	0.29	其他纺织制品	1.49	0.55
针织物	0.01	0.08	饮料	0.15	0.25	铝	1.04	0.38
合计	12.04	99.37	合计	57.92	97.72	合计	260.21	96.06

资料来源：根据 Growth Lab（2022）数据计算。

图 9-6　柬埔寨出口金额前五位总和占出口总额比例

资料来源：引自 RGC（2021）。

图 9-7　柬埔寨出口产品种类

资料来源：引自 RGC（2021）。

越南的出口结构已实现以广播设备、电话为主，而柬埔寨出口结构仍以纺织业为主（图 9-9）。此外，囿于产业基础薄弱，柬埔寨制造业产品的复杂指数也较低。

图 9-8　柬埔寨制造业出口中新旧产品种类变化

资料来源：引自 RGC（2021）。

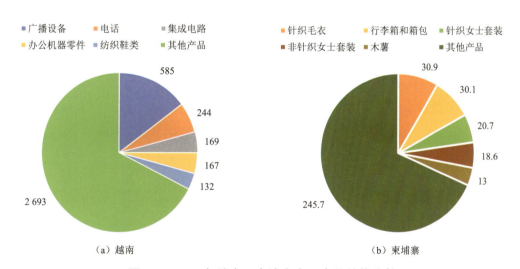

图 9-9　2022 年越南、柬埔寨出口产品结构比较

注：单位为亿美元。

资料来源：引自 OEC（2024a、2024b）。

二、进口产品结构

柬埔寨国内市场需要大量依靠进口来满足。根据对 2001—2019 年柬埔寨进口商品种类和数量的分析（表9-7），柬埔寨进口的商品主要有第四类①（主要为食品、饮料及烟草制品）、第五类（矿产品）、第十一类（纺织原料及纺织制品）、第十五类（贱金属及其制品）、第十六类（主要为机械用品及电气设备）和第十七类（主要为运输设备）。它们的进口金额合计占柬埔寨进口商品总额的50％以上。其中第十一类（纺织原料及纺织制品）商品所占比例最多，长期占25％以上，其他类商品所占比例较小，且变化幅度小。柬埔寨对第六类（化学工业及其相关工业的产品）商品中的药品的进口量也较大，反映出柬埔寨对国外药品的需求较大。

表9-7　2001—2019年柬埔寨按类别划分的经贸进口商品金额比例　（单位：％）

类别序号	2001年	2003年	2005年	2007年	2009年	2011年	2013年	2015年	2017年	2019年
1	0.37	0.34	0.43	0.11	0.20	0.26	0.26	0.36	0.34	0.33
2	0.91	1.03	0.80	0.82	0.92	0.81	0.96	0.82	0.71	0.89
3	0.49	0.51	0.35	0.21	0.15	0.13	0.14	0.14	0.12	0.08
4	8.16	5.79	5.89	5.09	6.80	5.39	5.61	6.66	6.45	5.78
5	16.16	13.48	9.36	10.36	11.37	14.93	13.27	2.25	10.83	12.56
6	6.11	5.12	5.26	5.68	6.12	4.73	5.13	5.28	5.16	4.99
7	2.63	2.46	2.46	2.45	3.32	2.83	3.14	4.11	4.41	4.68
8	0.73	0.93	0.72	0.84	0.88	0.98	0.98	2.85	3.31	2.98
9	0.06	0.07	0.03	0.05	0.11	0.06	0.09	0.26	0.95	1.03
10	2.86	2.60	2.45	5.38	3.08	2.47	2.25	2.50	2.72	2.53
11	38.75	45.09	42.28	40.05	35.81	36.92	36.01	36.20	31.87	26.03
12	0.48	0.33	0.17	0.23	0.39	0.54	0.67	1.02	0.98	0.98
13	1.21	0.94	1.26	1.30	1.43	1.15	1.22	1.51	1.54	1.75
14	0.83	0.97	0.19	0.12	1.36	1.77	1.09	5.62	1.81	0.76
15	4.10	3.28	4.09	3.86	4.38	4.70	4.12	4.68	5.32	7.69
16	8.30	8.28	9.83	10.23	12.50	11.11	12.43	11.08	11.26	12.25
17	4.53	5.59	6.27	10.52	8.16	7.36	9.92	10.97	9.47	11.95
18	1.00	0.64	5.19	0.80	0.95	0.84	0.75	0.88	0.51	0.53

---

①　商品分类见表9-4。

续表

类别序号	2001 年	2003 年	2005 年	2007 年	2009 年	2011 年	2013 年	2015 年	2017 年	2019 年
19	0.00	0.00	0.00	0.00	0.53	0.53	0.14	0.37	0.08	0.01
20	2.24	2.47	2.02	1.86	1.49	1.68	1.79	2.04	2.13	2.19
21	0.01	0.00	0.90	0.00	0.00	0.77	0.02	0.38	0.00	0.01

资料来源：根据国际贸易中心世界贸易发展统计网站 2001—2019 年数据统计。

第三节 对外贸易的国别结构

柬埔寨的经贸发展依赖从周边国家进口物资，加工后出口到发达国家和地区。美国和欧盟是柬埔寨衣、鞋制品最主要的出口市场。根据柬埔寨商务部报告，2019 年柬埔寨向美国出口成衣及服饰 22.7 亿美元，同比增长 16.0%；向欧盟国家出口成衣及服饰 20.2 亿美元，同比增长 30.0%。但在美国纺织进口来源国中，柬埔寨仅仅位于第八位，柬埔寨在亚洲的竞争对手主要是中国、越南、印度尼西亚；在欧盟国家（地区）纺织进口来源国中，柬埔寨排第九位，主要竞争对手为中国和越南（孙苏菲，2017）。

在柬埔寨进口商品来源国中，中国的地位逐渐上升。特别是"一带一路"倡议提出以后，中柬贸易往来更加频繁，中国已成为柬埔寨第一大贸易伙伴、第一大进口来源地和第一大大米出口市场（皮克·查拉典，2020）。其次是泰国，柬埔寨自泰国进口的商品较为稳定，进口额保持在进口总额的 15% 左右。再次是越南，近几年柬埔寨从越南的进口额保持在进口总额的 13% 左右。

一、出口贸易的国别特征

从柬埔寨出口市场来看，2005 年到 2015 年，柬埔寨出口金额超过 1 000 万美元的国家和地区数量从 11 个增长为 40 个。2015 年后，柬埔寨拓展新市场的速度明显放缓，2019 年柬埔寨出口金额超过 1 000 万美元的国家和地区数量为

45 个（图 9-10）。

图 9-10　柬埔寨出口产品金额超过 1 000 万美元的国家和地区数量

资料来源：引自 RGC（2021）。

　　柬埔寨出口市场高度集中在前三位的国家和地区，从 2005 年到 2015 年，出口市场中居前三位的国家和地区的集中度从 83.3％下降为 46.1％。2019 年又回升至 48.3％（图 9-11）。

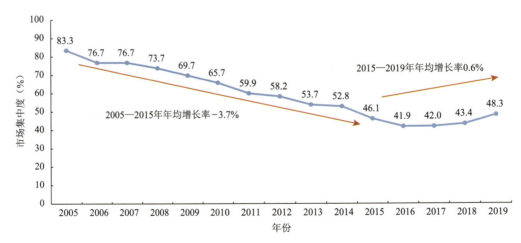

图 9-11　柬埔寨前三位出口市场的集中度

资料来源：引自 RGC（2021）。

柬埔寨的主要出口市场包括美国、欧盟、中国、日本和韩国。这些国家和地区是柬埔寨的主要贸易伙伴，消费者对柬埔寨的纺织品、鞋类、农产品等商品有着很大需求。此外，柬埔寨还与其他亚洲国家如泰国、越南、新加坡和马来西亚等保持着良好的贸易关系。柬埔寨通过提供廉价劳动力，承接发达国家产业转移。2001—2019 年，柬埔寨纺织品出口金额累计 769.4 亿美元，其中绝大部分销往美国，对美国累计出口约 317.6 亿美元，占柬埔寨纺织出口总额的41.28％；对欧盟国家累计出口约 205.3 亿美元，占柬埔寨纺织出口总额的26.68％。美国是柬埔寨主要的出口市场，但美国占柬埔寨出口市场的比例有所下降，目前已从 2001 年的 55.62％下降至 2019 年的 29.78％。欧美国家和地区的经济发展直接影响着柬埔寨纺织产业的对外出口贸易。

表 9-8 2001—2019 年柬埔寨出口市场比例 （单位：％）

年份	美国	日本	德国	中国	英国	加拿大	比利时	西班牙	泰国	荷兰
2001	55.62	0.89	6.59	1.12	8.44	0.69	0.20	0.45	0.51	1.72
2002	50.02	0.98	6.16	0.43	6.91	0.53	0.21	0.50	0.41	1.27
2003	53.28	1.02	7.32	0.31	6.79	2.83	0.23	0.69	0.56	1.15
2004	46.88	0.90	8.49	0.45	6.26	3.38	0.36	1.11	0.61	1.17
2005	52.93	2.08	7.47	0.47	4.12	3.55	0.34	1.13	0.50	0.71
2006	53.32	0.96	6.56	0.44	4.30	3.23	0.64	2.40	0.43	0.77
2007	53.34	0.95	5.24	0.29	4.18	3.92	0.83	2.80	0.52	2.23
2008	45.21	0.74	3.17	0.30	3.58	6.69	1.17	2.85	0.31	3.49
2009	31.15	1.60	2.18	0.33	3.61	3.93	0.80	2.12	0.44	2.91
2010	34.09	1.60	2.01	1.16	4.21	4.91	1.14	1.81	2.68	4.22
2011	31.43	2.29	4.83	2.31	5.83	5.71	2.01	2.11	2.84	2.56
2012	32.74	3.18	7.36	3.07	8.32	6.81	2.54	2.45	1.66	1.95
2013	31.32	4.71	8.64	4.00	10.30	6.89	2.54	2.85	3.32	2.43
2014	29.22	5.04	8.45	5.21	10.98	7.43	2.78	3.20	0.73	2.54
2015	25.01	6.69	8.76	4.75	10.17	6.45	3.31	3.20	4.05	2.91
2016	21.37	8.22	8.95	6.04	9.49	6.50	3.94	4.02	4.19	2.97
2017	21.37	7.54	8.92	6.66	9.00	6.11	3.49	4.03	3.81	3.21
2018	23.96	8.47	8.64	6.79	7.99	6.11	3.90	4.04	2.46	3.36
2019	29.78	7.69	7.30	6.83	6.61	5.66	3.67	3.50	3.42	3.13

资料来源：根据国际贸易中心世界贸易发展统计网站 2001—2019 年数据统计。

另外，欧盟撤销予以柬埔寨的"除武器外全部免税"待遇已于 2020 年 8 月 12 日正式生效，该优惠措施解除后，进入欧盟市场的柬埔寨纺织品、鞋、自行车的关税分别增加 12％、16％ 和 10％，这无疑增加了柬埔寨向欧盟出口的成本，一定程度上影响柬埔寨向欧盟的出口贸易。

从不同时间点来看：2001 年柬埔寨的主要商品出口市场为美国，其次是德国和英国，此外还有加拿大、中国、法国、爱尔兰、荷兰、马来西亚、越南、日本等国家；中国在出口市场中居第 9 位。2007 年柬埔寨的主要商品出口市场为美国、德国、英国、加拿大，中国已降至 10 名以外。2013 年柬埔寨的主要商品出口市场为美国、英国、德国、加拿大、日本，中国上升至第 6 位。2019 年，柬埔寨对外出口商品贸易已发生变化，柬埔寨出口商品主要国家仍是美国，接下来是日本、德国、中国和英国，其后的国家有加拿大、比利时、西班牙、泰国、荷兰等，再次有俄罗斯、印度、墨西哥、澳大利亚等国家。其中变化较明显的有中国和日本，中国由 2001 年的第 9 位上升至 2019 年的第 4 位，日本由 2001 年的第 10 位上升至 2019 年的第 3 位。柬埔寨出口到日本的商品主要有纺织品、鞋、电器和皮革制品，柬埔寨商业研究机构分析认为柬埔寨对日本出口额急剧增加的原因，一是受泰国国内投资环境变化的影响，大量日本企业从泰国迁至柬埔寨（中华人民共和国商务部，2014），日本对柬埔寨的直接投资在推动柬埔寨经济增长的同时，也促进日企产品反流日本，提高了柬埔寨对日本的出口额；二是 2020 年签订的《东盟-日本全面经济伙伴关系协定》，也促进柬埔寨加大对日本的贸易出口，另一方面，又吸引了更多日本企业投资柬埔寨。

二、进口贸易的国别特征

柬埔寨主要进口来源地包括中国、泰国、越南、新加坡、韩国、日本和印度尼西亚等。其中变化较大的是中国，呈现显著的上升趋势，进口比例从 2001 年的 10.05％ 上升至 2019 年的 37.41％，逐渐成为柬埔寨进口商品的主要源地之一。

2001 年柬埔寨的进口商品主要来自中国、日本、韩国、老挝、印度尼西亚、越南、马来西亚、法国等国家，2019 年柬埔寨的进口商品市场主要是中国、泰国、老挝、越南、日本、印度尼西亚、马来西亚、韩国等国家。进口商品来源国变化不大,2019 年法国不再是位居前列的进口商品进口国,泰国则后来居上。

表 9-9　2001—2019 年柬埔寨进口市场比例　　（单位:%）

年份	中国	泰国	越南	日本	印尼	韩国	新加坡	马来西亚
2001	10.05	14.80	7.10	4.05	5.05	5.24	7.87	3.82
2002	11.85	14.31	5.91	3.83	4.66	5.69	7.27	3.49
2003	12.70	12.60	7.30	4.42	4.66	4.56	7.15	4.41
2004	16.53	11.19	8.18	4.06	3.81	4.83	6.90	3.75
2005	16.62	11.40	7.13	3.93	3.24	5.91	5.34	3.63
2006	17.55	13.90	9.04	4.34	2.86	4.89	5.25	2.99
2007	17.69	14.44	9.80	3.96	2.52	5.40	5.05	3.02
2008	21.13	15.77	10.68	2.58	2.18	5.19	6.87	2.77
2009	22.59	11.91	12.64	3.05	3.73	5.36	5.35	3.39
2010	24.20	14.09	9.94	3.20	3.58	5.06	3.18	3.38
2011	28.31	11.83	14.37	4.04	2.76	4.90	3.88	3.41
2012	29.84	13.41	14.13	3.21	2.90	5.66	3.88	2.43
2013	36.35	13.19	11.93	2.12	2.99	4.49	4.22	1.70
2014	38.24	10.80	8.97	2.72	2.90	4.02	5.00	2.21
2015	36.80	14.64	8.69	3.96	3.15	4.31	4.72	1.76
2016	36.98	14.99	11.55	4.28	3.47	3.54	4.28	2.01
2017	37.06	16.83	11.80	4.06	3.35	3.44	4.33	1.99
2018	35.31	18.01	12.73	4.26	3.00	3.27	3.29	2.05
2019	37.41	15.95	13.44	4.38	3.81	3.32	2.99	2.88

资料来源:根据国际贸易中心世界贸易发展统计网站 2001—2019 年数据统计。

参 考 文 献

[1] 顾佳赟:"'亚洲经济新虎'的经济努力",《世界知识》,2009 年第 17 期。

[2] 黄灏:"古代中国与柬埔寨经贸交流综述",《东南亚纵横》,2012 年第 8 期。

[3] Leng, L.(李来兴):"加入东盟后的柬埔寨:成效及挑战",山东大学硕士论文,2015 年。

[4] 梁薇:"柬埔寨:2019 年回顾与 2020 年展望",《东南亚纵横》,2020 年第 1 期。

[5] 骆梅芳:"柬埔寨共产党的失败及其教训",《当代世界与社会主义》,2001 年第 2 期。

［6］Makara，T.（刘文明）：《柬埔寨对外贸易促进工业化的作用研究》，北京交通大学硕士论文，2018 年。

［7］裴长洪："海上丝绸之路亮点：中国柬埔寨经济贸易关系发展分析"，《财经智库》，2019 年第 4 期。

［8］〔柬〕皮克·查拉典著，陈圆圆译："以点带面：'一带一路'倡议与《东盟互联互通总体规划 2025》对接"，《中国-东盟研究》，2020 年第 3 辑。

［9］戚长勇："地缘政治视角下柬埔寨的中立外交政策"，中共中央党校硕士论文，2018 年。

［10］《企业对外投资国别（地区）营商环境指南》编委会：《企业对外投资国别（地区）营商环境指南：柬埔寨（2021 年）》，2021 年。

［11］孙苏菲："柬埔寨服装业出口国际竞争力研究"，云南大学硕士论文，2017 年。

［12］陶学兰："柬埔寨外国投资法研究"，西南政法大学硕士论文，2014 年。

［13］梼杭："中国与柬埔寨多领域投资显商机 推动双边一带一路合作"，《中国对外贸易》，2019 年第 3 期。

［14］万怡挺、王振维："世贸组织能给最不发达国家带来什么？——以柬埔寨加入世贸组织为例"，《中国经贸》，2012 年第 8 期。

［15］王可依："为柬埔寨农业发展出谋划策"，《农产品市场周刊》，2018 年第 45 期。

［16］魏景赋、张存才："大湄公河次区域对外贸易对产业结构调整的影响"，《昆明理工大学学报》（社会科学版），2020 年第 5 期。

［17］吴娜："影响柬埔寨对外贸易发展的内外因素分析"，《广西大学学报》（哲学社会科学版），2004 年第 2 期。

［18］许梅："柬埔寨外交政策的演变与中柬关系的发展"，《当代亚太》，2005 年第 3 期。

［19］杨保筠、李志轩：《"一带一路"国别概览：柬埔寨》，大连海事大学出版社，2019 年。

［20］张静河："投资柬埔寨和《柬埔寨王国投资法》"，《国际商务研究》，2000 年第 3 期。

［21］张文超："柬埔寨对外经贸制度和政策研究"，《东南亚纵横》，2004 年第 4 期。

［22］郑国富："柬埔寨服装出口贸易发展的现状、机遇与挑战"，《东南亚南亚研究》，2016 年第 4 期。

［23］郑国富："中国与柬埔寨双边经贸合作关系论析"，《对外经贸实务》，2013 年第 7 期。

［24］中国-东盟中心：《2020 中国-东盟数据手册》，2020 年。

［25］中华人民共和国海关总署：《中华人民共和国海关进出口商品规范申报目录》（2019 年版），2019 年。

［26］中华人民共和国商务部："柬埔寨的投资开放政策吸引外资企业"，http://fta. mofcom. gov. cn/article/ftazixun/201412/19598＿1. html，2014 年 12 月 22 日。

［27］中华人民共和国驻柬埔寨王国大使馆经济商务处："柬埔寨对外贸易的法规和政策规定"，cb. mofcom. gov. cn/article/ddfg/201404/20140400559801. shtml，2014 年 4 月 23 日。

［28］Capannelli，G.，2014. The ASEAN economy in the regional context：Opportunities，challenges，and policy options. Working Papers on Regional Economic Integration from Asian Development Bank，No. 145.

［29］Growth Lab，2022. Cambodia Statistic Data，https://atlas. cid. harvard. edu/explore？country＝118＆queryLevel＝location＆product＝undefined＆year＝2021＆productClass＝HS＆target＝Product＆partner＝undefined＆startYear＝undefined.

［30］Heng，K.，T. Sothiary，S. Chantola，2017. Perceptions of Cambodian university students on Cambodia's foreign policy toward the US and China. UC Occasional Paper Series，Vol. 1，No. 1.

［31］NIS（National Institute of Statistics，Kingdom of Cambodia），MOP（Ministry of Planning，

Kingdom of Cambodia），2022. Final Report of Cambodia Socio-Economic Survey 2021. http://www. nis. gov. kh/index. php/km/about/14-cses/118-cambodia-socia-ecomonic-survey-2019-21.

［32］RGC（Royal Government of Cambodia），2021. Mid-term Review Report of the Cambodia Industrial Development Policy 2015-2025.

［33］OEC（The Observatory of Economic Complexity），2024a. Cambodia（KHM）Exports，Imports，and Trade Partners. https://oec. world/en/profile/country/khm.

［34］OEC，2024b. Vietnam（VNM）Exports，Imports，and Trade Partners. https://oec. world/en/profile/country/vnm.

［35］WBG（World Bank Group），2021. Resilient Development—A Strategy to Diversify Cambodia's Growth Model：Cambodia Country Economic Memorandum. https://documents1. worldbank. org/curated/en/099925001262213662/pdf/P1719580f183f60bb0ac1e01e64a9c905ea. pdf. 2021-12-01.

附表 英文缩写对照表

英文缩写	英文名称	中文名称
ADB	Asian Development Bank	亚洲开发银行
APAC	Asia Pacific Accreditation Cooperation	亚太认可合作组织
ASEAN	Association of Southeast Asian Nations	东南亚国家联盟（东盟）
BFC	Better Factories Cambodia	"柬埔寨更好的工厂"
CARDI	Cambodian Agricultural Research and Development Institute	柬埔寨农业研究和发展研究所
CCF	Consumer Protection Competition and Fraud Repression Directorate-General	消费者保护、竞争和反欺诈总局
CCS	Carbon Capture and Storage	碳捕获和封存
CDC	Council for the Development of Cambodia	柬埔寨发展委员会
CDRI	Cambodia Development Resource Institute, Kingdom of Cambodia	柬埔寨发展资源研究所
CIAS	Cambodia Inter-Censual Agricultural Survey	柬埔寨人口普查间农业调查
CMT	Cutting, Making and Trimming	裁剪、制作和修饰
DGH	Directorate General for Health, Kingdom of Cambodia	柬埔寨王国卫生总局
ERIA	Economic Research Institute for ASEAN and East Asia	东盟和东亚经济研究所
ESCPA	Economic and Social Commission for Asia and the Pacific of the United Nations	联合国亚洲及太平洋经济社会委员会
Eurocham Cambodia	European Chamber of Commerce in Cambodia	柬埔寨欧洲商会

英文缩写	英文名称	中文名称
FAO	Food and Agriculture Organization of the United Nations	联合国粮食及农业组织
GDEC	General Department of Customs and Excise of Cambodia	柬埔寨海关总署
GFW	Global Forest Watch	全球森林观察
GGGI	Global Green Growth Institute	全球绿色增长研究所
GMS	Greater Mekong Sub-region	大湄公河次区域
GPCC	General Population Census of Cambodia	柬埔寨全国人口普查
ICT	Information and Communications Technology	信息技术与通信
IGCC	Integrated Gasification Combined Cycle	综合气化联合循环
IMF	International Monetary Fund	国际货币基金组织
IOM	International Organization for Migration	国际移民组织
IPCC	Intergovernmental Panel on Climate Change	政府间气候变化委员会
ITC	International Trade Centre	国际贸易中心
IUCN	International Union for Conservation of Nature	国际自然保护联盟
JICA	Japan International Cooperation Agency	日本国际协力事业团
LPD	Land Productivity Dynamics	土地生产力动态
MAFF	Ministry of Agriculture, Forestry and Fisheries, Kingdom of Cambodia	柬埔寨农林渔业部
MFA	Multi-Fiber Agreement	《多种纤维协定》
MISTI	Ministry of Industry Science Technology and Innovation, Kingdom of Cambodia	柬埔寨工业、科学、技术和创新部
MLMUPC	Ministry of Land Management, Urban Planning and Construction, Kingdom of Cambodia	柬埔寨土地管理、城市规划和建设部
MME	Ministry of Mines and Energy, Kingdom of Cambodia	柬埔寨矿产能源部
MOA	Ministry of agriculture, Forestry and Fisheries, Kingdom of Cambodia	柬埔寨农林水产部林业局
MOC	Ministry Of Commerce, Kingdom of Cambodia	柬埔寨商业部
MOE	Ministry of Environment of Cambodia, Kingdom of Cambodia	柬埔寨环境部

英文缩写	英文名称	中文名称
MOF	Ministry of Environment，Kingdom of Cambodia	柬埔寨环境部
MOLVT	Ministry of Labour and Vocational Training，Kingdom of Cambodia	柬埔寨劳动和职业培训部
MOP	Ministry of Planning, Kingdom of Cambodia	柬埔寨计划部
MOT	Ministry of Tourism，Kingdom of Cambodia	柬埔寨旅游部
MOWRAM	Ministry of Water，Resources and Meteorology，Kingdom of Cambodia	柬埔寨水资源和气象部
MPTC	Ministry of Post and Telecommunications，Kingdom of Cambodia	柬埔寨邮政和通信部
NASA	National Aeronautics and Space Administration	美国航空航天局
NCDM	National Committee for Disaster Management，Kingdom of Cambodia	柬埔寨国家灾害管理委员会
NIS	National Institute of Statistics，Kingdom of Cambodia	柬埔寨国家统计局
NOAA	National Oceanic and Atmospheric Administration	美国国家海洋和大气管理局
NPP	Net Primary Productivity	净初级生产力
OEC	The Observatory of Economic Complexity	经济复杂性观察站
OECD	Organization for Economic Cooperation and Development	经济合作与发展组织
PISA	Program for International Student Assessment	国际学生能力评价
QIP	Qualified Investment Project	合格投资项目
RGC	Royal Group of Cambodia	柬埔寨王国政府
SOCS	Soil Organic Carbon Stock	土壤有机碳储量
STEM	Science，Technology，Engineering and Mathematics	科学、科技、工程和数学教育
UN	United Nations	联合国
UNDESA	United Nations Department of Economic and Social Affairs	联合国经济和社会事务部
UNDP	United Nations Development Programme	联合国开发计划署
UNESCO	United Nations Educational Scientific and Cultural Organization	联合国教科文组织
UNICEF	United Nations International Children's Emergency Fund	联合国儿童基金会

英文缩写	英文名称	中文名称
UNISDR	United Nations International Strategy for Disaster Reduction	联合国国际减灾战略
UNWTO	United Nations World Tourism Organization	联合国世界旅游组织
USAID	United States Agency for International Development	美国国际开发署
WBG	World Bank Group	世界银行集团